D1432260

LA BIBLIOTHÈQUE, LA NUIT

DU MÊME AUTEUR

Dernières nouvelles d'une terre abandonnée, 1998 ; Babel n° 355.

Dictionnaire des lieux imaginaires (en collaboration avec Gianni Guadalupi), Actes Sud/Leméac, 1998 ; Babel n° 471.

Une histoire de la lecture, Actes Sud/Leméac, 1998 (Prix Médicis essai) ; Babel n° 416.

Dans la forêt du miroir. Essai sur les mots et le monde, Actes Sud/Leméac, 2000 ; Babel n° 610.

Le Livre d'images, Actes Sud/Leméac, 2001 ; Babel n° 416.

Stevenson sous les palmiers, Actes Sud/Leméac, 2001 ; Babel n° 682.

Journal d'un lecteur, Actes Sud/Leméac, 2004 ; Babel n° 746.

Kipling, une brève biographie, Actes Sud/Leméac, 2004.

Pinocchio et Robinson : pour une éthique de la lecture, L'Escampette, 2005.

Un amant très vétilleux, Actes Sud/Leméac, 2005.

Un retour, Actes Sud/Leméac, 2005.

La Bibliothèque, la nuit, Actes Sud/Leméac, 2006.

La Fiancée de Frankenstein, L'Escampette, 2007.

Le Livre des éloges, L'Escampette, 2007.

L'Iliade et l'Odyssée, Bayard, 2008.

Ça et 25 centimes : conversations avec un ami, L'Escampette, 2009.

La Cité des mots, Actes Sud/Leméac, 2009.

Tous les hommes sont menteurs, Actes Sud/Leméac, 2009 ; Babel n° 1087.

Nouvel éloge de la folie, Actes Sud/Leméac, 2011.

M. Bovary & autres personnages, L'Escampette, 2013.

Seul domicile fixe, L'Escampette, 2013.

Le Voyageur et la tour. Le lecteur comme métaphore, Actes Sud/Leméac, 2014.

De la curiosité, Actes Sud/Leméac, 2015.

Titre original :
The Library at Night
Éditeur original :
Alfred A. Knopf, Canada
© Alberto Manguel, 2006

© ACTES SUD, 2006
pour la traduction française
ISBN 978-2-7427-8037-2

ALBERTO MANGUEL

LA BIBLIOTHÈQUE, LA NUIT

essai traduit de l'anglais
par Christine Le Bœuf

BABEL

Au XVIᵉ siècle, le poète ottoman Abdul-latif Çelebi, plus connu sous le nom de Latifi, qualifiait chacun des livres de sa bibliothèque de "bon et fidèle ami qui dissipe tous les soucis".

Ce livre est pour Craig.

Tout ce qui reste d'une bibliothèque athénienne : un avis indiquant que l'établissement est ouvert "de la 1ʳᵉ à la 6ᵉ heure" et qu'il "est interdit d'emporter des œuvres".

SOMMAIRE

AVANT-PROPOS

AVANT-PROPOS

> *Cette humeur vagabonde (mais moins profitable) fut toujours mienne et, tel un épagneul capricieux qui, abandonnant son gibier, aboie pour chaque oiseau qu'il voit, j'ai tout poursuivi, en préservant ce qu'il fallait, et je puis me plaindre à bon droit et en vérité (car il n'est nulle part, celui qui est partout) [...], que j'ai lu de nombreux livres, mais sans grand bénéfice, manquant d'une bonne méthode ; j'ai déboulé confusément de l'un à l'autre des auteurs dans nos bibliothèques, avec peu de profit, faute de savoir-faire, d'ordre, de mémoire et de jugement.*
>
> ROBERT BURTON,
> *Anatomie de la mélancolie.*

Le point de départ est une question.

Hors la théologie et la littérature fantastique, il ne fait guère de doute que les traits principaux de notre univers sont la pénurie de sens et l'absence de tout objectif discernable. Et cependant, pleins d'un optimisme stupéfiant, nous continuons d'assembler sous forme de rouleaux, de livres et de microprocesseurs, sur les étagères de bibliothèques matérielles, virtuelles ou autres, les moindres fragments d'information que nous pouvons récolter, avec l'intention pathétique de prêter au monde un semblant de sens et d'ordre, tout en sachant très bien, si fort que nous désirions croire le contraire, que nos entreprises sont hélas vouées à l'échec.

Alors pourquoi le faire ? Bien que j'aie su depuis le début que la question resterait fort probablement sans réponse, il m'a semblé que la quête était valable en elle-même. Ce livre est l'histoire de cette quête.

Moins attentif à la succession bien ordonnée des dates et des noms qu'à notre perpétuelle obstination de collectionneurs, je me suis embarqué, voici plusieurs années, non pas dans la compilation d'une nouvelle histoire des bibliothèques ni dans l'addition d'un volume de plus à l'impressionnant ensemble des ouvrages de bibliothéconomie, mais dans un simple compte rendu de mes étonnements. "Nous devrions assurément trouver à la fois touchant et encourageant, écrivait Robert Louis Stevenson il y a plus d'un siècle, que dans un domaine d'où le succès est banni, notre race n'abandonne pas l'effort[1]."

Les bibliothèques, la mienne ou celles que j'ai partagées avec un large public de lecteurs, m'ont toujours paru des lieux d'une agréable folie et, si loin que remonte ma mémoire, elles m'ont séduit par leur logique labyrinthique, qui suggère que la raison (sinon l'art) règne sur une cacophonie de livres. J'éprouve un plaisir d'aventurier à me perdre entre les rayonnages encombrés avec la conviction superstitieuse qu'une hiérarchie établie de lettres ou de chiffres me mènera un jour à une destination promise. Les livres ont été longtemps des instruments de l'art divinatoire. "Une grande bibliothèque, méditait Northrop Frye dans l'un de ses nombreux carnets, possède en vérité le don des langues ainsi que de vastes pouvoirs de communication télépathique[2]."

Poussé par de si agréables illusions, j'ai passé un demi-siècle à rassembler des livres. Dans leur immense générosité, mes livres m'offrent sans rien exiger de moi toutes sortes d'illuminations. "Ma bibliothèque, écrivait Pétrarque à un ami, n'est pas une collection inculte, même si elle appartient à un inculte[3]." A l'instar de ceux de Pétrarque, mes livres sont infiniment plus savants que moi et je leur suis reconnaissant de tolérer ma présence. Il m'arrive d'avoir l'impression que j'abuse de ce privilège.

Comme la plupart des amours, l'amour des bibliothèques s'apprend. Nul ne peut savoir d'instinct, lorsqu'il fait ses premiers pas dans une salle peuplée de livres, comment se comporter, ce qu'on attend de lui, ce qui est promis, ce qui est autorisé. On peut se sentir horrifié – face à ce fouillis, cette ampleur, ce silence, ce rappel moqueur de tout ce qu'on ne sait pas, cette surveillance – et un peu de cette sensation écrasante peut demeurer encore après qu'on a appris les rites et les conventions, qu'on s'est fait une idée de la géographie et que les indigènes se sont révélés amicaux.

Dans ma jeunesse téméraire, quand mes amis rêvaient d'exploits héroïques dans les domaines des sciences et du droit, de la finance et de la politique nationale, je rêvais, moi, de devenir bibliothécaire. L'indolence et un goût immodéré des voyages en ont décidé autrement. Aujourd'hui, toutefois, arrivé à l'âge de cinquante-six ans (qui est, selon Dostoïevski dans *L'Idiot*, "l'âge auquel on peut dire que commence la vraie vie"), je suis revenu à ce premier idéal et, même si je ne puis à proprement parler me dire bibliothécaire, je vis entouré d'un nombre toujours croissant d'étagères chargées de livres dont les limites deviennent floues et commencent à se confondre avec celles de la maison. Le titre de ce livre aurait dû être *Voyage autour de ma chambre*. Malheureusement, voici plus de deux siècles, le grand Xavier de Maistre l'a trouvé avant moi.

ALBERTO MANGUEL,
le 30 janvier 2005.

I

UN MYTHE

Le vitrail de Chinon où le Christ est assimilé à la vigne vivifiante.

La bibliothèque dans laquelle j'ai enfin réuni tous mes livres a d'abord été, dans le courant du XVe siècle, une grange perchée sur une petite hauteur quelque part au sud de la Loire. Là, dans les dernières années précédant l'ère chrétienne, les Romains avaient érigé un temple à Dionysos, pour honorer le dieu de cette région vinicole ; douze siècles plus tard, une église chrétienne substitua au dieu de l'ivresse extatique celui qui changea son sang en vin. (Je possède une image d'un vitrail représentant une grappe dionysienne surgissant de la plaie au côté droit du Christ.) Plus tard encore, les villageois accolèrent à l'église une maison où loger leur curé et finirent par ajouter à ce presbytère deux pigeonniers, un

En haut : la bibliothèque du Presbytère.
En bas : la bibliothèque du Colegio Nacional de Buenos Aires.

petit verger et une grange. A l'automne 2000, la première fois que j'ai vu ces bâtiments qui composent aujourd'hui ma maison, il ne restait de la grange qu'un mur de pierre séparant ma propriété du poulailler et du champ du voisin. Selon la légende locale, avant d'être celui de la grange, ce mur faisait partie de l'un des deux châteaux que Tristan l'Hermite, ministre de Louis XI et célèbre pour sa cruauté, fit construire pour ses fils aux environs de 1433. Le premier de ces châteaux est toujours debout, avec des modifications considérables apportées au XVIIIe siècle. Le second a brûlé il y a trois ou quatre siècles et le seul mur rescapé, avec le pigeonnier qui se dresse à son extrémité, est devenu propriété de l'église et fermait d'un côté le jardin du presbytère. En 1693, après l'ouverture d'un nouveau cimetière pouvant accueillir les morts de plus en plus nombreux, les habitants du village ("rassemblés devant les portes de l'église", dit l'acte) accordèrent au curé en exercice l'autorisation de prendre possession de l'ancien cimetière et d'y planter des arbres fruitiers au-dessus des tombes abandonnées. A la même époque, on incorpora le mur du château dans la construction d'une grange. Après la Révolution, du fait des guerres, des orages et de la négligence, la grange tomba en ruine et même après que les offices eurent repris dans l'église, en 1837, et qu'un nouveau curé fut venu habiter le presbytère, elle ne fut pas reconstruite. L'ancien mur continua de servir de limite de propriété, donnant d'un côté sur le champ d'un fermier et ombrageant de l'autre le magnolia et les hydrangéas du curé[1].

Dès que j'ai vu ce mur et les pierres éparpillées à son pied, j'ai su que là je construirais la pièce où accueillir mes livres. J'avais en tête une image précise de bibliothèque, une sorte de croisement entre la longue salle de Sissinghurst (la maison de Vita Sackville-West dans le Kent, que j'avais visitée peu de temps auparavant) et la bibliothèque de mon ancien lycée, le Colegio Nacional de Buenos Aires. Je voulais une pièce lambrissée de bois sombre, avec de douces flaques de lumière et des fauteuils confortables, et un espace adjacent, plus petit, dans lequel j'installerais ma table de travail et mes ouvrages de référence. J'imaginais des rayonnages démarrant à hauteur de ma taille et ne montant pas plus haut que le bout des doigts de mes bras tendus car, dans mon expérience, les livres condamnés à des hauteurs qui exigent des échelles ou à des niveaux qui obligent le lecteur à ramper, ventre au plancher, sont l'objet de beaucoup moins d'attention que leurs compères des étages intermédiaires, quels que soient leurs sujets ou leurs mérites. Cette disposition idéale aurait, toutefois, nécessité une bibliothèque trois ou quatre fois plus vaste que la grange disparue et, comme l'a observé Stevenson avec mélancolie, "telle est l'amertume de l'art : on voit un bon effet, et toujours quelque absurdité intervient au nom de la raison[2]". Par nécessité, ma bibliothèque a des rayonnages qui commencent à ras des plinthes et s'arrêtent à une hauteur d'in-octavo des poutres du plafond pentu.

Pendant la construction de la bibliothèque, les maçons ont découvert dans le vieux mur deux fenêtres aveuglées depuis longtemps. L'une est une étroite ouverture par laquelle, peut-être, les archers défendaient le fils de Tristan

La bibliothèque de Sissinghurst.

l'Hermite quand ses paysans en colère se révoltaient ; l'autre est une fenêtre basse et carrée protégée par des barres de fer médiévales forgées grossièrement en forme de tiges aux feuilles tombantes. De ces fenêtres, pendant la journée, je peux voir les poules de mon voisin courir d'un côté à l'autre de leur enclos en picorant ici et là, affolées par la prodigalité de l'offre, tels des savants fous dans une bibliothèque ; des fenêtres du mur opposé, je vois le presbytère proprement dit et les deux vieux sophoras du jardin. Mais la nuit, quand les lampes sont allumées dans la bibliothèque, le monde extérieur disparaît et rien n'existe plus que cet espace empli de livres. A quelqu'un qui se tiendrait dehors, dans le jardin, la bibliothèque, la nuit, pourrait apparaître comme une sorte de grand vaisseau, telle cette étrange villa chinoise qu'en 1888 la capricieuse impératrice Cixi fit construire, semblable à un bateau échoué, sur le lac du jardin de son palais d'Eté. Dans l'obscurité, avec ses fenêtres éclairées et les rangées de livres qui luisent doucement, la bibliothèque est un espace clos, un univers autonome dont les règles prétendent remplacer ou traduire celles de l'univers informe du dehors.

Le palais de marbre de l'impératrice Cixi.

Pendant la journée, la bibliothèque est un royaume d'ordre. D'un bout à l'autre des passages identifiés par les lettres de l'alphabet, je me déplace avec une intention manifeste, à la recherche d'un nom ou d'une voix, convoquant les livres en fonction du rang et du classement qui leur sont alloués. La structure du lieu est visible : un labyrinthe de lignes droites, où l'on n'est pas censé se perdre mais trouver ; une pièce divisée en suivant un ordre apparemment logique de classification ; une géographie qui obéit à une table des matières prédéterminée et à une hiérarchie mémorable d'alphabets et de nombres.

Mais, la nuit, l'atmosphère change. Les bruits sont étouffés, les pensées plus sonores. "C'est seulement lorsqu'il fait noir que la chouette de Minerve prend son vol[3]", notait Walter Benjamin, en citant Hegel. Le temps semble plus proche de cet instant à mi-chemin entre veille et sommeil où l'on peut à son aise réimaginer le monde. A mon insu, mes gestes se font furtifs, mon activité se fait secrète. Je deviens une sorte de fantôme. Les livres sont désormais la seule présence réelle et c'est moi, leur lecteur, que les rites cabalistiques de lettres à peine entrevues convoquent et attirent vers un certain volume, une certaine page. L'ordre décrété par le catalogue de la bibliothèque n'est, la nuit, que pure convention ; il perd dans l'ombre tout prestige. Bien que ma bibliothèque ne soit pas soumise à l'autorité d'un catalogue, même des ordres plus anodins, tels que le rangement alphabétique par auteurs ou la division en sections par langues, trouvent leur pouvoir diminué. Libérés des contraintes quotidiennes, inaperçus à ces heures tardives, mes yeux et mes mains se promènent avec audace entre les rangées bien ordonnées, recréant le chaos. Un livre en appelle un autre, inopinément, en nouant des alliances entre des cultures et des siècles différents. Un vers à demi mémorisé suscite l'écho d'un autre pour des raisons qui, à la lumière du jour, restent obscures. Si, le matin, la bibliothèque suggère un reflet de l'ordre sévère et raisonnablement délibéré du monde, la bibliothèque, la nuit, semble se réjouir de son désordre fondamental et joyeux.

Au Ier siècle de notre ère, dans son livre sur les guerres civiles romaines qui avaient eu lieu cent ans auparavant, Lucain décrit Jules César errant dans les ruines de Troie et note comment chaque caverne, chaque bois aride rappelle à son héros les anciens récits homériques. "A chaque pierre est attachée une légende[4]", explique Lucain, décrivant à la fois le voyage imprégné d'histoire de César et, dans un avenir lointain, la bibliothèque où je suis assis en ce moment. Mes livres recèlent entre leurs couvertures toutes les histoires que j'ai jamais connues et retenues, ou que j'ai oubliées, ou que je pourrais lire un jour ; ils remplissent l'espace qui m'entoure de voix anciennes et nouvelles. Nul doute que ces histoires existent sur les pages pendant la journée aussi mais, peut-être à cause de la familiarité de la nuit avec les apparitions fantomatiques et les rêves révélateurs, leur présence devient plus sensible après le coucher du soleil. En marchant entre les rayonnages, j'aperçois au passage les œuvres de Voltaire et j'entends dans l'obscurité la fable orientale de Zadig ; quelque part, dans le lointain, le *Vathek* de William Beckford reprend le fil de l'histoire et le passe aux clowns de Salman Rushdie sous la couverture bleue des *Versets sataniques* ; un autre Orient résonne dans le village magique de Zahiri de Samarkand, au XIIe siècle, qui cède à son tour la parole aux tristes survivants de Naguib Mahfouz dans l'Egypte d'aujourd'hui. Lucain conseille à son César de marcher avec précaution dans le paysage troyen, de peur de piétiner des fantômes. Ici, la nuit, dans la bibliothèque, les fantômes ont des voix.

Et pourtant, la bibliothèque, la nuit, ne convient pas à tous les lecteurs. Michel de Montaigne, par exemple, ne partageait pas ma sombre préférence. Sa "librairie" (il disait *librairie* et non *bibliothèque*, car le sens de ces mots commençait à peine à changer en ce vertigineux XVIe siècle) était logée à l'étage de sa tour, dans un ancien grenier. "Je passe là et la plupart des jours de ma vie, et la plupart des heures du jour ; je n'y suis jamais la nuit[5]", confiait-il. Pendant la nuit, Montaigne dormait, car il estimait que le corps souffrait assez durant le jour au bénéfice de l'esprit lecteur. "Les livres ont beaucoup de qualités agréables à ceux qui savent les choisir ; mais aucun bien sans peine : c'est un plaisir qui n'est pas net et pur, non plus que les autres ; il a ses incommodités, et bien pesantes ; l'âme s'y exerce, mais le corps, duquel j'ai non plus oublié le soin, demeure cependant sans action, s'atterre et s'attriste[6]."

Pas le mien. Les diverses qualités de mes lectures semblent pénétrer chacun de mes muscles, de sorte que, quand je me décide enfin à éteindre dans la bibliothèque, j'emporte dans mon sommeil les voix et le mouvement du livre que je viens de fermer. J'ai appris d'une longue expérience que si je veux écrire le matin sur un sujet donné, ma lecture nocturne sur ce sujet nourrira mes rêves non seulement de l'argument mais des événements mêmes de l'histoire. L'évocation du bœuf en daube de Mrs Ramsay me donne faim, quand Pétrarque fait l'ascension du mont

La tour de Montaigne.

Ventoux je m'essouffle, lorsque Keats nage je me sens
revigoré, les dernières pages de *Kim* m'emplissent d'une
tendre amitié, à la première description du chien des Bas-
kerville je jette par-dessus mon épaule des regards inquiets.
Pour Coleridge, de telles réminiscences suscitent chez le
lecteur la plus noble de toutes les sensations possibles, le
sens du sublime, lequel, dit-il, "ne naît pas de la vision
d'un objet extérieur, mais de la réflexion qu'elle inspire ;
pas de l'impression sensuelle, mais de la réaction imagina-
tive[7]". Coleridge écarte trop aisément "l'impression sensuelle" ; pour que se déploient ces imaginations nocturnes,
il me faut voir et toucher les pages, entendre les crisse-
ments et froissements du papier et l'effrayant craquement
des dos, sentir l'arôme du bois des étagères, le parfum
musqué des reliures en cuir, l'odeur acide de mes livres de
poche jaunissants. Alors je peux dormir.

Pendant la journée, j'écris, je bouquine, je range des
livres, je case mes nouvelles acquisitions, je réorganise
certaines sections pour faire de la place. Les nouveaux
venus sont accueillis après une période d'inspection. S'il
s'agit d'un livre de seconde main, je laisse intactes toutes
ses marques, ces traces des lecteurs qui m'ont précédé,
compagnons de voyage qui ont témoigné de leur passage
au moyen de commentaires griffonnés, d'un nom sur la
page de garde, d'un ticket d'autobus gardant une page.
Vieux ou neufs, le seul signe dont j'essaie toujours de
débarrasser mes livres (en général sans grand succès) est
l'indication de prix que leur fixent au dos des libraires
malveillants. Ces affreuses écailles blanches sont difficiles
à arracher, elles laissent des cicatrices lépreuses et des
taches de glu auxquelles adhèrent la poussière et la bourre
des âges, et je rêve d'un enfer collant spécial auquel serait
condamné l'inventeur de ces adhésifs.

Pendant la nuit, je lis, assis, et je regarde les rangées de
livres, tenté une fois encore d'établir des connexions entre
voisins, d'inventer pour eux des histoires communes,

d'associer l'un avec l'autre deux fragments remémorés. Virginia Woolf a entrepris un jour de distinguer l'homme qui aime s'instruire de celui qui aime lire, et elle a conclu qu'il "n'y a aucun rapport entre les deux". "Un homme instruit, écrit-elle, est un sédentaire, un enthousiaste solitaire et concentré qui cherche grâce aux livres à découvrir quelque grain d'une vérité qui lui tient à cœur. Si la passion de la lecture s'empare de lui, ses gains s'étiolent et lui fondent entre les doigts. Un lecteur, en revanche, doit maîtriser d'abord le désir d'apprendre ; si un savoir lui vient, tant mieux, mais le rechercher, lire selon un système, devenir un spécialiste ou une autorité, voilà qui pourrait bien tuer ce qu'il nous convient de considérer comme la passion plus humaine de la lecture pure et désintéressée[8]." De jour, la concentration et le système me tentent ; de nuit, je peux lire avec une légèreté de cœur qui frise l'insouciance.

Jour ou nuit, néanmoins, ma bibliothèque est un royaume privé, très différent des bibliothèques publiques grandes et petites, et différente aussi de cette bibliothèque électronique fantôme dont l'universalité m'inspire un scepticisme modéré. La géographie et les coutumes des trois diffèrent de bien des façons, même si toutes ont en commun la volonté explicite d'harmoniser nos connaissances et notre imagination, de grouper et de répartir l'information, de rassembler en un lieu notre expérience indirecte du monde, et d'exclure, par ignorance, parcimonie, incapacité ou pusillanimité, celle de nombreux autres lecteurs.

Si grandes sont la constance et la portée de ces tentatives apparemment contradictoires d'inclusion et d'exclusion qu'elles possèdent (en Occident, du moins) leurs emblèmes littéraires distincts, deux monuments qui, pourrait-on dire, représentent tout ce que nous sommes. Le premier, édifié dans le but d'atteindre les cieux inaccessibles, était né de notre désir de conquérir l'espace, désir puni par la pluralité des langues qui aujourd'hui encore oppose des obstacles quotidiens à nos tentatives de nous faire connaître les uns des autres. Le second, construit afin de réunir, en provenance du monde entier, ce que ces langues s'étaient efforcées de consigner, répondait à notre espoir de vaincre le temps et finit en un incendie légendaire qui consuma jusqu'au présent. La tour de Babel dans l'espace et la bibliothèque d'Alexandrie dans le temps sont les symboles jumeaux de ces ambitions. Dans leur ombre, ma petite bibliothèque est un rappel de ces deux aspirations irréalisables – le désir de contenir toutes les langues de Babel et celui de posséder tous les volumes d'Alexandrie.

L'histoire de Babel est racontée dans le onzième chapitre de la Genèse. Après le Déluge, les peuples de la Terre s'en furent vers l'est au pays de Sennaar et, là, ils décidèrent de construire une ville et une tour qui s'élèverait jusqu'au ciel. "Or le Seigneur descendit pour voir la ville et la tour que bâtissaient les enfants d'Adam, et il dit : Ils ne sont tous maintenant qu'un peuple, et ils ont tous le même langage ; et ayant commencé à faire cet ouvrage, ils ne quitteront pas leur dessein qu'ils ne l'aient achevé entièrement. Allons, descendons en ce lieu, et confondons-y tellement leur langage, qu'ils ne s'entendent plus les uns les autres[9]." Dieu, dit la légende, a inventé la multiplicité des langues afin de nous empêcher d'œuvrer ensemble, pour que nous n'outrepassions pas nos pouvoirs. D'après le Sanhédrin (un conseil des sages juif institué à Jérusalem au Ier siècle), le site où la tour s'est jadis élevée n'a jamais perdu ses propriétés particulières et, aujourd'hui encore, quiconque y passe oublie tout ce qu'il sait[10].

La bibliothèque d'Alexandrie était un lieu de savoir édifié par les Ptolémées à la fin du IIIe siècle avant notre ère dans le but de suivre au mieux les préceptes d'Aristote. Selon le géographe grec Strabon[11], qui écrivait au Ier siècle avant J.-C., la bibliothèque contenait peut-être les propres ouvrages du philosophe, légués à l'un de ses disciples, Théophraste, lequel, à son tour, les aurait légués à un autre,

La nouvelle bibliothèque d'Alexandrie, dont la première pierre fut posée en 1988.

Nélée de Scepsis, qui devait participer à l'établissement de la bibliothèque. Jusqu'à la fondation de la bibliothèque d'Alexandrie, les bibliothèques du monde antique étaient soit les collections privées des lectures d'un seul homme, soit des entrepôts d'Etat où l'on conservait en tant que références officielles des documents légaux et littéraires. L'instauration des unes et des autres était moins motivée par la curiosité que par un souci de sauvegarde, et répondait davantage à la nécessité de consultations particulières qu'au désir de tout embrasser. La bibliothèque d'Alexandrie faisait preuve d'une imagination nouvelle, dépassant en ambition et en portée toutes les bibliothèques existantes. Les rois attalides de Pergame, dans le Nord-Ouest de l'Asie Mineure, tentant de rivaliser avec Alexandrie, bâtirent leur propre bibliothèque, mais elle n'atteignit jamais la grandeur de celle d'Alexandrie. Afin d'empêcher leurs rivaux de créer des manuscrits pour leur compte, les Ptolémées interdirent l'exportation du papyrus, à quoi les bibliothécaires de Pergame réagirent en inventant un nouveau support pour l'écriture auquel on donna le nom de la ville : *pergamenon*, ou parchemin[12].

Un curieux document du IIe siècle avant J.-C., la *Lettre d'Aristée*, peut-être apocryphe, rapporte à propos des origines de la bibliothèque d'Alexandrie une histoire emblématique de ce rêve colossal. Dans le but de constituer une bibliothèque universelle (dit la lettre), le roi Ptolémée écrivit "à tous les souverains et gouvernants de la Terre" pour les prier de lui envoyer les livres de toutes espèces par toutes espèces d'auteurs, "poètes et prosateurs, rhéteurs et sophistes, docteurs et devins, historiens, et aussi tous les autres". Les savants au service du roi avaient calculé que cinq cent mille rouleaux seraient nécessaires si l'on voulait réunir à Alexandrie "tous les livres de tous les peuples du monde[13]". (Le temps amplifie nos ambitions ; en 1988, la bibliothèque du Congrès de Washington reçut à elle seule en un an deux fois ce nombre d'articles dont, frugale, elle ne conserva qu'environ quatre cent mille[14].) Aujourd'hui, la bibliothèque d'Alexandrie a été reconstruite par l'Etat égyptien à la suite d'un concours remporté par l'atelier norvégien d'architecture Snøhetta. D'un coût de deux cent vingt millions de dollars US, avec ses trente-deux mètres de hauteur et ses cent soixante mètres de circonférence qui offrent assez d'espace de rangement pour plus de huit millions de volumes, la nouvelle bibliothèque d'Alexandrie accueillera également dans ses vastes salles des collections audiovisuelles et virtuelles[15].

La tour de Babel se dressait (du temps où elle se dressait) comme une preuve de notre foi dans l'unité de l'univers. L'histoire nous conte que, dans l'ombre grandissante de Babel, l'humanité habitait un monde sans frontières, persuadée d'avoir les mêmes droits aux cieux qu'à la terre ferme. La bibliothèque d'Alexandrie (sur des bases plus solides sans doute que celles de Babel) s'érigeait, au contraire, en preuve de la déconcertante diversité de l'univers et de l'ordre secret que possède cette diversité. La première

La construction de la tour de Babel représentée dans un manuscrit anglais du livre de la Genèse, vers 1390.

reflétait notre intuition d'une divinité unique et continue, s'exprimant en une seule langue dont les mots étaient parlés par tous, de la terre jusqu'aux cieux ; la seconde, la conviction que chacun des livres composés à l'aide de ces mots était son propre cosmos complexe, chacun s'autorisant de sa singularité pour s'adresser à la création tout entière. La tour de Babel s'est effondrée à la préhistoire du récit ; la bibliothèque d'Alexandrie s'est élevée quand les récits ont pris la forme de livres et se sont appliqués à trouver une syntaxe qui prêterait à chaque mot, à chaque tablette, à chaque rouleau sa place révélatrice et nécessaire. Indistincte, majestueuse, à jamais présente, l'architecture tacite de cette Bibliothèque continue de hanter nos rêves d'un ordre universel. Rien de comparable n'a jamais existé, même si d'autres bibliothèques (la Toile incluse) ont tenté de copier son étonnante ambition. Unique dans l'histoire du monde, elle reste la seule institution qui, s'étant donné pour tâche de tout enregistrer du passé comme de l'avenir, pourrait aussi avoir eu la prescience et conservé la chronique de sa propre destruction et de sa résurrection.

Divisée en zones thématiques en fonction de catégories établies par ses bibliothécaires, la bibliothèque d'Alexandrie devint une multitude de bibliothèques dont chacune insistait sur un aspect de la diversité du monde. En ce lieu (proclamait-on à Alexandrie), la mémoire était maintenue en vie, toute pensée écrite avait sa niche, chaque lecteur pouvait découvrir son itinéraire personnel tracé ligne après ligne dans des livres que nul, peut-être, n'avait encore ouverts, l'univers lui-même trouvait son reflet dans les mots. Mesure supplémentaire en vue d'accomplir son ambition, le roi Ptolémée décréta que tout livre arrivant dans le port d'Alexandrie serait saisi et copié, avec la promesse solennelle que l'original serait restitué (comme tant de promesses royales, celle-ci ne fut pas toujours tenue et ce furent souvent les copies qu'on retourna). A cause de cette règle despotique, on appela "collection des bateaux" les livres rassemblés dans la Bibliothèque[16].

La première allusion à la Bibliothèque se trouve chez Hérondas, un poète originaire de Cos ou de Milet qui vécut dans la seconde moitié du IIIe siècle avant J.-C., dans un texte où il est question d'un bâtiment appelé le *Museion*, ou maison des Muses, qui comprenait presque certainement la célèbre bibliothèque. Curieusement, en un jeu vertigineux de boîtes chinoises, Hérondas prête au royaume d'Egypte la nature d'une bibliothèque universelle : l'Egypte contenant le Musée qui, à son tour, contient la Bibliothèque, laquelle, à son tour, contient tout :

> Et [l'Egypte] ressemble à la maison d'Aphrodite :
> On trouve en Egypte tout ce qui existe et tout ce qui est possible :
> Argent, jeux, pouvoir, et ciel bleu par-dessus,
> Renommée, spectacles, philosophes, or, jeunes hommes et vierges,
> Le temple des dieux jumeaux, le roi bienveillant,
> Le Musée, le vin, et tout ce que l'on pourrait encore imaginer[17].

Malheureusement, malgré de fugitives allusions comme celle-là, nous ignorons, en vérité, à quoi ressemblait la bibliothèque d'Alexandrie. Nous nous faisons une image de la tour de Babel, sans doute inspirée par le minaret en spirale datant du IXe siècle de la mosquée Abou-Doulaf à Samarra, et figurant sur de nombreux tableaux, principalement ceux de peintres hollandais du XVIe siècle tels que Bruegel. Nous ne possédons aucune image familière, si fantaisiste soit-elle, de la bibliothèque d'Alexandrie.

Le savant italien Luciano Canfora, après avoir fait le tour de toutes les sources dont nous disposons, conclut que la Bibliothèque proprement dite devait consister en un passage ou une salle très longue et haute dans le Musée. Le long de ses murs s'alignaient d'interminables *bibliothekai*, terme qui, à l'origine, ne désignait pas le local mais les étagères ou les casiers destinés aux rouleaux. Au-dessus de ces étagères se trouvait une inscription : "Le lieu du traitement de l'âme." De l'autre côté des murs des *bibliothekai*, il y avait des chambres, utilisées sans doute par les savants comme résidences ou comme salles de réunion. Il y avait aussi une pièce réservée aux repas en commun.

Le Musée était situé dans le quartier royal, au front de mer, et assurait le gîte et le couvert aux savants invités à la cour des Ptolémées. Selon l'historien Diodore de Sicile, qui vécut au Ier siècle avant J.-C., Alexandrie se flattait de posséder une deuxième bibliothèque, dite bibliothèque-fille, à l'usage des savants non affiliés au Musée. Située dans le quartier sud-ouest de la ville, non loin du temple de Sérapis, elle contenait des copies des possessions de celle du Musée.

On enrage de ne pas pouvoir dire à quoi ressemblait la bibliothèque d'Alexandrie. Avec un orgueil compréhensible, chacun de ses chroniqueurs (tous ceux dont le témoignage nous est parvenu) semble avoir considéré comme superflu de la décrire. Le géographe grec Strabon, contemporain de Diodore, dépeint en détail la ville d'Alexandrie mais, mystérieusement, ne mentionne pas la Bibliothèque. "Le *Museion* aussi fait partie des bâtiments royaux ; il comprend un *peripatos* (déambulatoire), une exèdre et un vaste édifice abritant la salle commune où les savants qui sont membres du *Museion* prennent leurs repas[18]", voilà tout ce qu'il nous en dit. "Pourquoi me faudrait-il en parler, puisqu'elle demeure impérissable dans la mémoire de tous ?" écrivait Athénée de Naucrate un siècle à peine après sa destruction. La Bibliothèque qui se voulait dépositaire de la mémoire du monde n'a pas pu sauvegarder pour nous son propre souvenir. Tout ce que nous en savons, tout ce qui reste de sa grandeur, de ses marbres et de ses rouleaux, ce sont ses diverses *raisons d'être**.

---

* En français dans le texte. *(N.d.T.)*

Il en était une puissante, c'était la quête d'immortalité des Égyptiens. Si l'on peut assembler et conserver sous un même toit une image du cosmos (ainsi que devait le penser le roi Ptolémée), alors chaque détail de cette image – un grain de sable, une goutte d'eau, le roi en personne – y aura sa place, attestée par les mots d'un poète, d'un conteur, d'un historien, pour toute l'éternité ou, en tout cas, pour aussi longtemps qu'il y aura des lecteurs pouvant un jour ouvrir la page le concernant. Il existe un vers d'un poème, une phrase dans une fable, un mot dans un essai par quoi mon existence est justifiée ; qu'on trouve cette ligne, et mon immortalité est assurée. Les héros de Virgile, de Herman Melville, de Joseph Conrad et de presque toute la littérature épique embrassent cette croyance alexandrine. Pour eux, le monde (comme la Bibliothèque) est fait d'une multitude d'histoires qui, à travers des labyrinthes mêlés, mènent à un instant de révélation prévu pour eux seuls – même si en ce dernier instant la révélation leur est refusée, ainsi que le comprend le pèlerin de Kafka, debout devant les Portes de la Loi (si étrangement évocatrices des portes d'une bibliothèque) et s'apercevant au moment où il meurt qu'elles devront rester fermées à jamais, car elles n'étaient faites que pour lui[19]. Pas plus que les héros épiques, les lecteurs n'ont la garantie d'une épiphanie.

À notre époque, faute de rêves épiques – que nous avons remplacés par des rêves de pillage –, l'illusion d'immortalité naît de la technologie. La Toile, et sa promesse d'une voix et d'un site pour tous, est notre équivalent du *mare incognitum*, la mer inconnue qui inspirait aux voyageurs d'autrefois la tentation de la découverte. Aussi immatérielle que l'eau, trop vaste pour l'entendement d'un mortel, la Toile nous permet, par ce qu'elle a de prodigieux, de confondre l'incompréhensible avec l'éternel. Comme la mer, la Toile est volatile : soixante-dix pour cent de ses communications subsistent moins de quatre mois. Sa vertu (sa virtualité) a pour résultat un présent continuel – ce qui, pour les érudits médiévaux, était l'une des définitions de l'enfer[20]. Alexandrie et ses lettrés, par contre, ne se sont jamais mépris sur la vraie nature du passé ; ils savaient que le passé était la source d'un présent toujours en mouvement où de nouveaux lecteurs se plongent dans de vieux livres qui deviennent neufs en cours de lecture. Chaque lecteur existe afin d'assurer à un livre donné une modeste immortalité. La lecture est, en ce sens, un rituel de renaissance.

Mais l'ambition de la bibliothèque d'Alexandrie n'était pas seulement d'immortaliser. Elle avait pour objectif d'enregistrer tout ce qui avait été et pouvait être enregistré, et ces enregistrements devaient à leur tour être digérés, en une succession infinie de lectures et de gloses engendrant sans cesse de nouvelles gloses et de nouvelles lectures. Elle devait être un cabinet de travail à l'usage des lecteurs, et pas seulement un endroit où les livres seraient conservés pour l'éternité. A cet effet, les Ptolémées invitèrent les penseurs les plus renommés de nombreux pays – Euclide et Archimède, notamment – à venir résider à Alexandrie, en leur versant des rentes confortables et en ne leur demandant rien d'autre en échange que de faire usage des trésors de la Bibliothèque[21]. Ainsi, chacun de ces lecteurs spécialisés pouvait prendre connaissance d'une grande quantité de textes, lire et résumer ce qu'il avait lu et en tirer des condensés critiques à l'intention des générations à venir qui, ensuite, rédigeraient de leurs travaux de nouveaux condensés. Une satire de Timon de Phlionte, au IIIe siècle avant J.-C., décrit ces savants comme des *charakitai*, ou "scribouilleurs", disant que "dans la populeuse Egypte, de nombreux *charakitai* bien nourris grattent le papyrus tout en bavardant sans arrêt dans la cage des Muses[22]".

Au IIe siècle avant J.-C., en conséquence des résumés et compilations réalisés à Alexandrie, une règle épistémologique fut fermement établie concernant la lecture ; elle décrétait que "le texte le plus récent remplace tous les précédents, puisqu'il est censé les contenir[23]". Conforme à cette exégèse, et plus proche de notre temps, Stéphane Mallarmé suggérait que "le monde est fait pour aboutir à un beau livre[24]", c'est-à-dire à un livre unique, n'importe lequel, distillation ou résumé du monde, devant comprendre tous les autres livres. Une telle méthode procède en annonçant certains livres, comme l'*Odyssée* annonce les aventures de Jack Kerouac et l'histoire de Didon celle de Mme Bovary, ou en leur faisant écho, comme les sagas de Faulkner répondent aux destinées de la maison d'Atrée et comme les pérégrinations de Nicolas Bouvier rendent hommage aux voyages d'Ibn Khaldoun.

Cette intuition de la lecture associative permit aux bibliothécaires d'Alexandrie d'établir des généalogies littéraires complexes et à des lecteurs plus récents de reconnaître, dans les relations les plus banales de vies de héros (*Tristram Shandy* ou *La Conscience de Zeno*) ou dans les cauchemars les plus fantastiques (de Sadegh Hedayat ou de Julio Cortázar), une description de l'univers qui les entoure et de leurs propres triomphes ou tribulations. N'importe quelle page de n'importe lequel de mes livres peut contenir une description parfaite de mon expérience secrète du monde. Ainsi que l'avaient sans doute découvert les bibliothécaires d'Alexandrie, chaque moment littéraire isolé implique nécessairement tous les autres.

Mais, plus que tout, la bibliothèque d'Alexandrie était un lieu de mémoire, d'une mémoire forcément imparfaite. "Ce que la mémoire a de commun avec l'art, écrivait Joseph Brodsky en 1985, c'est la faculté de sélection, le goût du détail. Si élogieuse que cette observation puisse paraître pour l'art (celui de la prose en particulier), pour la mémoire, elle devrait sembler insultante. L'insulte est bien méritée, pourtant. La mémoire contient précisément des détails, et non l'ensemble du tableau ; les temps forts, si vous voulez, pas le spectacle entier. La conviction d'avoir, d'une manière quelconque, une vision générale de tout l'ensemble, cette conviction qui permet à l'espèce de continuer à vivre, est sans fondement. Plus qu'à toute autre chose, la mémoire ressemble à une bibliothèque en désordre alphabétique, et ne possédant l'œuvre complète de personne[25]."

Rendant hommage à l'intention ultime d'Alexandrie, toutes les bibliothèques ultérieures, quelle que soit leur ambition, ont reconnu cette fonction mnémonique parcellaire. L'existence de toute bibliothèque, la mienne comprise, offre aux lecteurs une compréhension de ce qu'est vraiment le sens de leur activité, cette activité qui affronte les rigueurs du temps en ramenant dans leur présent des fragments du passé. Elle leur accorde un aperçu, si secret ou distant soit-il, de l'intelligence d'autres êtres humains et leur offre une possibilité d'en savoir plus sur leur propre condition grâce aux récits engrangés à leur usage. Et, surtout, elle dit aux lecteurs que leur activité comporte la capacité de se rappeler, activement, à la suggestion de la page écrite, des moments choisis de l'expérience humaine. Telle fut la grande coutume établie par la bibliothèque d'Alexandrie. Dans le même esprit, lorsque, des siècles plus tard, on suggéra d'honorer par un monument les victimes de l'Holocauste en Allemagne, la proposition la plus intelligente (malheureusement non retenue) fut la construction d'une bibliothèque[26].

Et pourtant, en tant que lieu public, la bibliothèque d'Alexandrie était un paradoxe : un bâtiment consacré à une activité essentiellement privée (la lecture) qui allait être pratiquée désormais sur un mode communautaire. Sous le toit de la Bibliothèque, une même illusion de liberté habitait les érudits, convaincus d'avoir à leur disposition le royaume entier de la lecture. En réalité, leurs choix étaient soumis à la censure de plusieurs façons : par le biais des cases (ouvertes ou fermées) où se trouvaient rangés les livres ou de la section de la bibliothèque dans laquelle ils étaient catalogués, par des notions privilégiées de salles réservées ou de collections spéciales, par les générations de bibliothécaires dont l'éthique et les goûts avaient façonné le fonds, par des directives officielles fondées sur ce que la société ptolémaïque considérait comme "convenable" ou "précieux", par des règlements bureaucratiques dont les raisons disparaissaient dans les donjons du temps, par des considérations de budget, de dimensions et de disponibilité.

Les Ptolémées et leurs bibliothécaires avaient assurément conscience du pouvoir que confère la mémoire. Hécatée d'Abdère, dans sa relation de voyage semi-fictionnelle, l'*Aegyptiaca*, avait affirmé que la culture grecque devait son existence à l'Egypte, dont la culture était plus ancienne et moralement très supérieure[27]. Une simple affirmation ne suffisant pas, les bibliothécaires d'Alexandrie avaient dûment constitué une importante collection d'œuvres grecques afin d'en confirmer la dette envers l'autorité égyptienne. Pas seulement des œuvres grecques ; en rassemblant des livres provenant de divers passés, les bibliothécaires espéraient faire découvrir à leurs lecteurs l'entrelacs des racines et des branches de la culture humaine, que l'on peut définir (ainsi que devait le déclarer Simone Weil bien plus tard) comme "la formation de l'attention[28]". Dans ce but, ils s'exercèrent à s'intéresser au monde au-delà de leurs frontières, en rassemblant et en interprétant l'information, en commandant et en cataloguant toutes sortes de livres, en cherchant à associer différents textes et à transformer ainsi la pensée.

En abritant sous un même toit le plus grand nombre possible de volumes, les bibliothécaires d'Alexandrie espéraient aussi les protéger des risques de destruction qui pourraient résulter de leur abandon entre des mains supposées moins attentives (argument adopté de nos jours par de nombreux musées et bibliothèques d'Occident). Par conséquent, outre un symbole de la capacité de l'homme d'agir par la pensée, la Bibliothèque devint un monument destiné à vaincre la mort qui, nous disent les poètes, met un terme à la mémoire.

Et pourtant, en dépit de tous les soins de ses dirigeants et de ses conservateurs, la bibliothèque d'Alexandrie a disparu. De même que nous ignorons presque tout de l'apparence qu'avait l'édifice, nous ne savons rien de certain quant à sa disparition, soudaine ou graduelle. Selon Plutarque, c'est pendant que César se trouvait à Alexandrie, en 47 avant notre ère, qu'un incendie se propagea depuis l'Arsenal et "mit fin à la Bibliothèque", mais cette version est erronée. D'autres historiens (Dion Cassius et Orose, qui tiraient leurs informations de Tite-Live et du *De bello alexandrino* de César en personne) suggéraient que l'incendie de César n'avait pas détruit la Bibliothèque mais quelque quarante mille volumes stockés près de l'Arsenal, où ils attendaient peut-être d'être expédiés vers Rome. Près de sept siècles plus tard, un autre dénouement fut proposé. Une chronique chrétienne, tirée de la *Ta'rikh al-Hukuma* ou *Chronique des sages* d'Ibn al-Kifti et aujourd'hui discréditée, attribuait la responsabilité de l'incendie au général musulman Amr ibn al-As qui, à son entrée à Alexandrie en 642, aurait donné au calife Omar Ier l'ordre de mettre le feu au contenu de la Bibliothèque. Les livres – toujours selon le narrateur chrétien – servirent à alimenter les chaudières des bains publics ; seules les œuvres d'Aristote furent épargnées[29].

Historiquement, à la lumière du jour, la fin de la Bibliothèque demeure aussi nébuleuse que son apparence véritable ; historiquement, la Tour, si elle a existé, ne fut jamais qu'une entreprise foncière ratée bien qu'ambitieuse. En tant que mythes, néanmoins, dans l'imaginaire nocturne, l'un et l'autre édifice sont d'une solidité sans faille. Nous pouvons admirer la tour mythique qui se dresse, bien visible, pour démontrer que l'impossible mérite d'être tenté, si ravageur qu'en soit le résultat ; nous pouvons la

voir s'élever grâce au labeur d'une société aussi grouillante
et unanime que celle d'une fourmilière ; nous pouvons
assister à sa fin dans la dispersion des individus, chacun
dans l'isolement de sa bulle linguistique. Nous pouvons
errer entre les rayons surchargés de la bibliothèque d'Alexandrie, où sont assemblés l'imagination et le savoir du
monde entier ; nous pouvons reconnaître dans sa destruction l'avertissement que tout ce que nous amassons dispa-
raîtra mais peut aussi en grande partie être à nouveau réuni ;
nous pouvons apprendre de sa splendide ambition que ce
qui fut l'expérience d'un homme peut devenir, grâce à
l'alchimie des mots, l'expérience de tous, et la façon dont
cette expérience, distillée une fois encore en mots, peut se
révéler utile à chaque lecteur individuel dans l'accomplissement d'un but individuel et secret.

La bibliothèque d'Alexandrie, implicite dans les Mémoires des voyageurs et dans les chroniques des historiens,
réinventée dans des œuvres de fiction ou dans des fables,
en est venue à représenter l'énigme de l'identité humaine,
avec la question posée d'une étagère à l'autre : "Qui suis-
je ?" Dans le roman d'Elias Canetti datant de 1935, *Die
Blendung (Auto-da-fé)*, Peter Kien, le savant qui dans les
dernières pages met le feu à ses livres en même temps qu'à
lui-même lorsque les intrusions du monde extérieur lui
deviennent trop intolérables, incarne tout héritier de la
Bibliothèque, en lecteur dont la personnalité est si profondément mêlée aux livres qu'il possède que, tels les anciens
érudits d'Alexandrie, il doit, lui aussi, devenir poussière
dans la nuit quand la Bibliothèque n'est plus. Poussière, en
effet, constatait le poète Francisco de Quevedo au début
du XVIIe siècle. Et il ajoutait, avec cette foi dans la survie de
l'esprit qu'incarnait la bibliothèque d'Alexandrie : "Poussière, soit, mais poussière amoureuse[30]."

II

UN ORDRE

> *"Mais comment rangez-vous vos documents ?*
> *— Dans des casiers, pour une part...*
> *— Ah, pas de casiers. J'ai essayé les casiers, mais tout s'y mélange : je ne sais jamais si un article se trouve en A ou en Z."*
>
> GEORGE ELIOT,
> *Middlemarch.*

Assis dans ma bibliothèque, la nuit, j'observe dans les cônes de lumière l'implacable plancton de la poussière dégagée tant par les pages que par ma peau qui toutes, heure après heure, en une faible tentative de durée, se débarrassent de leurs cellules mortes. J'aime à imaginer que le lendemain de mon dernier jour nous nous désagrégerons ensemble, ma bibliothèque et moi, de sorte que même quand je ne serai plus, je serai encore en compagnie de mes livres.

La vérité, c'est que je ne peux pas me rappeler un temps où je ne vivais pas entouré de ma bibliothèque. A six ou sept ans, j'avais assemblé dans ma chambre une Alexandrie minuscule, une centaine de livres de formats divers sur toutes sortes de sujets. Par simple goût du changement, j'en modifiais sans cesse la disposition. Je décidais, par exemple, de les ranger par tailles, de sorte que chaque étagère ne contînt que des volumes de même hauteur. Je

L'une des bibliothèques qui abritent le fonds Pepys à la Bodleian Library.

devais découvrir bien plus tard que j'avais un prédécesseur illustre, Samuel Pepys qui, au XVIIe siècle, avait pourvu ses livres les moins hauts de petits talons, afin que tous leurs dos forment, au-dessus, une belle ligne horizontale[1]. Je rangeais d'abord sur le rayon du bas les grands albums illustrés : une édition allemande de *Die Welt, in der wir leben*, avec des illustrations détaillées du monde sous-marin et de la vie dans un sous-bois en automne (aujourd'hui encore, je revois parfaitement les poissons irisés et les insectes monstrueux), un recueil d'histoires de chats (dont une phrase me reste en mémoire : *Cats' names and cats' faces / Are often seen in public places**), plusieurs titres de Constancio C. Virgil (un auteur argentin de littérature enfantine qui était aussi en secret collectionneur d'œuvres pornographiques), un livre de contes et de poésies de Margaret Wise Brown (où figurait l'histoire terrifiante d'un garçon abandonné successivement par les règnes animal, végétal et minéral) et un vieil exemplaire très aimé du *Struwwelpeter* de Heinrich Hoffmann dans lequel j'évitais avec soin l'image où un tailleur coupait les pouces d'un gamin à l'aide d'une gigantesque paire de ciseaux. Ensuite venaient mes livres aux formats variés : volumes isolés de contes populaires, quelques albums dépliants sur des animaux, un atlas déglingué que j'étudiais attentivement, tentant de découvrir de microscopiques habitants dans les villes minuscules éparpillées

---

* "On voit souvent dans des lieux publics des noms de chats et leurs visages." *(N.d.T.)*

d'un bout à l'autre des continents. Sur une étagère distincte, je groupais ce que j'appelais mes livres à format normal : les "Rainbow Classics" de May Lamberton Becker, les histoires de pirates d'Emilio Salgari, une *Enfance de peintres célèbres* en deux volumes, la *Bomba Saga* de Roy Rockwood, les éditions complètes des contes de Grimm et d'Andersen, les romans pour enfants du grand auteur brésilien Monteiro Lobato, le livre affreusement sentimental d'Edmundo de Amicis, *Cuore*, plein de marmots héroïques et endurants. Une étagère entière était consacrée aux nombreux volumes reliés en carton frappé bleu et rouge d'une encyclopédie en langue espagnole, *El Tesoro de la juventud*. Mes "Golden Books", un peu plus petits, se trouvaient sur une étagère inférieure. Les Beatrix Potter et un recueil de récits allemands tirés des *Mille et Une Nuits* constituaient la dernière et minuscule section.

Mais, parfois, cet ordre ne me satisfaisait pas et je réorganisais les livres par sujets : les contes de fées sur une étagère, les récits d'aventures sur une autre, les ouvrages scientifiques et relations de voyage sur une troisième, la poésie sur une quatrième, les biographies sur une cinquième. Et parfois, juste pour varier, je groupais mes livres par langues, ou par couleurs, ou en fonction de mon attachement envers eux. Au Ier siècle avant notre ère, Pline le Jeune décrivait les joies de sa maison de campagne et, notamment, une pièce ensoleillée où "un mur est garni d'étagères comme une bibliothèque où ranger les livres que je lis et relis[2]". J'ai pensé parfois à me constituer une bibliothèque qui ne comporterait que mes volumes les plus manipulés.

Et puis des groupes se formaient dans les groupes. Ainsi que je l'apprenais alors, sans pouvoir l'exprimer avant longtemps encore, l'ordre engendre l'ordre. Sitôt établie, une catégorie en suggère ou en impose d'autres, si bien qu'aucune méthode de catalogage, sur étagères ou sur papier, n'est jamais close. Si je décide d'un certain

nombre de sujets, chacun de ceux-ci exigera une classification à l'intérieur de sa classification. A un certain degré
de rangement, par fatigue, ennui ou découragement, j'ar-
rêterai cette progression géométrique. Mais la possibilité
de continuer est toujours là. Il n'existe pas de catégories
ultimes dans une bibliothèque.

Une bibliothèque privée, contrairement à un établissement public, offre l'avantage de permettre une classification fantaisiste et éminemment personnelle. Malade, Valery
Larbaud faisait relier ses livres en des couleurs différentes
selon la langue dans laquelle ils étaient écrits : les romans
anglais en bleu, les espagnols en rouge, etc. "Sa chambre
de douleur était un arc-en-ciel [...], raconte l'un de ses
admirateurs, réservant à l'œil et au souvenir des surprises
et des bonheurs attendus[3]." Georges Perec a un jour énuméré une douzaine de façons de classer sa bibliothèque,
dont aucune ne lui semblait satisfaisante en elle-même[4].
Sans grande conviction, il suggérait les ordres suivants :

    alphabétique
    par continents ou pays
    par couleurs
    par dates d'acquisition
    par dates de publication
    par formats
    par genres
    par époques littéraires
    par langues
    en fonction de nos priorités de lecture
    en fonction de leurs reliures
    par collections.

De telles classifications peuvent répondre à un but particulier, personnel. Une bibliothèque publique, en revanche,
doit suivre un ordre dont le code peut être compris de tous

les usagers et qui est déterminé avant la mise en place des collections sur les rayons. Un code de ce genre est plus commode à appliquer à une bibliothèque électronique, dont le système de catalogage peut, tout en étant utilisable par l'ensemble des lecteurs, permettre aussi à un programme surimposé de classer (et donc de localiser) des titres entrés dans le désordre, sans qu'il faille constamment le réorganiser et le mettre à jour.

Il arrive que la classification précède la mise en place matérielle. Dans ma bibliothèque, une fois la grange reconstruite, longtemps avant de se retrouver disposés en rangées obéissantes, mes livres se groupaient dans ma tête autour de dénominations spécifiques qui n'avaient sans doute de sens que pour moi. La tâche paraissait donc aisée quand, en été 2003, j'ai commencé à agencer ma bibliothèque, à placer à des endroits précis les volumes déjà attribués à certaines catégories. Je découvris bientôt que j'avais été trop sûr de moi.

Pendant plusieurs semaines, j'ai déballé les centaines de cartons qui, jusqu'alors, avaient occupé la totalité du salon, je les ai transportés dans la bibliothèque et je suis resté planté, ahuri, entre des colonnes de livres vacillantes qui semblaient combiner l'ambition verticale de Babel avec l'avidité horizontale d'Alexandrie. Presque trois mois durant, j'ai passé ces colonnes au crible en m'efforçant d'établir un ordre quelconque ; je travaillais depuis le petit matin jusque tard dans la soirée. Entre ses murs épais, la pièce était fraîche et paisible et la redécouverte de vieux amis oubliés me faisait perdre la notion du temps. Tout à coup, en levant les yeux, je m'apercevais qu'il faisait noir dehors et que j'avais passé la journée entière à ne remplir que quelques-unes des étagères qui attendaient. Parfois, je travaillais la nuit entière et j'imaginais alors pour mes livres toutes sortes de rangements fantaisistes qu'ensuite, à la lumière du jour, je rejetais tristement pour leur caractère peu pratique.

Déballer des livres est une activité révélatrice. En 1931, à l'occasion de l'un de ses nombreux déménagements, Walter Benjamin a décrit l'expérience consistant à se tenir parmi ses livres encore intouchés par "le léger ennui de l'ordre[5]", hanté par des visions des moments et des endroits où il les avait acquis, preuves indirectes que chacun de ces livres lui appartenait bien. Moi aussi, durant ces mois d'été, j'ai été submergé de telles visions : un ticket s'envolant à l'ouverture d'un livre me rappelait un trajet en tram à Buenos Aires (les trams ont cessé de circuler à la fin des années 1960) quand je lisais pour la première fois *Moïra*, de Julien Green ; un nom et un numéro de téléphone sur une page de garde ont fait ressurgir le visage d'un ami perdu de vue depuis longtemps qui m'avait offert un exemplaire des *Cantos* d'Ezra Pound ; une serviette en papier avec le logo du café de Flore, pliée entre les pages de *Siddharta*, de Hermann Hesse, atteste mon premier séjour à Paris, en 1966 ; une lettre d'un professeur dans un recueil de poésie espagnole me ramène à ces classes lointaines où j'ai découvert Góngora et Vicente Gaos. *"Habent sua fata libelli"*, dit Benjamin, citant Maurus, un essayiste médiéval oublié. "Les livres ont leur destin à eux." Certains des miens ont attendu un demi-siècle avant d'arriver dans ce coin minuscule de l'Ouest de la France, auquel ils étaient apparemment destinés.

J'avais, je l'ai dit, d'abord envisagé d'organiser ma bibliothèque en plusieurs sections. Les principales en étaient les langues dans lesquelles les livres étaient écrits. J'avais constitué de vastes communautés mentales de ces œuvres écrites en anglais ou en espagnol, en allemand ou en français, qu'elles fussent en poésie ou en prose. De ces ensembles linguistiques, j'excluais certains titres appartenant à des sujets auxquels je m'intéresse, comme la mythologie grecque, les religions monothéistes, les légendes du Moyen Age, les cultures de la Renaissance, la Première et la Seconde Guerre mondiale, l'histoire du livre… Mon choix des titres à loger dans ces catégories pourrait paraître capricieux à de nombreux lecteurs. Pourquoi ranger les œuvres de saint Augustin dans la section Christianisme plutôt que dans Littérature en latin ou Civilisations du haut Moyen Age ? Pourquoi mettre l'ouvrage de Carlyle sur la Révolution française dans Littérature en anglais plutôt que dans Histoire européenne, et pas *Citizens*, de Simon Schama ? Pourquoi classer les sept volumes de *Legends of the Jews* de Louis Ginzberg sous Judaïsme mais l'étude de Joseph Gaer sur le Juif errant sous Mythes ? Pourquoi ranger les traductions de Sappho par Anne Carson sous Carson mais les *Métamorphoses* d'Arther Golding sous Ovide ? Pourquoi garder sous Keats mes deux Homère dans l'édition de poche de Chapman ?

Au bout du compte, toute organisation est arbitraire. Dans les bibliothèques de mes amis de par le monde, j'ai trouvé de nombreuses classifications étranges : *Le Bateau ivre* de Rimbaud dans Navigation à voiles, le *Robinson Crusoé* de Defoe dans Voyages, *Birds of America* de Mary McCarthy dans Ornithologie, *Le Cru et le Cuit* de Claude Lévi-Strauss dans Cuisine. Les bibliothèques publiques ont, elles aussi, leurs approches particulières. Un lecteur s'est irrité de ce que, dans la London Library, Stendhal fût classé à la lettre B comme Beyle, son vrai nom, et Gérard de Nerval à la lettre G. Un autre s'est plaint de trouver, dans la même bibliothèque, Women (Femmes) classé "sous Divers, à la fin des Sciences", après Witchcraft (Sorcellerie) et avant Wool (Laine) et Wrestling (Lutte)[6]. Dans la bibliothèque du Congrès, les intitulés par sujets comprennent quelques catégories étranges, telles que :

Recherches sur la banane
La reliure en peau de chauve-souris
Bottes et chaussures dans l'art
Les poules dans la religion et le folklore
Egouts : œuvres complètes.

C'est comme si les contenus des livres importaient moins à ces organisateurs que la singularité du sujet sous lequel ils sont catalogués, de sorte qu'une bibliothèque devient une collection d'anthologies thématiques. Assurément, les matières ou catégories entre lesquelles une bibliothèque est divisée ne font pas que modifier la nature des livres qu'elle contient, elles sont à leur tour modifiées par eux. Placer les romans de Robert Musil dans une section consacrée à la littérature autrichienne inscrit son œuvre dans le cadre de définitions nationalistes de l'écriture romanesque ; en même temps, cela éclaire des ouvrages sociologiques et historiques sur l'Empire austro-hongrois en élargissant leur vision scolaire et restrictive du sujet. L'inclusion de *Drame de chasse*, d'Anton Tchekhov, dans la section des romans policiers oblige le lecteur à suivre le récit avec l'attention que demandent assassinat, indices et fausses pistes ; cela ouvre aussi la notion du genre policier à des auteurs tels que Tchekhov, que l'on n'associe pas, en général, à un Raymond Chandler ou à une Agatha Christie. Si je range la *Santa Evita* de Tomás Elroy Martínez dans ma section d'Histoire argentine, la valeur littéraire du livre en est-elle diminuée ? Si je la mets dans les romans espagnols, est-ce faire peu de cas de son exactitude historique ?

Sir Robert Cotton, un Anglais excentrique et bibliophile du XVIIe siècle, répartissait ses livres (parmi lesquels se trouvaient plusieurs documents fort rares, tels que le seul manuscrit connu de *Beowulf* et les Evangiles de Lindisfarne, datant environ de l'an 698) entre douze bibliothèques ornées chacune du buste de l'un des douze premiers Césars. Quand la Bristish Library fit l'acquisition d'une partie de cette collection, elle conserva l'étrange système de catalogage de Cotton, de sorte qu'on peut aujourd'hui demander les Evangiles de Lindisfarne sous l'intitulé : "Cotton Ms. Nero D. IV", parce que ce fut un jour le quatrième manuscrit sur le quatrième rayon à partir du haut dans la bibliothèque surmontée par le buste de Néron[7].

Quelques spécimens de *literatura de cordel*.

Et cependant un ordre, pratiquement quel qu'il soit, a le mérite de délimiter l'illimité. "Il doit exister plus d'un vieux collectionneur, remarquait G. K. Chesterton, dont les amis et connaissances disent qu'il est fou des elzévirs alors qu'en réalité c'est aux elzévirs qu'il doit sa santé mentale. Sans eux, il sombrerait dans une oisiveté et une hypocondrie destructrices ; mais la régularité monotone de ses notes et calculs offre dans une certaine mesure le même enseignement que le balancement du marteau du forgeron ou le pas des chevaux du laboureur, le rappel de l'antique bon sens des choses[8]." Le fait de passer commande d'une collection de romans à suspense ou de livres imprimés par Elzévir prête à la manie du collectionneur un certain degré de raison. J'ai par moments l'impression que les poches Nelson à l'exquise reliure de cuir, les minces brochures brésiliennes appelées *literatura de cordel* (ce qu'on appelle en France "littérature de colportage"), les premières éditions des romans policiers du Séptimo

Círculo sous la direction de Borges et de Bioy Casares, les petits volumes carrés des New Temple Shakespeare publiés par Dent et illustrés de gravures sur bois d'Eric Gill – tous livres dont j'ai fait un temps collection – ont préservé ma santé mentale.

Plus vaste est la catégorie, moins le livre est circonscrit. En Chine, au début du IIIe siècle, les livres de la bibliothèque impériale étaient rangés sous quatre intitulés modestes et peu spécialisés sur lesquels s'étaient mis d'accord d'éminents érudits de la cour – textes classiques ou canoniques, ouvrages d'histoire, ouvrages philosophiques et œuvres littéraires diverses – et reliés dans quatre couleurs spécifiques et symboliques, respectivement vert, rouge, bleu et gris (une division chromatique curieusement proche de celle des premiers Penguin ou de la Colección Austral espagnole). A l'intérieur de ces catégories, les titres étaient disposés suivant des ordres graphiques ou phonétiques. Dans le premier cas, plusieurs milliers de caractères furent réduits à quelques éléments fondamentaux – l'idéogramme signifiant la terre ou l'eau, par exemple – et puis placés selon un ordre conventionnel respectant les hiérarchies de la cosmologie chinoise. Dans le second, l'ordre était fondé sur la rime de la dernière syllabe du dernier mot d'un titre.

Un des tomes de la monumentale encyclopédie *Yongle Dadian*.

Comparé au système alphabétique romain, dont le nombre de lettres varie entre vingt-six (en anglais) et vingt-huit (en espagnol), celui des rimes possibles en chinois allait de soixante-seize à deux cent six. La plus grande encyclopédie manuscrite du monde, la *Yongle Dadian* ou *Compendium monumental de l'ère du Bonheur éternel*, commandée au XVe siècle par l'empereur Chengzu avec l'intention d'enregistrer en une seule publication toute la littérature chinoise existante, utilisait la méthode des rimes pour ordonner ses milliers d'articles. De ce catalogue monstrueux ne subsiste aujourd'hui qu'une petite partie[9].

En entrant dans une bibliothèque, je suis toujours frappé par la façon dont elle impose au lecteur, par ses catégories et son ordre, une certaine vision du monde. Certaines catégories sont, bien sûr, plus évidentes que d'autres, et les bibliothèques chinoises en particulier ont une longue histoire de classifications qui reflètent, dans leur variété, les conceptions changeantes que la Chine s'est faites de l'univers. Les premiers catalogues suivent une hiérarchie imposée par la croyance en la souveraineté des dieux, dont la voûte primordiale et universelle – le domaine des corps célestes – domine la Terre subalterne. Ensuite, en ordre d'importance décroissante, viennent les humains, les animaux, les plantes et, enfin, les minéraux. Ces six catégories gouvernent les divisions sous lesquelles sont classées les œuvres de cinq cent quatre-vingt-seize auteurs, conservées en treize mille deux cent soixante-neuf rouleaux, dans l'étude bibliographique du Ier siècle connue sous le nom de *Hanshu Yiwenzhi*, ou *Histoire dynastique des Han*, catalogue raisonné basé sur les recherches de deux bibliothécaires impériaux, Liu Xiang et son fils Liu Xin[10], qui, à eux seuls, consacrèrent leur vie à enregistrer ce que d'autres avaient écrit. D'autres catalogues chinois sont fondés sur des hiérarchies différentes. Le *Cefu Yangui*, ou *Archives de la Tortue devineresse*, dont la compilation fut réalisée sur ordre impérial entre 1005 et 1013, suit un ordre qui n'est pas cosmique mais plutôt bureaucratique, commençant avec l'empereur au sommet et puis descendant de l'un à l'autre des divers fonctionnaires et institutions de l'Etat, jusqu'aux humbles citoyens[11]. (En termes occidentaux, nous pourrions imaginer une bibliothèque de littérature anglaise qui commencerait, par exemple, avec les *Prières et poèmes* d'Elisabeth Iʳᵉ et finirait sur l'œuvre complète de Charles Bukowski.) Cet ordre bureaucratique ou sociologique fut adopté pour composer l'une des premières encyclopédies chinoises à se dire exhaustives : *Taiping Yulan*, ou *Lectures impériales de l'ère de la Grande Paix*. Achevée en 982, elle explorait tous les champs de la connaissance ; sa suite, *Vaste compendium de l'ère de la Grande Paix*, comprenait, sous cinquante-cinq têtes de chapitre, plus de cinq mille articles biographiques et énumérait plus de deux mille titres. On dit que Song Taizong, l'empereur qui en avait ordonné la rédaction, en lut trois chapitres par jour pendant une année entière. Un système plus complexe apparaît dans l'organisation de ce que l'on connaît comme la plus vaste encyclopédie jamais imprimée : *Qinding Gujin Tushu Jicheng*, ou *Grande encyclopédie des temps passés et présents*, de 1726, une gigantesque bibliothèque biographique divisée en plus de dix mille sections. L'ouvrage fut attribué à Jiang Tingxi, un correcteur d'épreuves de la cour, qui utilisa des blocs de bois avec des images découpées et des caractères mobiles conçus spécialement pour cette entreprise. Chaque section de l'encyclopédie couvre un domaine spécifique des préoccupations humaines, tel que "Science" ou "Voyage", et est divisé en sous-sections contenant des articles biographiques. La section consacrée aux relations humaines, par exemple, énumère les biographies de milliers d'hommes et de femmes en fonction de leur occupation ou de leur situation sociale : sages, esclaves, élégants, tyrans, médecins, calligraphes, êtres surnaturels, grands buveurs, archers remarquables et veuves non remariées, entre autres[12].

Cinq siècles auparavant, en Irak, le célèbre juge Ahmad ibn Muhammad ibn Khalikan avait constitué, lui aussi, un semblable "miroir du monde". Ses *Tombeaux de célébrités et récits des fils de leur temps* comprenaient huit cent vingt-six biographies de poètes, chefs d'Etat, généraux, philologues, historiens, prosateurs, conservateurs des traditions, prêcheurs, ascètes, vizirs, commentateurs du Coran, médecins, théologiens, musiciens et juges – dont ils indiquaient, entre autres caractéristiques, les préférences sexuelles, les mérites professionnels et la position sociale. Parce que sa "bibliothèque biographique" était censée "amuser tout en édifiant", Khalikan n'introduisit dans son grand ouvrage aucun article sur le Prophète ou ses compagnons[13]. A la différence des encyclopédies chinoises, celle de Khalikan était organisée en ordre alphabétique.

La classification alphabétique des livres fut utilisée pour la première fois il y a plus de vingt-deux siècles par Callimaque, l'un des plus remarquables des bibliothécaires d'Alexandrie, poète qu'admiraient Properce et Ovide et auteur de plus de huit cents ouvrages, parmi lesquels un catalogue en cent vingt volumes des auteurs grecs les plus importants de la bibliothèque[14]. Par une ironie du destin, si l'on pense aux efforts laborieux qu'il fit pour préserver à l'intention des lecteurs futurs les œuvres du passé, il ne reste aujourd'hui de l'œuvre personnelle de Callimaque que six hymnes, soixante-quatre épigrammes, un fragment d'une brève épopée et, surtout, la méthode selon laquelle il cataloguait ses volumineuses lectures. Callimaque avait mis au point pour son inventaire critique de la littérature grecque un système qui divisait les matières en tables ou *pinakes*, une par genre : épopée, poésie lyrique, tragédie, comédie, philosophie, médecine, rhétorique, droit et, enfin, un fourre-tout pour les divers[15]. La principale contribution de Callimaque à l'art de ranger les livres, inspirée peut-être par des méthodes utilisées dans les bibliothèques disparues de Mésopotamie, fut de classer les auteurs choisis en liste alphabétique, avec des notes biographiques et une bibliographie (en ordre alphabétique, elles aussi) annexées à chaque nom consacré. Je trouve émouvant de penser que Callimaque, s'il venait se balader entre les rayons de ma bibliothèque, pourrait trouver ce qui reste de son œuvre, deux volumes dans la collection Loeb, en suivant la méthode qu'il a lui-même conçue pour ranger les livres des autres.

Le système alphabétique est entré dans les bibliothèques de l'Islam grâce aux catalogues de Callimaque. Le premier de ces ouvrages composé dans le monde arabe, en imitation des *pinakes*, fut le *Livre des auteurs*, par un libraire de Bagdad, Abu Tahir Tayfour, mort en 893. Bien que le titre seul nous en soit parvenu, nous savons qu'à chacun des auteurs choisis, Tayfour attribuait une brève biographie et un catalogue d'œuvres importantes énumérées en ordre alphabétique[16]. Vers la même époque, des érudits arabes dans plusieurs centres d'enseignement, soucieux de prêter un ordre aux dialogues de Platon afin d'en faciliter la traduction et les commentaires, découvrirent que la méthode alphabétique de Callimaque, qui permettait aux lecteurs de trouver un auteur donné à la place qui lui avait été assignée, n'apportait pas la même rigueur au classement des textes eux-mêmes. En consultant les différentes bibliographies des œuvres de Platon constituées par les lointains bibliothécaires d'Alexandrie, ils découvrirent avec étonnement que ces sages d'antan, en dépit de leur fidélité au système de Callimaque, s'étaient rarement trouvés d'accord sur ce qui devait aller où. Tous étaient convenus, par exemple, que les œuvres de Platon devaient être rangées à la lettre P, mais en quel ordre et selon quelles subdivisions ? Le savant Aristophane de Byzance, notamment, avait groupé les œuvres de Platon en triades (en excluant plusieurs dialogues sans raison évidente), tandis que le non moins savant Thrasylus avait réparti ce qu'il considérait comme "les dialogues authentiques" par groupes de quatre, affirmant que Platon en personne avait toujours "publié ses dialogues en tétralogies[17]". D'autres bibliothécaires avaient fait la liste des œuvres complètes en un seul groupe mais en plusieurs séquences, les unes commençant par l'*Apologie*, d'autres par la *République*, d'autres encore par *Phèdre* ou *Timée*. Ma bibliothèque souffre d'une confusion analogue. Puisque mes auteurs sont rangés par ordre alphabétique, tous les livres de Margaret Atwood se trouvent à la lettre A, sur la troisième étagère en partant du haut de la section Langue anglaise, mais je ne prête guère d'attention au fait que *Life before Man* précède ou non *Cat's Eye* (au nom du respect de la chronologie) ou que *Morning in the Burned House* suive *Oryx and Crake* (en séparant sa poésie de ses romans).

En dépit de ces quelques défauts mineurs, les bibliothèques qui se développèrent à la fin du Moyen Age étaient cataloguées par ordre alphabétique. Il aurait été impossible, sinon, de se référer à un répertoire de livres aussi volumineux que celui du collège Nizamiyya, à Damas, où, nous dit-on, un savant chrétien pouvait consulter, en 1267, le cinquante-sixième tome d'un catalogue consacré exclusivement à des œuvres aux sujets divers "écrites au cours de la période islamique jusqu'au règne du calife Mustansir en 1241[18]".

Si une bibliothèque est un miroir de l'univers, alors un catalogue est un miroir de ce miroir. Tandis qu'en Chine on avait imaginé presque dès le début d'inscrire la liste de tous les livres d'une bibliothèque sous la couverture d'un unique volume, cette idée ne se répandit pas dans le monde arabe avant le XVe siècle, époque où catalogues et encyclopédies étaient souvent intitulés "Bibliothèque". Le plus considérable de ces catalogues raisonnés fut néanmoins constitué à une date très antérieure. En 987, Ibn al-Nadim (dont nous savons peu de choses, sinon que c'était sans doute un libraire au service des souverains abbassides de Bagdad) entreprit la rédaction du "catalogue de tous les livres de tous les peuples, arabes et étrangers, existant en langue arabe, ainsi que de leurs écrits sur les différentes sciences, assortis de comptes rendus des vies de ceux qui les ont composés et de la situation sociale de ces auteurs, avec leur généalogie, leur date de naissance, la durée de leur vie, la date de leur mort, leur ville natale, leurs vertus et leurs fautes, depuis l'invention de chaque science jusqu'à nos jours, en l'an 377 de l'hégire".

Al-Nadim ne travaillait pas seulement à partir de bibliographies existantes ; il avait, nous dit-il dans sa préface, l'intention de "voir par lui-même" les œuvres en question. Dans ce but, il visita toutes les bibliothèques dont il connaissait l'existence, "en ouvrant volume après volume et en lisant rouleau après rouleau". Ce travail encyclopédique, connu sous le nom de *Fihrist*, est à vrai dire le meilleur condensé que nous possédions du savoir arabe médiéval ; combinant en un volume "mémoire et inventaire", il constitue à lui seul une bibliothèque[19].

Le *Fihrist* est une création littéraire unique. Il ne suit pas l'ordre alphabétique de Callimaque, il n'est pas divisé en fonction de l'emplacement des volumes dont il dresse la liste. Méticuleusement chaotique et délicieusement arbitraire, c'est le répertoire bibliographique d'une bibliothèque illimitée dispersée dans le monde entier et visible seulement sous la forme qu'Al-Nadim a choisi de lui donner. Dans ses pages, les textes religieux voisinent avec les textes profanes, des travaux scientifiques fondés sur des arguments d'autorité côtoient des écrits appartenant à ce qu'Al-Nadim appelait les sciences rationnelles, les études islamiques sont associées avec des études sur les croyances de nations étrangères[20]. L'unité et la diversité du *Fihrist* résident l'une et l'autre dans le regard et l'intelligence de son auteur omnivore.

Mais l'ambition d'un lecteur ne connaît pas de limites. Un siècle plus tard, le vizir Abul Qazim al-Maghribi, peu satisfait de ce qu'il considérait comme un ouvrage incomplet, composa un *Complément au catalogue d'Al-Nadim* qui portait ce répertoire déjà inconcevable à une longueur plus étonnante encore. Bien entendu, les volumes énumérés dans ce catalogue excessif ne se trouvèrent jamais, eux non plus, rassemblés en un même lieu.

Dans leur recherche de façons plus commodes de se repérer au cœur d'un labyrinthe de livres, les bibliothécaires arabes laissaient souvent les thèmes et les disciplines prendre le pas sur les rigueurs du système alphabétique et imposer des divisions par sujets à l'espace matériel lui-même. Telle était la bibliothèque que visita en 980 un contemporain d'Al-Nadim, l'éminent docteur Abu 'Ali Husayn 'Abd Allah ibn Sina, connu en Occident sous le nom d'Avicenne. A l'occasion d'une visite à son patient le sultan de Boukhara, dans ce qui est aujourd'hui l'Ouzbékistan, Avicenne découvrit une bibliothèque commodément partagée en sujets savants de toutes sortes. "J'entrai dans une maison comptant de nombreuses pièces, nous dit-il. Dans chaque pièce, je vis des coffres pleins de livres et empilés les uns sur les autres. Dans l'une se trouvaient des livres de poésie en arabe, dans une autre des livres de droit, et ainsi de suite ; chaque pièce était consacrée à une science en particulier. Je consultai le catalogue d'œuvres anciennes [c'est-à-dire grecques] et demandai ce que je voulais au bibliothécaire, *gardien de la mémoire vivante des livres.* J'ai vu des livres dont jusqu'aux titres sont pour la plupart inconnus, des livres que je n'avais jamais vus auparavant et que je n'ai jamais revus depuis. J'ai lu ces livres et j'en ai fait mon profit, et j'ai pu reconnaître la position de chacun d'eux dans la catégorie scientifique appropriée[21]."

De telles divisions thématiques étaient couramment associées au système alphabétique pendant le Moyen Age islamique. Les sujets variaient, ainsi que les endroits où l'on rangeait les livres : étagères ouvertes, armoires closes ou (comme dans le cas de la bibliothèque de Boukhara) coffres en bois. Seule la catégorie des livres sacrés – le Coran, en plusieurs exemplaires différents – était toujours tenue à part, car il ne faut pas mêler la parole de Dieu à celle des hommes.

Les méthodes de catalogage de la bibliothèque d'Alexandrie, avec son espace organisé en fonction des lettres de l'alphabet et ses livres soumis à des hiérarchies imposées par les bibliographies choisies, furent adoptées bien au-delà des frontières de l'Egypte. Même les souverains de Rome créèrent des bibliothèques à l'image de celle d'Alexandrie. Jules César, qui avait vécu à Alexandrie et avait certainement fréquenté la Bibliothèque, souhaita établir à Rome "la bibliothèque publique la plus belle possible" et chargea Marcus Terentius Varro (Varron), auteur d'un peu fiable manuel de bibliothéconomie que Pline citait avec approbation, "de rassembler et de classer toutes espèces de livres grecs et latins[22]". La tâche ne fut accomplie qu'après la mort de César ; au cours des premières années du règne d'Auguste, la première bibliothèque publique de Rome fut inaugurée par Asinius Pollion, un ami de Catulle, d'Horace et de Virgile. Elle était logée dans ce qu'on appelait l'Atrium de la Liberté (dont on n'a pas encore établi l'emplacement exact) et décorée de portraits d'écrivains célèbres.

Les bibliothèques romaines semblables à celle d'Asinius Pollion, conçues spécialement à l'intention des lecteurs instruits, devaient être, en dépit de noms tels que "l'Atrium de la Liberté", fortement ressenties comme des lieux de contrainte et d'ordre. Les vestiges les plus anciens que nous possédions de l'une de ces bibliothèques ont été découverts sur le mont Palatin, à Rome. Parce que les collections romaines de livres comme celle de Pollion étaient bilingues, les architectes devaient concevoir en double les bâtiments destinés à les héberger. Les ruines du Palatin, par exemple, révèlent une salle consacrée aux œuvres grecques et une autre aux latines avec, dans chacune, des niches pour des statues et de profonds renfoncements pour des armoires en bois *(armaria)*, tandis que les murs semblent avoir été garnis d'étagères protégées par des portes. Les *armaria* portaient l'indication d'un code, lequel figurait au catalogue en regard des titres des livres qu'elles contenaient. Des escaliers permettaient aux lecteurs d'atteindre les différentes zones thématiques et, la hauteur de certaines étagères les mettant hors de portée, des marchepieds étaient mis à la disposition de ceux qui en avaient besoin. Un lecteur pouvait mettre la main sur le rouleau désiré, sans doute avec l'aide du bibliothécaire chargé du catalogue, et le dérouler sur l'une des tables placées au centre de la pièce afin de l'étudier, entouré par un marmonnement communautaire en ces temps antérieurs à la généralisation de la lecture silencieuse, ou l'emporter pour le lire au-dehors, sous la colonnade, ainsi qu'il était habituel dans les bibliothèques de Grèce[23].

Mais cela, je ne fais que l'imaginer. La seule description que nous possédions d'une bibliothèque romaine vient d'un dessin au trait réalisé au XIXe siècle d'un bas-relief de la période d'Auguste, découvert à Neumagen, en Allemagne, et aujourd'hui perdu[24]. On y voit les rouleaux disposés sur trois étages dans de profonds casiers, sans doute par ordre alphabétique à l'intérieur de leur section, avec leurs étiquettes d'identification triangulaires bien visibles du lecteur, qui tend le bras droit vers eux. Malheureusement, on ne peut pas lire les titres indiqués sur ces étiquettes. Comme dans toute bibliothèque que je visite, je suis curieux de savoir quels sont ces livres et, même ici,

Gravure copiée d'un bas-relief romain aujourd'hui disparu, représentant la méthode de rangement des rouleaux.

devant cette image d'une image d'une collection disparue depuis longtemps, mes yeux s'efforcent de percer le dessin afin de déchiffrer les titres de ces antiques rouleaux.

Une bibliothèque est une entité en perpétuelle accroissement ; elle se multiplie sans intervention apparente, en se reproduisant au fil d'achats, de vols, d'emprunts, de dons, en suggérant des vides par association, en exigeant une quelconque complétion. A Alexandrie, à Bagdad ou à Rome, cette masse de mots en expansion requiert tôt ou tard un système de classement qui permette à son espace de s'agrandir, des parois mobiles qui lui évitent de se trouver restreint par les limites de l'alphabet ou rendu inutile par la seule abondance des articles qu'il pourrait contenir sous une dénomination de catégorie.

Les nombres peuvent paraître plus indiqués que les lettres ou les intitulés de sujets pour maintenir l'ordre dans une telle luxuriance. Dès le XVIIe siècle, Samuel Pepys avait compris que, pour tenir compte de ce foisonnement, l'univers illimité des nombres était plus efficace que l'alphabet, et il énumérait ses volumes "de manière à les trouver facilement pour les lire[25]". Du temps où je fréquentais la bibliothèque de mon lycée, je me souviens que la classification numérique utilisée (c'est l'une de celles dont l'usage est le plus répandu dans le monde) était celle de Dewey, qui fait ressembler les dos des livres à des plaques d'immatriculation sur des rangées de voitures en stationnement.

L'histoire de Melvil Dewey est une curieuse combinaison de vision généreuse et de vues étroites. En 1873, alors qu'il était encore étudiant à l'Amherst College, dans le Massachusetts (où il devint peu après bibliothécaire suppléant), ce jeune homme de vingt-deux ans prit conscience de la nécessité d'un système de classement combinant le bon sens et l'efficacité. Peu satisfait des méthodes arbitraires, comme celle de la bibliothèque de l'Etat de New

York, qu'il avait fréquentée, selon lesquelles les livres étaient rangés en ordre alphabétique "sans tenir compte des sujets", il se donna pour tâche d'en concevoir une meilleure. "Des mois durant, je rêvai nuit et jour qu'il devait exister quelque part une solution satisfaisante, écrivit-il cinquante ans plus tard. Un dimanche, pendant un long sermon [...] la solution m'illumina de telle façon que je tressaillis sur mon siège et fus fort près de crier

Portrait de Melvil Dewey.

«Eurêka» ! Utiliser les décimales pour numéroter une classification de toute la connaissance humaine imprimée[26]."

En se conformant aux divisions par sujets des anciens érudits, Dewey divisa ambitieusement le vaste domaine de "toute la connaissance humaine imprimée" en dix groupes thématiques, et assigna à chacun de ces groupes cent nombres qui, à leur tour, se divisaient encore en dix, permettant une progression *ad infinitum*. La religion, par exemple, reçut le nombre 200 ; l'Eglise chrétienne, le nombre 260 ; le Dieu chrétien, le nombre 264[27]. L'avantage de ce système, connu sous le nom de "système Dewey de classification décimale", est qu'en principe chaque division peut être l'objet d'un nombre illimité de divisions. Dieu en personne peut tolérer d'être réparti entre ses attributs ou ses avatars, et chacun de ses attributs et avatars peut subir encore une fragmentation. Ce dimanche-là, pendant l'office, le jeune Dewey avait découvert une méthode d'une grande simplicité et d'une efficacité à la mesure de l'immensité de la tâche. "Mon cœur est ouvert à tout ce qui est décimal ou qui concerne les bibliothèques[28]", confia-t-il un jour.

Bien que la méthode de Dewey soit applicable à n'importe quel ensemble de livres, sa vision du monde, telle que la reflétaient ses divisions thématiques, était d'une surprenante étroitesse. Selon l'un de ses biographes, Dewey avait "épousé «l'anglo-saxonisme», une doctrine américaine qui vantait les vertus, la mission et la destinée exceptionnelles de la «race» anglo-saxonne [...]. Il était si convaincu de sa justesse qu'il fondait sur cette doctrine sa définition de l'objectivité[29]." Il semble ne jamais lui être venu à l'esprit que l'idée d'un système universel limitant l'univers à ce qui paraissait important aux habitants d'une petite île de l'hémisphère nord et à leurs descendants était, au mieux, insuffisante et, au pire, contraire à sa propre visée universelle. Mr Podsnap, dans *L'Ami commun* de Dickens, établit son sentiment d'identité en rejetant comme "pas anglais !" tout ce qu'il ne comprend ou n'approuve pas, croyant que ce qu'il repousse derrière lui "d'un curieux moulinet du bras droit", il le prive instantanément d'existence[30]. Dewey comprenait qu'il ne pouvait agir ainsi dans une bibliothèque, surtout dans une bibliothèque illimitée, mais il avait décidé que tout ce qui n'était "pas anglo-saxon" pouvait d'une manière ou d'une autre être logé de force dans une catégorie d'inspiration anglo-saxonne.

Pour des raisons pratiques, le système de Dewey, reflet de l'époque et du lieu où il vivait, atteignit néanmoins une immense popularité, principalement parce qu'il était facile à mémoriser, son schéma se répétant d'un sujet à l'autre. Le système a subi diverses révisions, simplifications et adaptations mais, pour l'essentiel, les principes de Dewey sont restés inchangés : à tout ce que l'on peut concevoir, on peut attribuer un nombre, et l'on peut donc contenir dans l'infinie combinaison de dix chiffres l'infinité de l'univers.

Dewey continua pendant toute sa vie à travailler à son système. Il croyait à l'éducation des adultes pour ceux qui n'avaient pas bénéficié d'un enseignement complet, à la supériorité morale de la "race" anglo-saxonne et à la nécessité d'une simplification de l'orthographe qui épargnerait aux étudiants l'obligation de retenir les irrégularités de la langue anglaise (il laissa tomber le "le" à la fin de

"Melville" peu après la fin de ses études) et "accélérerait l'assimilation des immigrants non anglophones dans la culture américaine dominante". Il croyait aussi à l'importance des bibliothèques publiques. Les bibliothèques, selon lui, devaient être des instruments d'un usage aisé "pour toutes les âmes". Il soutenait que la pierre angulaire de l'éducation n'était pas seulement la capacité de lire mais aussi la connaissance des moyens de "saisir le sens de la page imprimée[31]". C'était afin de faciliter l'accès à cette page qu'il avait rêvé le système qui lui a valu la notoriété.

Rangée en fonction des sujets, par ordre d'importance, selon que le livre a été rédigé par Dieu ou par l'une de ses créatures, en ordre alphabétique ou numérique, ou encore selon la langue dans laquelle les ouvrages sont écrits, toute bibliothèque traduit le chaos des découvertes et de la création en un système structuré de hiérarchies ou en une profusion d'associations libres. De telles classifications éclectiques gouvernent ma propre bibliothèque. Soumise à l'ordre alphabétique, par exemple, elle marie de manière incongrue le spirituel Boulgakov et le sévère Bounine (dans ma section de littérature russe), fait suivre Beauchemin le familier par l'austère Boileau (dans Ecrits en français), alloue fort à propos à Borges une place à côté de son ami Bioy Casares (dans Ecrits en espagnol) mais ouvre un océan de lettres entre Goethe et Schiller, son ami inséparable (dans Littérature allemande).

Pareilles méthodes ne sont pas seulement arbitraires ; elles créent aussi de la confusion. Pourquoi ai-je rangé García Márquez à la lettre G et García Lorca à L[32] ? Faut-il réunir les ouvrages signés du pseudonyme "Jane Somers" avec ceux de son alter ego, Doris Lessing ? Dans le cas de livres écrits par deux auteurs ou plus, la hiérarchie de l'ABC doit-elle dicter l'emplacement du livre ou (comme pour Nordhoff et Hall) le fait que les auteurs soient toujours cités dans un certain ordre doit-il l'emporter sur le système ? Faut-il inscrire un auteur japonais selon la nomenclature occidentale ou orientale, Kenzaburo Oe à la lettre O ou Oe Kenzaburo à la lettre K ? Hendrik Van Loon, historien jadis populaire, doit-il aller en V ou en L ? Où rangerai-je le délicieux Logan Pearsall Smith, auteur de mon bien-aimé *All Trivia* ? L'ordre alphabétique déclenche des questions singulières auxquelles je ne peux proposer aucune réponse raisonnable. Pourquoi y a-t-il plus d'auteurs dont les noms (en anglais, par exemple) commencent par G que par N ou H ? Pourquoi y a-t-il plus de Gibson que de Nichols et plus de Grant que de Hoggs ? Pourquoi plus de White que de Black, plus de Wright que de Wong, plus de Scott que de French ?

Voici ce qu'en disait le romancier Henry Green, dans une tentative d'expliquer la difficulté qu'il éprouvait à mettre des noms sur les visages dans ses romans : "Les noms distraient, les surnoms sont trop faciles et si se passer des uns et des autres, comme c'est souvent le cas, donne à un livre l'air aveugle, ce n'est pas un désavantage à mon avis. La prose n'est pas faite pour être lue à haute voix mais pour soi-même, seul, la nuit, et elle n'est pas rapide comme la poésie mais ressemble plutôt à un réseau serré d'insinuations qui vont plus loin que ne peuvent jamais aller des noms, si communs soient-ils. La prose devrait être une longue intimité entre des étrangers, sans évocation directe de ce que l'un et l'autre peuvent avoir connu. Elle devrait faire lentement appel à des sentiments inexprimés, elle devrait pour finir arracher des larmes aux pierres, et les sentiments ne sont pas limités par les associations communes aux noms de lieux ou aux gens qui ont pour le lecteur une familiarité inattendue[33]."

Ma bibliothèque thématique et alphabétique m'offre la possibilité de cette longue intimité *malgré* les noms et *malgré* les évocations de ce que j'ai connu, en éveillant des sentiments pour lesquels je n'ai pas de mots sinon ceux que je lis sur la page et une expérience dont je n'ai d'autre souvenir que celui de l'histoire imprimée. Pour savoir si un livre existe dans ma bibliothèque, je dois compter soit sur ma mémoire (ai-je un jour acheté ce livre ? l'ai-je prêté ? me l'a-t-on rendu ?) ou sur un système de catalogage comme celui de Dewey (que je n'ai guère envie d'entreprendre). La première m'oblige à entretenir une relation quotidienne avec mes livres, dont beaucoup restent non ouverts pendant de longues périodes, non lus mais pas oubliés, en passant régulièrement les rayonnages en revue afin de voir ce qui s'y trouve ou non. Le second prête à certains livres, que j'ai acquis d'autres bibliothèques, de mystérieuses notations sur le dos qui les identifient comme ayant appartenu autrefois à un lecteur fantôme anonyme, combinaisons cabalistiques de lettres et de chiffres qui leur ont un jour attribué une place et une catégorie, loin d'ici et voici longtemps.

Certaines nuits, je rêve d'une bibliothèque entièrement anonyme dans laquelle les livres n'ont pas de titre et ne revendiquent aucun auteur, formant un courant narratif continu dans lequel tous les genres, tous les styles, toutes les histoires convergent, et tous les protagonistes et tous les lieux restent non identifiés, un courant dans lequel je peux me plonger n'importe où. Dans une bibliothèque comme celle-là, le héros du *Château* partirait à bord du *Pequod* en quête du Saint-Graal, atterrirait sur une île déserte pour y réédifier la société à partir de fragments échoués contre ses ruines, parlerait de ce lointain après-midi au cours duquel son père l'emmena faire connaissance avec la glace et rappellerait, d'une façon terriblement détaillée, comment il se couchait de bonne heure. Dans une bibliothèque comme celle-là, il n'y aurait qu'un seul livre divisé en quelques milliers de volumes et, paix à Callimaque et à Dewey, pas de catalogue.

III

UN ESPACE

III

UN ESPACE

> *"Pas de place ! Pas de place !" s'écriè-
> rent-ils dès qu'ils virent Alice s'appro-
> cher.*
> *"De la place, il y en a à ne savoir qu'en
> faire", répondit Alice avec indignation
> en s'asseyant dans un vaste fauteuil
> placé à l'un des bouts de la table.*
>
> LEWIS CARROLL,
> *Les Aventures d'Alice
> au pays des merveilles.*

Le seul fait de savoir que les livres d'une bibliothèque sont
disposés en fonction d'une règle, quelle qu'elle soit, leur
prête des identités préconçues avant même qu'on n'en
ouvre les premières pages. Avant de déployer leur bru-
meuse histoire, *Les Hauts de Hurlevent* se proclament
ouvrage de littérature en anglais (la section dans laquelle
je les ai rangés), création de la lettre B, membre d'une
communauté de livres aujourd'hui oubliée (j'ai acheté cet
exemplaire d'occasion à Vancouver, où il avait été pourvu
du mystérieux numéro 790042B inscrit au crayon sur la
page de garde, correspondant à une classification qui ne
m'est pas familière). Ils se réclament aussi d'une aristocratie de livres choisis que je prends intentionnellement et
non par hasard (puisqu'ils se trouvent sur le rayon le plus
élevé, hors d'atteinte sans échelle). Bien que les livres

soient des créations chaotiques dont le lecteur ne peut jamais saisir entièrement les significations les plus secrètes, l'ordre dans lequel je les ai rangés leur confère une certaine définition (si banale soit-elle) et un certain sens (si arbitraire soit-il) – humble motif d'optimisme.

Une effrayante caractéristique du monde matériel tempère néanmoins tout optimisme que pourrait éprouver un lecteur dans une bibliothèque bien ordonnée : les contraintes d'espace. J'en ai toujours fait l'expérience, de quelque façon que je choisisse de grouper mes livres, l'espace dans lequel j'ai l'intention de les loger influence nécessairement mes choix et, ce qui est plus important, se révèle bientôt trop petit pour eux, m'obligeant à modifier mes arrangements. Dans une bibliothèque, aucune étagère ne reste longtemps inoccupée. Comme la nature, les bibliothèques ont horreur du vide, et le problème de l'espace est inhérent à la nature même de toute collection de livres. Tel est le paradoxe que présente toute bibliothèque générale : si, dans une plus ou moins large mesure, elle vise à accumuler et à conserver un compte rendu de l'univers, sa tâche doit au bout du compte devenir redondante puisqu'elle ne peut être accomplie que lorsque les limites de la bibliothèque coïncident avec celles de l'univers.

Quand j'étais adolescent, je me rappelle avoir observé avec une sorte de fascination horrifiée la façon dont, nuit après nuit, les étagères au mur de ma chambre se remplissaient, apparemment d'elles-mêmes, jusqu'à ce qu'il n'y ait plus un recoin disponible. Les nouveaux livres, posés à plat tels les codex des premières bibliothèques, commençaient à s'empiler les uns sur les autres. Les vieux livres, satisfaits durant le jour de la place qui leur était mesurée, doublaient et quadruplaient de volume et tenaient les nouveaux à distance. Tout autour de moi – sur le plancher, dans les coins, sous le lit, sur ma table –, des colonnes de livres s'élevaient lentement, transformant l'espace en forêt saprophyte dont le surgissement des troncs menaçait de m'expulser.

Plus tard, dans ma maison de Toronto, j'ai mis des éta-gères à peu près partout – dans les chambres à coucher et dans la cuisine, dans les corridors et dans la salle de bains. Même le perron couvert avait les siennes, et mes enfants se plaignaient d'avoir l'impression qu'il leur fallait une carte de bibliothèque pour pouvoir rentrer chez eux. Pour-tant mes livres, en dépit de la place d'honneur qu'ils occu-paient, n'étaient jamais satisfaits. Les romans policiers, logés dans la chambre à coucher du rez-de-chaussée, débordaient soudain de l'espace qui leur était alloué et il fallait les déménager à l'étage, sur un des murs du couloir, à la place de la littérature française. Laquelle littérature française devait désormais être divisée, bien à contrecœur, en littérature du Québec, littérature de France et littérature des autres pays francophones. Je trouvais fort irritant de voir Aimé Césaire, par exemple, séparé de ses amis Eluard et Breton, et d'être obligé d'exiler Louis Hémon et sa *Maria Chapdelaine* (épopée nationale du Québec) en compagnie de livres d'Huysmans ou de Hugo pour la simple raison que le hasard a fait naître Hémon en Bre-tagne et qu'il ne me restait plus de place dans la section québécoise.

De vieux livres que nous avons connus sans les possé-der croisent notre route et s'invitent chez nous. De nou-veaux livres s'efforcent jour après jour de nous séduire par leurs titres tentants et leurs couvertures alléchantes. Des familles demandent à être réunies : le volume XVIII des *Œuvres complètes* de Lope de Vega, annoncé dans un catalogue, hèle les dix-sept autres qui somnolent, à peine feuilletés, sur l'une de mes étagères. Il avait bien de la chance, le capitaine Nemo, de pouvoir dire, au cours de son voyage de vingt mille lieues sous les mers : "Mais le monde a fini pour moi le jour où mon *Nautilus* s'est plongé pour la première fois sous les eaux. Ce jour-là, j'ai acheté mes derniers volumes, mes dernières brochures, mes derniers journaux et, depuis, je veux croire que l'humanité n'a plus pensé, ni écrit[1]." Mais pour des lecteurs de mon espèce, il n'y a pas de "derniers" achats de ce côté-ci du tombeau.

Le poète anglais Lionel Johnson manquait de place à tel point qu'il avait fabriqué des étagères suspendues au plafond, comme des lustres[2]. Un de mes amis de Buenos Aires avait construit des colonnes garnies de rayonnages sur les quatre côtés et tournant autour d'un axe central, quadruplant l'espace réservé aux livres. Il les appelait ses "bibliothèques-derviches". Dans la bibliothèque d'Althorp, la propriété du comte Spencer à Northampton (qui comprenait en 1892, au moment de sa vente, quarante mille volumes, dont cinquante-huit titres de William Caxton, le premier imprimeur anglais), les étagères s'élevaient à des hauteurs si vertigineuses qu'il fallait, pour consulter les rangées supérieures, un escabeau gigantesque, consistant en "une solide volée de marches montées sur roues, surmontées d'un nid de pie contenant un siège et un petit lutrin, le tout ressemblant assez à une machine de guerre médiévale[3]". Malheureusement, les inventeurs de ces mobiliers enthousiastes, tels des géographes fous résolus à étendre la géographie en proportion de cartes en constante expansion, sont toujours condamnés à l'échec. Au bout du compte, la quantité de livres dépasse toujours l'espace qui leur est accordé.

Dans le deuxième chapitre de *Sylvie et Bruno*, Lewis Carroll a rêvé la solution suivante : "Si seulement on pouvait appliquer cette règle aux livres ! Voyez-vous, si nous trouvons le plus petit multiple commun, nous retranchons une quantité partout où elle intervient, sauf dans le terme où elle est élevée à sa puissance la plus haute. Nous devrions donc effacer chaque idée consignée par écrit, sauf dans la phrase où elle est exprimée avec la plus grande intensité." "Je crains que certains livres ne soient réduits à une feuille blanche", objecte son interlocutrice. "En effet, admet le narrateur. La plupart des bibliothèques

L'escabeau en acajou de la bibliothèque d'Althorp, conçu par John King. Haut de neuf pieds, il comporte un siège et un lutrin ; il était, à l'origine, garni de rideaux de soie verte.

y perdraient terriblement en quantité, mais pensez à ce qu'elles gagneraient en qualité[4] !" Dans un esprit comparable, à Lyon, à la fin du Ier siècle, une loi rigoureuse exigeait qu'après chaque concours littéraire, les perdants soient contraints d'effacer avec leurs langues leurs tentatives poétiques, afin que ne subsiste aucune littérature de deuxième ordre[5].

Dans un manuscrit conservé au Vatican (et qui n'a pas encore été publié), l'humaniste milanais Angelo Decembrio décrit le système de sélection draconien appliqué à la constitution de sa bibliothèque, à Ferrare, au XVe siècle, par le jeune prince Leonello d'Este sous la supervision de son précepteur Guarino da Verona[6]. Le système de Leonello fonctionnait par exclusion, ne gardant que les échantillons les plus précieux du monde littéraire. Étaient bannies des étagères princières les œuvres monastiques encyclopédiques ("océans d'histoires, ainsi qu'on les appelle, fardeaux immenses pour les ânes[7]"), les traductions françaises et italiennes de textes classiques (mais pas les originaux), et jusqu'à *La Divine Comédie*, "que l'on peut lire au coin du feu les soirs d'hiver, avec l'épouse et les enfants, mais qui ne mérite pas de figurer dans la bibliothèque d'un érudit[8]". Quatre auteurs classiques seulement étaient admis : Tite-Live, Virgile, Salluste et Cicéron. Tous les autres étaient considérés comme des auteurs mineurs dont on pouvait acheter les œuvres à n'importe quel vendeur des rues et les prêter à ses amis sans crainte de perdre quoi que ce fût de grande valeur.

Afin de faire face à la multiplication des volumes (mais pas toujours soucieux d'un gain en qualité), des lecteurs ont eu recours à toutes sortes de stratagèmes douloureux : émonder leurs trésors, les placer sur deux rangs, se défaire de certains sujets, donner leurs éditions de poche, voire déménager en abandonnant la maison à leurs livres. Parfois, aucune de ces options ne paraît tolérable. Peu après Noël 2003, il fallut l'intervention des pompiers pour extraire de son appartement un New-Yorkais de quarante-trois ans, Patrice Moore, enfoui depuis deux jours sous une avalanche de journaux, de magazines et de livres qu'il avait accumulés avec constance pendant plus de dix ans. Des voisins l'avaient entendu gémir et marmonner à travers la porte, bloquée par tout ce papier. Ce n'est qu'après que les sauveteurs eurent brisé le verrou à

L'appartement encombré de livres de Patrice Moore, à New York.

l'aide d'un levier et commencé à creuser dans les piles de publications effondrées qu'on découvrit Moore, dans un recoin de son appartement, littéralement enseveli sous les livres. Il fallut plus d'une heure pour le délivrer ; cinquante sacs d'imprimés durent être halés au-dehors avant que l'on puisse accéder à ce lecteur obstiné[9].

Dans les années 1990, conscients que leurs majestueux immeubles anciens ne pouvaient plus contenir le flot des documents imprimés, les directeurs de plusieurs grandes bibliothèques décidèrent d'édifier de nouveaux lieux où loger leurs vastes collections. A Paris et à Londres, à Buenos Aires et à San Francisco (notamment), des plans furent établis et les travaux commencèrent. Malheureusement, dans plusieurs cas la conception des nouvelles bibliothèques se révéla peu adaptée à la conservation des livres. Pour compenser l'insuffisance du projet de la nouvelle bibliothèque de San Francisco, dont les architectes n'avaient pas prévu assez d'espace de rangement, les administrateurs retirèrent du fonds de la bibliothèque des centaines de milliers de livres qu'ils envoyèrent dans un site d'enfouissement. Les livres à détruire étant sélectionnés en fonction du temps écoulé depuis la dernière fois qu'on les avait empruntés, afin d'en sauver le plus possible, des bibliothécaires héroïques s'introduisirent nuitamment dans les réserves et marquèrent au tampon sur les volumes menacés de fausses dates de retrait[10].

Sacrifier le contenu pour épargner le contenant : la bibliothèque de San Francisco n'est pas seule à avoir subi un sort aussi inepte. La bibliothèque du Congrès de Washington elle-même, cette prétendue "bibliothèque du dernier recours", fut victime d'un comportement également irresponsable. En 1814, pendant que le Congrès négociait l'achat de la bibliothèque privée de l'ex-président américain Thomas Jefferson – afin de remplacer les livres que l'armée britannique avait brûlés au début de la même année après avoir occupé le Capitole à Washington –, Cyril King, le législateur du parti fédéraliste, objecta que "l'opération allait faire passer vingt-trois mille neuf cents dollars dans les poches de Mr Jefferson en échange d'environ six mille livres – bons, mauvais et quelconques, vieux, neufs et sans valeur, dans des langues que peu de gens peuvent lire et dont beaucoup feraient mieux d'éviter la lecture". Jefferson répliqua : "Ma bibliothèque ne contient à ma

La bibliothèque du Congrès à Washington.

connaissance aucune branche de la science que le Congrès pourrait souhaiter exclure de sa collection : il n'existe, en vérité, aucun sujet auquel un député ne puisse avoir à l'occasion besoin de se référer[11]."

Plus d'un siècle et demi après, il semble qu'on ait bien oublié cette réponse de Jefferson. En 1996, le journaliste au *New Yorker* (et romancier à succès) Nicholson Baker apprit que la bibliothèque du Congrès avait entrepris de remplacer par des microfilms la plus grande partie de son immense collection de journaux de la fin du XIXe et du début du XXe siècle et de détruire les originaux. La justification de cet acte de vandalisme officiel reposait sur des études scientifiques "frauduleuses" de l'acidité et de la fragilisation du papier, un peu comme si on prenait la défense d'un assassinat en le qualifiant d'assistance au suicide. Après plusieurs années de recherches, Baker arriva à la conclusion que la situation était plus grave encore qu'il ne l'avait craint *a priori*. Presque toutes les principales bibliothèques universitaires des États-Unis, de même que la plupart des grandes bibliothèques publiques, avaient suivi l'exemple de la bibliothèque du Congrès et quelques-uns des périodiques les plus rares n'existaient plus qu'en version microfilmée[12]. Et ces versions sont mauvaises, à bien des égards. Les microfilms sont sujets à des bavures, des taches et des éraflures ; ils coupent le texte aux marges et, souvent, sautent des sections entières.

Les Américains ne furent pas les seuls coupables en ce domaine. En 1996, la British Library, dont la collection de journaux avait, dans une large mesure, échappé aux bombardements de la Seconde Guerre mondiale, se débarrassa de plus de six mille volumes de collections de presse, en grande partie des journaux hors Commonwealth imprimés après 1850. Un an plus tard, elle décida de se défaire de soixante-quinze tirages complets de publications d'Europe occidentale ; peu après, elle fit don de ses collections de périodiques de l'Europe de l'Est, d'Amérique du Sud et des Etats-Unis. Chaque fois, les journaux avaient été microfilmés ; chaque fois, la raison avancée pour la suppression des originaux était le manque de place. Mais, pour reprendre quelques-uns des arguments de Baker, les microfilms sont difficiles à lire et leur qualité de reproduction est médiocre. Même les plus récentes technologies électroniques sont incapables d'offrir une expérience comparable à la manipulation d'un original. Ainsi que le sait tout lecteur, une page imprimée engendre son propre espace de lecture, son propre paysage matériel dans lequel la texture du papier, la couleur de l'encre, l'aspect général de l'ensemble acquièrent entre les mains du lecteur des significations particulières qui prêtent aux mots un ton et un contexte. (Patricia Battin, bibliothécaire à la Columbia University et farouche avocate de la saisie des livres sur microfilm, n'était pas de cet avis. "La valeur, en termes intellectuels, a-t-elle écrit, de la proximité du livre et de l'utilisateur n'a jamais été démontrée de façon satisfaisante[13]." Ainsi parle un rustre, une personne totalement insensible, en termes intellectuels ou tout autres, à l'expérience de la lecture.)

Mais, surtout, l'argument qui justifie la reproduction électronique par les dangers qui menacent le papier est un faux argument. Quiconque s'est servi d'un ordinateur sait à quel point il est facile de perdre un texte sur écran, de tomber sur une disquette ou un CD défectueux, de voir son disque dur irrémédiablement abîmé. Les instruments des médias électroniques ne sont pas immortels. La vie d'une disquette est de sept ans environ ; celle d'un CD-ROM d'environ dix. En 1986, la BBC a dépensé deux millions et demi de livres pour créer sur ordinateur une version multimédia du *Domesday Book*, ce recensement cadastral de l'Angleterre établi au XIe siècle par des moines normands. Plus ambitieux que son prédécesseur, le *Domesday Book* électronique contenait deux cent cinquante mille noms de lieux, vingt-cinq mille cartes, cinquante mille illustrations,

Le *Domesday Book*, par sections, dans son état actuel.

trois mille fichiers et soixante minutes d'images animées, plus des quantités de récits rendant compte de la "vie en Grande-Bretagne" durant cette année-là. Plus d'un million de personnes contribuèrent au projet, qui fut stocké sur des disques laser de douze pouces lisibles seulement par un micro-ordinateur spécial de la BBC. Seize ans après, en mars 2002, on tenta de lire l'information sur l'un des rares ordinateurs de ce type qui existaient encore. La tentative échoua. On chercha d'autres solutions permettant de récupérer les données, mais aucune ne fut entièrement couronnée de succès. "Il n'existe actuellement à ce problème aucune solution technique dont la viabilité soit prouvée, déclara Jeff Rothenberg, de la Rand Corporation, l'un des experts mondiaux en matière de sauvegarde des données, que l'on avait appelé à la rescousse. Et pourtant, si on ne le résout pas, notre héritage de plus en plus numérique est en grand danger de disparaître[14]." Par contraste, le *Domesday Book* original, âgé de presque mille ans, écrit avec de l'encre sur du papier et conservé au bureau des Archives publiques de Kew, est en excellent état et encore parfaitement lisible.

Le directeur du programme d'archivage électronique à l'Administration nationale des archives des Etats-Unis a reconnu en novembre 2004 que la conservation du matériel électronique, fût-ce pour la prochaine décennie, sans parler de l'éternité, "est un problème global pour tous, des principaux gouvernements et des principales entreprises jusqu'aux individus[15]". Aucune solution évidente n'étant disponible, les experts en électronique recommandent aux utilisateurs de copier leurs fichiers sur CD, mais même ceux-ci n'ont qu'une durée limitée. La durée de vie de données enregistrées sur CD à l'aide d'un graveur de CD pourrait n'être que de cinq ans. En réalité, nous ne savons pas pendant combien de temps il sera possible de lire un texte chargé sur un CD en 2004. Et s'il est vrai que l'acidité et la fragilité, le feu et les légendaires "vers de livres" menacent les rouleaux et codex anciens, tout ce qui est écrit ou imprimé sur parchemin ou sur papier n'est pas condamné à une mort imminente. Voici quelques années, au Musée archéologique de Naples, j'ai vu, serrées entre deux vitres, les cendres d'un papyrus récupéré dans les ruines de Pompéi. Il avait deux mille ans ; il avait été brûlé par le feu du Vésuve, il avait été enseveli sous un flot de lave – et je pouvais encore, avec une clarté étonnante, lire les lettres inscrites dessus.

Pourtant, les deux bibliothèques – celle de papier et l'électronique – peuvent et devraient coexister. Malheureusement, on favorise trop souvent l'une au détriment de l'autre. La nouvelle bibliothèque d'Alexandrie, inaugurée en octobre 2003, proposait, comme l'un de ses principaux projets, une bibliothèque virtuelle parallèle – baptisée Alexandria Library Scholars Collective. Cette bibliothèque électronique, montée par l'artiste américaine Rhonda Roland Shearer, nécessite un budget opérationnel annuel d'un demi-million de dollars, montant susceptible d'augmenter considérablement dans l'avenir. Ces deux institutions, qui, l'une et l'autre, constituent des tentatives de réincarner l'ancienne bibliothèque du temps de Callimaque, présentent un paradoxe. Tandis que, faute de ressources financières, les rayonnages de la nouvelle bibliothèque de pierre et de verre demeurent presque vides, avec leur maigre collection de livres de poche et de surplus et donations d'éditeurs internationaux, la bibliothèque virtuelle est en train de se remplir de livres en provenance du monde entier, scannés pour la plupart par une équipe de techniciens à la Carnegie-Mellon University et utilisant un logiciel intitulé CyberBook Plus, mis au point par Shearer elle-même et conçu pour se prêter à différents formats et langages "en accordant une importance particulière aux images plutôt qu'au texte[16]".

Ce collectif n'est pas unique dans son ambition de rivaliser avec les bibliothèques de papier. En 2004, le plus populaire de tous les moteurs de recherche sur Internet, Google, a annoncé qu'il avait conclu des accords avec plusieurs des principales bibliothèques de recherche du monde – celles de Harvard et de Stanford, la Bodleian Library, la bibliothèque publique de New York – afin de scanner une partie de leurs fonds et de mettre les livres à la disposition "en ligne" des chercheurs, qui n'auraient plus besoin de se rendre sur place ni de fouiller dans la poussière d'interminables accumulations de papier et d'encre[17]. Même si, pour des raisons financières et administratives, Google renonça à ce projet en juillet 2005, il sera certainement ressuscité tôt ou tard, étant si manifestement adapté aux possibilités de la Toile. Dans quelques années, il est vraisemblable que des millions de pages attendront leurs lecteurs en ligne. Comme dans l'histoire prémonitoire de Babel, "ayant commencé à faire cet ouvrage, ils ne quitteront pas leur dessein qu'ils ne l'aient achevé entièrement[18]", et nous aurons bientôt la possibilité de faire apparaître d'un simple geste du doigt la totalité des fonds fantomatiques de toutes sortes d'Alexandries passées ou à venir.

Les arguments pratiques en faveur d'une telle démarche sont irréfutables. Quantité, rapidité, précision, disponibilité sur demande sont sans conteste importantes pour tout chercheur. Et la naissance d'une technologie nouvelle ne doit pas nécessairement signifier la mort d'une précédente. L'invention de la photographie n'a pas éliminé la peinture, elle l'a renouvelée, et l'écran et le codex peuvent se nourrir l'un de l'autre et coexister en bonne intelligence sur la table du même lecteur. Si nous comparons la bibliothèque virtuelle à celle, traditionnelle, d'encre et de papier, nous devons nous rappeler plusieurs choses : que la lecture exige souvent la lenteur, la profondeur et un contexte ; que notre technologie électronique est encore fragile et que, puisqu'elle change sans cesse, elle nous empêche souvent de récupérer ce qui a un jour été enregistré dans nos conteneurs dépassés ; que feuilleter un livre ou errer entre des étagères font intimement partie de l'art de lire et ne peuvent être entièrement remplacés par le déroulement d'un écran, pas plus qu'on ne peut remplacer les voyages par des récits de voyage ou des gadgets en trois dimensions.

C'est peut-être là le point crucial. Lire un livre n'est pas l'équivalent parfait de lire un écran, quel que soit le texte. Assister à une pièce de théâtre n'est pas l'équivalent de voir un film, voir un film n'est pas l'équivalent de regarder un DVD ou une cassette vidéo, contempler un tableau n'est pas l'équivalent d'examiner une photo. Toute technologie donne naissance à un moyen d'expression (proposition énoncée en 1964 par Marshall McLuhan[19]) qui caractérise l'œuvre qu'elle incarne et en définit la conservation et l'accès optimaux. On peut faire du théâtre dans un espace circulaire qui ne conviendrait pas à la projection d'un film ; un DVD regardé dans une pièce intime a un caractère différent du même film vu sur grand écran ; des photographies bien reproduites dans un livre peuvent être pleinement appréciées, alors qu'aucune reproduction ne permet d'éprouver l'expérience complète ressentie devant l'original d'un tableau.

Baker conclut son livre avec quatre recommandations utiles : que les bibliothèques aient l'obligation de publier la liste des ouvrages dont elles ont l'intention de se défaire ; que toute publication envoyée à la bibliothèque du Congrès et rejetée par elle soit indexée et stockée dans des bâtiments annexes fournis par l'Etat ; que les journaux soient systématiquement reliés et conservés ; que soit on abolisse le programme consistant à mettre les livres sur microfilm ou à les numériser, soit il devienne obligatoire de ne pas détruire les originaux après les avoir traités électroniquement. Ensemble, la conservation électronique et la conservation matérielle des imprimés représentent pour une bibliothèque l'accomplissement d'au moins l'une de ses ambitions : être complète.

Ou, faute de mieux, relativement complète. Un lettré américain du XIXe siècle, Oliver Wendell Holmes, déclarait que "tout bibliothécaire devrait s'efforcer d'être exhaustif sur un sujet, ce sujet ne fût-il que l'histoire des têtes d'épingle[20]" ; il faisait écho à l'opinion du Français Gabriel Naudé qui, en 1627, publiait un modeste *Advis pour dresser une bibliothèque* (qui allait être revu et augmenté quelques années plus tard) dans lequel il poussait encore plus loin les exigences du lecteur : "Aussi faut-il confesser, écrit Naudé, qu'il n'y a rien qui rende une bibliothèque plus recommandable que lorsqu'un chacun y trouve ce qu'il cherche, ne l'ayant peu trouver ailleurs, estant necessaire de poser pour maxime, qu'il n'y a livre tant soit-il mauvais ou descrié qui ne soit recherché de quelqu'un avec le temps[21]." C'est demander l'impossible puisque toute bibliothèque est, nécessairement, une création incomplète, une œuvre en cours, où chaque étagère vide annonce les livres à venir.

Et cependant, c'est pour ces espaces vides que nous accumulons les connaissances. En l'an 764, au Japon,

ADVIS
POVR DRESSER
VNE
BIBLIOTHEQVE

Presenté à Monseigneur le Président
de MESME.

Par G. NAVDÉ P.

Seconde Edition reveuë corrigée
& augmentée.

A PARIS,
Chez ROLET LE DVC, ruë
S. Iacques, prés la Poste.

M. DC. XLIV.
Avec privilege du Roy.

A gauche : la page-titre de la seconde édition de l'*Advis pour dresser une bibliothèque*, de Gabriel Naudé.
A droite : un stûpa avec sa bandelette imprimée.

l'impératrice Shôtoku, croyant la fin du monde proche, décida de laisser une trace écrite de son époque pour les nouvelles générations qui pourraient éventuellement naître des cendres. Sur son ordre, quatre *dharani-sutra* (paroles fondamentales de sagesse transcrites du sanscrit en chinois) furent imprimées à l'aide de blocs de bois sur des bandelettes de papier et introduites dans de petits stûpas en bois – des représentations de l'univers figurant la base carrée de la terre et les cercles ascendants des cieux fixés autour du bâton du Seigneur Bouddha. Ces stûpas furent alors distribués aux dix principaux temples bouddhistes de l'empire[22].

L'impératrice pensait pouvoir ainsi sauvegarder l'essence du savoir accumulé jusqu'à son époque. Dix siècles plus tard, en 1751, son projet fut insciemment repris par Denis Diderot, coéditeur (avec Jean Le Rond d'Alembert) de la plus grande entreprise éditoriale des Lumières françaises, l'*Encyclopédie, ou Dictionnaire raisonné des sciences, des arts et des métiers.*

Il est étrange que l'homme qui allait se trouver plus tard accusé d'être l'un des plus farouches ennemis de l'Eglise catholique (l'*Encyclopédie* fut mise à l'Index des livres prohibés par l'Eglise et Diderot menacé d'excommunication) ait commencé sa carrière comme un élève dévot des jésuites. Diderot est né en 1713, soixante-seize ans avant le début de la Révolution française. Après avoir été, dans l'enfance, élève du collège jésuite de Langres, il devint peu après vingt ans un croyant ardent et pieux. Refusant le confort de la maison familiale (son père était un riche maître coutelier à la réputation internationale), il se mit à porter un cilice et à dormir sur une paillasse et, enfin, encouragé par ses instructeurs religieux, il décida de s'enfuir et d'entrer dans les ordres. Averti de ce projet, son père barra la porte et exigea de savoir où son fils partait à minuit. "A Paris, chez les jésuites", répondit Diderot. "Ton désir sera satisfait, répliqua son père, mais pas ce soir[23]."

Diderot père ne tint sa promesse qu'en partie. Il envoya son fils parfaire son éducation à Paris, non au collège Louis-le-Grand que tenaient les jésuites, mais au collège d'Harcourt, fondé par les jansénistes (adeptes d'une austère école de pensée religieuse dont les principes étaient assez proches de ceux du calvinisme) et ensuite à l'université de Paris. Diderot ne réalisa jamais son intention d'obtenir un doctorat en théologie. Il étudia, sans objectif précis, les mathématiques, la littérature classique et les langues étrangères jusqu'à ce que son père, inquiet à la perspective d'avoir sur les bras un éternel étudiant, lui coupât les vivres entièrement et le sommât de rentrer à la maison. Le jeune homme n'obéit pas et, pendant plusieurs années, il gagna sa vie à Paris dans le journalisme et l'enseignement.

Diderot et d'Alembert firent connaissance alors que le premier venait d'avoir trente ans. D'Alembert avait quatre ans de moins, mais il s'était déjà distingué dans le domaine des mathématiques. Il possédait (de l'avis d'un contemporain) une intelligence lumineuse, profonde et solide[24], qui fit forte impression sur Diderot. Enfant trouvé après avoir été abandonné, tout bébé, sur les marches d'une église de Paris, d'Alembert était un homme peu soucieux de prestige social ; il répétait volontiers que la devise de tout homme de lettres devait être "Liberté, Vérité et Pauvreté", cette dernière condition étant, dans son cas, remplie sans grand effort.

Quelque quinze ans avant leur rencontre, en 1728, l'Ecossais Ephraïm Chambers avait publié une *Cyclopedia* remarquablement complète (la première en langue anglaise) qui a inspiré plusieurs œuvres de ce type, dont le *Dictionary* du Dr Johnson. Au début de 1745, le libraire parisien André-François Le Breton, ne pouvant acquérir les droits de traduction en français de la *Cyclopedia*, engagea d'Alembert d'abord et puis Diderot dans le but de leur faire réaliser un ouvrage comparable mais à plus vaste échelle. Soutenant que la *Cyclopedia* était, dans une grande mesure, un pillage de textes français, Diderot suggéra que retraduire l'œuvre vers ce qui était en réalité sa langue d'origine serait un exercice absurde ; mieux valait rassembler de nouvelles données et offrir aux lecteurs un panorama général et à jour de ce que les arts et les sciences avaient produit récemment.

En un jeu de miroirs autoréfléchissants, Diderot définit son imposante publication en vingt-huit volumes (dix-sept volumes de texte et onze d'illustrations) dans l'article intitulé "Encyclopédie" de cette même *Encyclopédie*. "Le but d'une encyclopédie, écrit-il, est de rassembler les connoissances éparses sur la surface de la Terre ; d'en exposer le système général aux hommes avec qui nous vivons, et de le transmettre aux hommes qui viendront après nous ; afin que les travaux des siècles passés n'aient pas été des travaux inutiles pour les siècles qui succéderont[25]." "Que l'*Encyclopédie* devienne un sanctuaire où les connoissances des hommes soient à l'abri des temps et des révolutions", lit-on aussi dans le "Discours préliminaire des éditeurs". La notion d'encyclopédie sanctuaire est attirante. En 1783, onze ans après l'achèvement de la monumentale entreprise de Diderot, l'écrivain Guillaume Grivel voyait dans ce sanctuaire la pierre angulaire d'une société future qui, comme celle qu'avait imaginée l'impératrice du Japon, devait renaître de ses ruines. Dans la première partie d'un roman racontant les aventures d'un groupe de nouveaux Robinsons naufragés sur une île inconnue, Grivel décrit la façon dont ces colons novices sauvent de leur naufrage plusieurs volumes de l'*Encyclopédie* de Diderot et tentent, en se fondant sur ses savants articles, de reconstruire la société qu'ils ont été contraints de quitter[26].

L'*Encyclopédie* était aussi conçue comme une bibliothèque d'archives et un outil interactif. Dans le *Prospectus*, l'appel à souscriptions qui présentait ce vaste projet, Diderot déclarait que cet ouvrage "pourrait tenir lieu de bibliothèque dans tous les genres, à un homme du monde ; et dans tous les genres, excepté le sien, à un savant de profession". A l'appui de sa décision de ranger cette "bibliothèque" universelle en ordre alphabétique, Diderot expliqua que cela n'empêcherait pas les liaisons entre sujets et ne violerait pas cet "arbre de la connaissance humaine" mais qu'au contraire le système serait rendu sensible "par la disposition des matières dans chaque article, et par l'exactitude et la fréquence des renvois[27]". Son intention, concernant ces renvois, était de présenter les différents articles non point comme des textes indépendants occupant chacun le champ exclusif d'un sujet donné, mais comme un tissage de sujets qui, en bien des cas, "occuperaient la même étagère". Il imaginait donc sa "bibliothèque" comme une chambre dans laquelle des livres divers étaient rangés dans un même espace. Une discussion du calvinisme qui, sous cet intitulé, aurait attiré le regard censorial de l'Eglise, est incluse dans un article sur Genève ; un aperçu critique des sacrements de l'Eglise est sous-entendu dans un renvoi tel qu'"'ANTHROPOPHAGIE : voyez EUCHARISTIE, COMMUNION, AUTEL, etc.". Pour exprimer des critiques de dogmes religieux, il citait parfois une personnalité étrangère (un savant chinois, un Turc), en incluant au passage la description de cultures ou de philosophies différentes. D'autres fois, il prenait un mot dans son sens le plus large, de telle sorte que, par exemple, "Adoration" lui permettait de commenter, en les associant avec audace, le culte de Dieu et l'amour inspiré par une belle femme.

Le premier volume de l'*Encyclopédie* se vendit rapidement, en dépit de son prix élevé. Lors de la parution du deuxième, les jésuites étaient si furieux de ce qui n'était à leurs yeux que blasphèmes évidents qu'ils pressèrent Louis XV de l'interdire par décret royal. L'une de ses filles étant gravement malade, son confesseur persuada Louis XV que "Dieu la sauverait peut-être si le roi, en un geste de piété, interdisait l'*Encyclopédie*[28]". Louis obéit mais la publication de l'*Encyclopédie* reprit un an après grâce aux efforts d'un homme éclairé, le directeur royal des Publications (une sorte de ministre des Communications), Lamoignon de Malesherbes, qui alla jusqu'à suggérer à Diderot de cacher chez lui les manuscrits des prochains volumes jusqu'à ce que le conflit s'apaise.

Même si Diderot ne fait pas explicitement allusion à l'espace dans sa déclaration d'intention, l'idée que la connaissance occupe une place matérielle est implicite dans son propos. Rassembler les connaissances éparpillées, c'est, pour lui, poser ces connaissances sur une page, la page sous la couverture d'un livre et le livre sur l'étagère d'une bibliothèque. Une encyclopédie peut être, parmi beaucoup d'autres choses, un moyen de gagner de la place, puisqu'une bibliothèque dont les livres ne cessent de se multiplier demande une maison toujours plus grande, dont les dimensions peuvent devenir cauchemardesques. La légende

Art d'Écrire.

Une page de l'*Encyclopédie* de Diderot.

veut qu'un médium ait déclaré à Sarah Winchester, veuve du fameux armurier dont la carabine "conquit l'Ouest", qu'aussi longtemps que la construction de sa maison en Californie ne serait pas achevée, les fantômes des Indiens tués par l'invention de son mari resteraient à distance. La maison grandit et grandit encore, telle une chose dans un rêve, et ses cent soixante pièces finirent par couvrir près de deux hectares et demi ; on peut encore voir ce monstre au cœur de la Silicon Valley[29]. Toutes les bibliothèques sont affligées de ce besoin de grandir afin d'apaiser nos fantômes littéraires, "les morts anciens qui surgissent des livres pour nous parler[30]" (ainsi que les décrivait Sénèque au Ier siècle de notre ère), de se déployer et d'enfler jusqu'au jour inconcevable où elles contiendront tous les volumes jamais écrits sur tous les sujets imaginables[31].

Par un tiède après-midi de la fin du XIXe siècle, deux employés de bureau d'un certain âge firent connaissance sur un banc du boulevard Bourdon, à Paris, et devinrent immédiatement les meilleurs amis du monde. Bouvard et Pécuchet (ainsi Gustave Flaubert nomma-t-il ses deux héros comiques) se découvrirent, grâce à cette amitié, un but commun : la quête du savoir universel. Pour réaliser une telle ambition, à côté de laquelle l'œuvre de Diderot semble d'une délicieuse modestie, ils entreprirent de lire tout ce qu'ils pouvaient trouver sur toutes les branches de l'activité humaine, et de sélectionner parmi leurs lectures les faits et les idées les plus remarquables – entreprise qui, bien entendu, ne pouvait avoir de fin. Il paraît approprié que *Bouvard et Pécuchet* ait été publié, inachevé, un an après la mort de Flaubert en 1880, non sans que les deux braves lecteurs aient poursuivi leurs explorations d'un grand nombre de savantes bibliothèques spécialisées en agriculture, en littérature, en élevage, en médecine, en archéologie et en politique, avec des résultats toujours décevants.

Ce qu'ont découvert les deux clowns de Flaubert, c'est ce que nous avons toujours su sans trop y croire : que l'accumulation des connaissances n'est pas la connaissance.

L'ambition de Bouvard et Pécuchet est presque devenue réalité aujourd'hui que tout le savoir du monde semble se trouver là, scintillant, derrière l'écran-sirène. Jorge Luis Borges, qui a un jour imaginé la bibliothèque illimitée comprenant tous les livres possibles[32], a aussi inventé un personnage à la Bouvard-et-Pécuchet qui entreprend la compilation d'une encyclopédie universelle si complète que rien au monde n'en serait exclu[33]. A la fin, tels ses prédécesseurs français, il échoue dans sa tentative, mais pas entièrement. Le soir où il renonce à son grand projet, il loue un cheval et un buggy et s'en va faire un tour en ville. Il voit des murs de briques, des gens ordinaires, des maisons, une rivière, la place du marché, et il comprend qu'en un sens toutes ces choses sont son œuvre. Il se rend compte que son projet n'était pas impossible mais seulement redondant. L'encyclopédie mondiale, la bibliothèque universelle existe, et c'est le monde même.

IV

UN POUVOIR

*En nul endroit la conviction de la
vanité des espoirs humains n'est aussi
frappante que dans une bibliothèque
publique.*

SAMUEL JOHNSON,
dans *The Rambler*, 23 mars 1751.

Le pouvoir des lecteurs ne réside pas dans leur capacité à recueillir des informations, ni dans celle d'ordonner et de cataloguer, mais dans le talent avec lequel ils interprètent, associent et transforment leurs lectures. Pour les écoles talmudiques, de même que pour celles de l'Islam, un érudit peut grâce à la lecture faire de la foi religieuse un pouvoir actif, car le savoir acquis dans les livres est un don de Dieu. Selon un ancien hadith, ou tradition islamique, "un seul homme instruit est plus fort contre le Démon qu'un millier de fidèles[1]". Pour ces cultures du Livre, le savoir ne consiste pas en une accumulation de textes ou d'informations, pas plus qu'en la matière même du livre, mais en l'expérience recueillie entre les pages et transformée en expérience nouvelle, en mots réfléchis à la fois dans le monde extérieur et dans la personne du lecteur.

Au XVIIe siècle, Gottfried Wilhelm Leibniz, le célèbre mathématicien, philosophe et juriste allemand, a déclaré

Bibliothèque du duc Auguste à Wolfenbüttel.

que la valeur d'une bibliothèque n'était déterminée que par son contenu et l'usage qu'en faisaient les lecteurs, et non par le nombre de ses volumes ou la rareté de ses trésors. Il comparait l'institution qu'est une bibliothèque à une église ou une école, un lieu d'instruction et d'érudition, et faisait campagne pour que l'on rassemble surtout des titres scientifiques, en se débarrassant des livres qu'il considérait comme uniquement décoratifs ou amusants et, par conséquent, inutiles. "Un traité d'architecture ou une collection de périodiques, écrivit-il, vaut cent volumes de littérature classique[2]", et il préférait les petits livres aux grands formats car ils utilisaient peu d'espace et évitaient, à son avis, les embellissements superflus. Il soutenait que les bibliothèques avaient pour mission de favoriser la communication entre les savants et il avait conçu l'idée d'une organisation bibliographique nationale qui aiderait les hommes de science à s'informer des découvertes de leurs contemporains. En 1690, il fut nommé conservateur de la bibliothèque ducale de Brunswick-Lüneberg, à Hanovre, et il devint plus tard celui de l'importante bibliothèque du duc Auguste à Wolfenbüttel, poste qu'il occupa jusqu'à sa mort en 1716. Leibniz fut responsable du transfert de la collection de Wolfenbüttel de son site original à un immeuble qui convenait mieux, estimait-il, à l'emmagasinage des livres, avec un toit en verre qui laissait entrer la lumière naturelle et plusieurs étages d'espace de rangement. La structure en bois du bâtiment ne permettait pas qu'il fût chauffé, toutefois, et les lecteurs courageux qui venaient y chercher dans les livres des paroles de sagesse le faisaient les mains tremblantes et en claquant des dents[3].

Bien que Leibniz soutînt que la valeur d'une bibliothèque devait être estimée strictement en fonction de son contenu, on a souvent prêté au livre en tant qu'objet une autorité imméritée et considéré superstitieusement l'édifice d'une bibliothèque comme un monument symbolisant cette autorité. Quand, dans *L'Assommoir*, de Zola, on montre à un fervent partisan de Napoléon III un livre qui dépeint le monarque comme un séducteur débauché, le pauvre homme est incapable de trouver un mot à dire en défense de son souverain parce que "c'était dans un livre, il ne pouvait pas dire non[4]". Aujourd'hui encore, alors qu'on n'accorde à l'acte intellectuel que peu ou pas d'importance, les livres, lus ou non et quels que soient l'usage qu'on en fait ou la valeur qu'on leur prête, exercent toujours un prestige aussi impressionnant. D'épais volumes de Mémoires sont encore signés par ceux qui souhaitent apparaître comme puissants, et des bibliothèques sont encore fondées par (et nommées d'après) des politiciens qui, tels les anciens rois de Mésopotamie, espèrent qu'on se souviendra d'eux comme ayant contribué à ce pouvoir. Aux Etats-Unis, un réseau de bibliothèques présidentielles témoigne de ce désir d'immortalité intellectuelle (ainsi que de réductions d'impôts). En France, chaque année offre sa moisson de témoignages, de souvenirs sans fard et même de romans écrits par les politiciens les plus en vue ; en 1994, l'ex-président Valéry Giscard d'Estaing alla jusqu'à solliciter, sur la foi d'un mince roman, *Le Passage*, son élection à la très exclusive Académie française, réservée à l'élite des intellectuels du pays[5]. Il l'obtint. En Argentine, Evita et Juan Perón s'enorgueillissaient l'un et l'autre de leurs autobiographies-testaments poliques, dont nul n'ignorait que la rédaction avait été confiée à des nègres. Souhaitant dissiper son image de chef d'Etat illettré, Perón s'était, au début de sa carrière, fait inviter par l'Académie argentine des lettres à prononcer un discours à l'occasion du quatre centième anniversaire de la naissance de Cervantès – auteur dont il avoua plus tard en riant qu'il n'avait jamais pris la peine de lire une ligne[6], mais dont les grands volumes à reliure de cuir et lettres d'or se trouvaient bien en vue derrière lui sur plusieurs photographies officielles.

Le roi Assurbanipal, dernier monarque important d'Assyrie, qui régna de 668 à 633 avant notre ère, avait pleinement conscience de l'association entre les souverains et la parole écrite. Il se vantait d'être lui-même un scribe, même si "parmi les rois, mes prédécesseurs, nul n'avait appris un tel art". Sa collection de tablettes réunies dans son palais de Ninive, quoique destinée à un usage privé, répétait néanmoins dans les colophons d'une tablette après l'autre, afin que tous puissent le lire, que le pouvoir accordé par l'art des lettres lui avait été confié :

Le dernier grand roi d'Assyrie, Assurbanipal.

> Palais d'Assurbanipal, roi du monde, roi d'Assyrie, qui met sa confiance en Assour et Ninlil, que Nabou et Tashmetou ont doté d'oreilles bien ouvertes et doué d'une perspicacité profonde… La sagesse de Nabou, les signes de l'écriture, tous ceux qui ont été conçus, je les ai écrits sur des tablettes, j'ai arrangé les tablettes en séries, je les ai rassemblées et pour mes royales contemplation et récitation je les ai placées dans mon palais[7].

Bien qu'Assurbanipal, comme des hordes de souverains après lui, se prétendît fier de ses talents de scribe et de lecteur, ce qui lui importait le plus n'était manifestement pas la transformation de l'expérience en savoir mais la représentation emblématique des qualités de puissance associées aux livres. Sous de tels souverains, les bibliothèques ne deviennent pas des "temples du savoir" (selon la conception commune) mais des temples érigés en hommage à un bienfaiteur, fondateur ou pourvoyeur.

Des siècles après Assurbanipal, la valeur symbolique de la fondation d'une bibliothèque n'a guère changé. Même à la Renaissance, lorsque les bibliothèques devinrent officiellement publiques en Europe (la première fut l'Ambrosiana de Milan, en 1609), le prestige attaché à la fondation, la dotation ou la construction d'une telle institution restait le privilège d'un bienfaiteur et non d'une communauté. Les millionnaires notoires qui, aux XIXe et XXe siècles, s'enrichirent dans les fabriques, les usines et les banques des Etats-Unis firent de leurs fortunes un usage assidu pour établir des écoles, des musées et, surtout, des bibliothèques qui, outre leur importance en tant que centres de culture, constituaient des monuments à leurs fondateurs.

"Quel est le plus beau cadeau qu'on puisse offrir à une communauté ?" demandait en 1890 le plus célèbre de ces bienfaiteurs, Andrew Carnegie. "En premier lieu, une bibliothèque gratuite", répondait-il à sa propre question[8]. Tout le monde n'était pas de cet avis. En Grande-Bretagne, par exemple, ce n'est qu'en 1850 que l'on proclama officiellement comme une vérité évidente qu'"une bibliothèque publique est essentielle au bien-être d'une communauté", quand le représentant de Dumfries, William Ewart, imposa au Parlement un décret établissant le droit de chaque ville à une bibliothèque publique[9]. En 1832, Thomas Carlyle demandait encore avec colère : "Pourquoi n'y a-t-il pas une bibliothèque royale dans chaque ville de province ? Il y a dans chacune une prison et un bagne royaux[10] !"

On ne peut pas tirer de l'histoire d'Andrew Carnegie des conclusions simples. Sa relation à l'argent et à la culture du livre était complexe et contradictoire. Implacable dans sa poursuite de la richesse, il consacra près de quatre-vingt-dix pour cent de son immense fortune à la fondation de toutes sortes d'institutions publiques, dont plus de deux mille cinq cents bibliothèques dans une douzaine de pays anglophones, de son Ecosse natale aux îles Fidji et aux Seychelles. Il révérait sans les aimer les entreprises intellectuelles. "La bibliothèque publique était son temple, écrivit l'un de ses biographes, et la colonne des «Lettres à la rédaction» son confessionnal[11]." Brutal dans sa façon de traiter ses ouvriers, il créa un fonds de pension privé afin de venir en aide financièrement à plus de quatre cents artistes, savants et poètes, parmi lesquels Walt Whitman, qui décrivit son bienfaiteur comme une source de "la plus aimable des bienveillances". Convaincu de la sainteté du capitalisme (ce qu'il appelait "l'évangile de la richesse"), il affirmait néanmoins haut et fort qu'"un travailleur est un citoyen plus utile et digne de plus de respect qu'un prince oisif[12]".

Les débuts de Carnegie, ainsi que lui-même était prompt à le rappeler à ses auditeurs, avaient été d'une pauvreté désespérée. Deux hommes exercèrent une grande influence sur son enfance en Ecosse. Le premier était son père, un habile tisserand d'étoffes damassées dont le savoir-faire fut bientôt rendu superflu par les nouvelles techniques de fabrication promues par la révolution industrielle. Will Carnegie était de l'avis de tous un homme de caractère qui, malgré l'obligation où il se trouvait de travailler dix à douze heures par jour, trouva le temps de fonder avec ses confrères tisserands une petite bibliothèque communale à Dunfermline, action courageuse qui doit avoir fort impressionné son jeune fils. L'autre était l'oncle de Carnegie, Thomas Morrison, un évangéliste de la réforme agraire qui prônait l'opposition nonviolente aux abus de l'industrialisation et la fin de ce qu'il considérait comme la permanence du système féodal en Ecosse. "Notre règle, proclamait-il, est : *Tous posséderont ; tous jouiront* ; notre principe : *un droit universel et équitable* ; et notre «loi de la terre» sera : *Tout homme est un seigneur, toute femme une dame, et tout enfant un héritier*[13]." Durant l'un des soulèvements contre les grandes industries linières qui menaçaient, une fois de plus, de réduire les salaires des tisserands, l'oncle Thomas fut arrêté. Bien qu'il ne fût jamais officiellement inculpé, l'incident marqua profondément le jeune Carnegie, quoique pas assez pour colorer son éthique professionnelle. Bien des années plus tard, il exhibait dans son bureau le procès-verbal encadré qu'il appelait son "titre de noblesse". A la suite de ces expériences, racontait-il, il était devenu "un jeune républicain violent dont la devise était «Mort aux privilèges[14]»". Et pourtant, quand Carnegie régna sur ses propres usines et fabriques à Pittsburgh, ses employés étaient forcés de travailler sept jours par semaine, n'avaient droit à un jour de congé qu'à Noël et le 4 Juillet, étaient payés une misère et devaient habiter des cités ouvrières insalubres où les égouts longeaient les canalisations d'eau. Un cinquième des hommes de Carnegie moururent à la suite d'accidents[15].

En 1848, alors que Carnegie avait à peine treize ans, ses parents tombèrent dans le dénuement. Pour échapper à la famine, la famille émigra aux Etats-Unis et, après une traversée pénible, s'installa à Pittsburgh, pour s'apercevoir que la situation des tisserands n'y était guère meilleure qu'au pays. Finalement, le jeune Carnegie trouva du travail, d'abord à l'Atlantic and Ohio Telegraph Company et ensuite aux Chemins de fer de Pennsylvanie. Dans les bureaux de la compagnie des chemins de fer, on arrêtait le travail tôt dans la soirée, ce qui laissait au jeune garçon "du temps pour se perfectionner".

Dans le centre urbain de Pittsburgh, Carnegie découvrit une bibliothèque publique gratuite fondée par un certain colonel Anderson "pour les apprentis privés de la possibilité de fréquenter l'école". "Le colonel Anderson m'a donné accès à la richesse intellectuelle du monde, raconta-t-il en 1887. Je pris goût à la lecture. Semaine après semaine, je me délectais des livres. Le labeur ne me pesait pas, car je me levais à six heures du matin, content de travailler jusqu'à six heures du soir si j'avais alors un livre à lire[16]."

Mais en 1853, la bibliothèque d'Anderson changea de local et la nouvelle administration décida de demander à tous les usagers, à l'exception des "véritables apprentis" (c'est-à-dire ceux qui étaient liés par contrat à un employeur), un droit d'entrée de deux dollars. Carnegie avait seize ans, il était apprenti mais pas officiellement sous contrat ; la mesure lui parut injuste et, après avoir vainement discuté avec le bibliothécaire, il écrivit une lettre ouverte au directeur de la *Pittsburgh Dispatch*. Sa lettre parut le 13 mai 1853 :

> Monsieur le directeur,
>
> Persuadé que vous vous intéressez vivement à tout ce qui tend à élever, instruire et perfectionner la jeunesse de ce pays, je viens attirer votre attention sur ce qui suit. Vous vous rappellerez que, voici quelque temps, Mr Anderson (un gentleman de cette ville) a légué une importante somme d'argent afin que soit établie et entretenue une bibliothèque pour les jeunes travailleurs et les apprentis qui résident ici. L'opération a été couronnée de succès pendant plus d'un an, répandant parmi nous de précieuses semences, et bien que tombées *[sic]* "au bord du chemin et sur les pierres", plus d'une d'entre elles a trouvé un sol favorable. Tous les jeunes travailleurs y étaient admis gratuitement à la seule condition que leurs parents ou leurs tuteurs se portent garants pour eux. Mais ce moyen de faire le bien a été récemment fort réduit par de nouveaux directeurs qui refusent le droit de devenir membre à tout garçon qui n'est pas *en apprentissage* et *sous contrat* pour un certain temps. Il me semble que les nouveaux directeurs ont mal compris les *intentions* du généreux donateur. On ne peut guère penser qu'il voulait exclure les jeunes gens employés dans des magasins pour la seule raison qu'ils ne sont pas *sous contrat*.
>
> Un jeune travailleur, quoique sans contrat[17].

Après un vif échange de lettres, le bibliothécaire harcelé fut obligé de convoquer un conseil d'administration au cours duquel la question fut réglée en faveur du jeune homme. Pour Carnegie, il s'agissait de ce que lui-même considérait comme "une pratique équitable". Ainsi qu'il devait le démontrer bien souvent par la suite, toute querelle en justice, toute question de droits, tout effort pour améliorer une situation n'avait de poids qu'à condition de parvenir en fin de compte à lui valoir, à lui, Carnegie, des économies plus importantes ou un pouvoir plus grand. "L'argent n'est rien comparé au pouvoir", déclara-t-il à l'un de ses associés quelque vingt-cinq ans plus tard[18].

Les Etats-Unis du XIXe siècle finissant offraient à Carnegie un terrain idéal pour ses convictions. En une occasion où on l'avait prié d'exalter les mérites des institutions américaines en comparaison de celles de son Ecosse natale, il décrivit son

Carnegie présentant sa fondation à l'Oncle Sam, caricature du *Harper's Weekly*.

pays d'adoption comme "le parfait endroit où accomplir sa carrière". Aux Etats-Unis, selon lui, "l'esprit, libéré du respect superstitieux de coutumes anciennes, ne se laisse plus impressionner par les formes et apparences fastueuses et dépourvues de sens". Ainsi que le fait remarquer Peter Krass, son biographe, il n'y avait dans la description que faisait Carnegie de l'utopie américaine "nulle allusion aux émeutes des ouvriers du coton et de la sidérurgie au cours desquelles la police était intervenue, pas un mot sur l'esclavage, sur le déplacement des Indiens, sur le vote des femmes réclamant l'égalité des voix. [Carnegie] avait la mémoire sélective ; il préférait ignorer la face cachée de l'Amérique, comme il le ferait lorsqu'il gagnerait des millions dans l'acier tandis que ses ouvriers exploités mourraient par douzaines[19]."

Carnegie estimait qu'un homme doit se montrer sans pitié s'il veut devenir riche, mais il croyait aussi que la richesse ainsi acquise devait être employée à "illuminer l'esprit" de la communauté qu'il exploitait. Aux yeux de ses détracteurs, les bibliothèques qu'il fondait n'étaient que des marchepieds destinés à sa glorification personnelle. Il ne donnait que rarement de l'argent pour des livres, seulement pour les bâtiments qui allaient les accueillir, et même alors il stipulait que la ville devait procurer le site ainsi que les fonds assurant le fonctionnement de la bibliothèque. Il exigeait que ses bibliothèques fussent gérées avec la même efficacité que ses usines et qu'on ne s'y permette aucune dépense excessive. Il ne donnait rien non plus aux bibliothèques d'Etat ou payantes, sous prétexte que ces institutions avaient accès à d'autres fonds. "Il s'est acheté la renommée et l'a payée cash[20]", railla un jour Mark Twain.

Beaucoup ont critiqué les bibliothèques Carnegie, qu'ils considéraient comme "les centres d'un contrôle social exercé sur la classe ouvrière", où l'on imposait aux lecteurs "des idées et des valeurs capitalistes dans une tentative d'exercer un contrôle sur leurs pensées et leurs actes[21]". Quoi qu'il en soit, ces bibliothèques ont accompli un dessein

L'ex-libris de Carnegie.

qui allait bien au-delà de la glorification personnelle de Carnegie. Quand l'architecte de la première bibliothèque Carnegie demanda ses armoiries au millionnaire afin de les graver au-dessus de l'entrée, Carnegie, qui ne possédait rien de pareil, suggéra de les remplacer par un soleil levant allégorique entouré des mots : *LET THERE BE LIGHT*, "que la lumière soit"[22]. Pendant des décennies, les bibliothèques Carnegie sont restées ce paradoxe : un monument à leur fondateur et un fertile instrument de culture qui a contribué à l'éveil de milliers de vies intellectuelles.

De nombreux écrivains ont exprimé leur reconnaissance à l'égard des bibliothèques Carnegie. John Updike, lorsqu'il décrit son expérience personnelle d'adolescent à la bibliothèque Carnegie de Reading, en Pennsylvanie, parle de sa gratitude "pour la liberté qui m'a été donnée pendant ces années de formation pendant lesquelles, en général, nous devenons ou non des lecteurs pour la vie". Et il conclut : "Une sorte de paradis s'est ouvert là pour moi[23]." Eudora Welty faisait remonter à la bibliothèque Carnegie de Jackson, Mississippi, les débuts de sa vie littéraire. Selon les stipulations de Carnegie, sa donation avait pour condition la prise en charge par les communautés de l'entretien et de la bonne administration de leur bibliothèque. A Jackson, en 1918, la responsable de ces tâches était une certaine Mrs Calloway. "Mrs Calloway, raconte Welty, gérait la bibliothèque absolument seule, du bureau où elle était assise dos aux livres et face à l'escalier, son œil de dragon fixé sur la porte d'entrée que pouvait franchir Dieu savait qui venu du public. Le mot SILENCE se répétait en grosses lettres noires sur des panneaux affichés un peu partout." Mrs Calloway imposait ses propres règles quant aux livres : "On ne pouvait pas rapporter un livre à la bibliothèque le jour où on l'avait emprunté ; peu lui importait que vous l'ayez lu jusqu'au dernier mot et que vous ayez besoin d'en commencer un autre. On pouvait prendre deux livres à la fois et pas plus de deux livres ; ceci était valable tant qu'on était enfant et aussi pendant le restant de la vie." Mais ces règles arbitraires ne contrarièrent pas la passion de Welty pour la lecture ; ce qui comptait, c'était que quelqu'un (elle ne savait pas alors qui était ce lointain bienfaiteur) avait amassé tout spécialement à son intention (croyait-elle) un trésor grâce auquel son "désir dévorant de lecture" était immédiatement satisfait[24].

Sarcastique, le critique H. L. Mencken protestait. "Allez à la bibliothèque Carnegie la plus proche, conseillait-il, et examinez le catalogue de ses livres. Il y a cinq chances contre une que vous le trouviez plein de nullités littéraires et aussi pauvre en bons livres qu'une librairie de Boston[25]." Mais pour la plupart des écrivains, même si le catalogue n'est pas impressionnant, le seul fait de pouvoir entrer dans un endroit où les livres sont apparemment innombrables et disponibles sur simple demande est une joie. "Je savais que c'était le bonheur, écrivit Welty vers la fin de sa vie, je l'ai su dès cette époque. Le goût n'a pas tant d'importance ; il vient en son temps. Je voulais lire *tout de suite*. La seule crainte, c'était que les livres arrivent à leur fin."

Carnegie peut bien avoir cru que les édifices dont il payait la construction serviraient de preuve à "mes efforts pour laisser la Terre un petit peu plus belle que je ne l'ai trouvée[26]". Quel qu'ait pu être son désir, pour des centaines de milliers de lecteurs, les bibliothèques Carnegie ne sont pas devenues la preuve d'un quelconque souci désintéressé ou égocentrique, ni de la magnanimité d'un millionnaire, mais l'indispensable place forte intellectuelle au cœur de toute société alphabétisée, un lieu où tous les citoyens, du moment qu'ils savent lire, ont le droit fondamental de se rendre "forts contre le Démon".

V

UNE OMBRE

Mais c'est le prix à payer pour la stabi-
lité. Il nous faut choisir entre le bonheur
et ce que l'on appelait autrefois le grand
art. Nous avons sacrifié le grand art.

ALDOUS HUXLEY,
dans *Le Meilleur des mondes.*

Nous rêvons d'une bibliothèque de littérature qui serait l'œuvre de tous et n'appartiendrait à personne, une bibliothèque immortelle qui, mystérieusement, mettrait l'univers en ordre, et pourtant nous savons que tout choix méthodique, tout domaine catalogué de l'imagination impose une tyrannique hiérarchie d'exclusion. Toute bibliothèque est exclusive puisque, si vaste soit-elle, sa sélection laisse hors ses murs d'interminables rangées d'écrits qui, pour des raisons de goût, de connaissance, d'espace et de temps, n'ont pas été inclus. Toute bibliothèque évoque son propre fantôme ténébreux ; tout agencement suscite à sa traîne, telle une ombre, une bibliothèque d'absents. Des quatre-vingt-dix pièces d'Eschyle, sept seulement sont arrivées jusqu'à nous ; des quatre-vingts et quelques drames d'Euripide, seulement dix-huit (en comptant *Rhésus*, d'une authenticité douteuse) ; des cent vingt pièces de Sophocle, pas plus de sept.

Si chaque bibliothèque est en un sens un reflet de ses lecteurs, elle est aussi une image de ce que nous ne sommes

Destruction de livres par le feu à Warsaw, Indiana.

pas et ne pouvons pas être. Même dans la catégorie la plus strictement délimitée, tout choix de livres débordera son intitulé et un lecteur curieux se trouvera en danger (salutaire ou nuisible) dans les endroits les plus sûrs et les plus surveillés. Notre erreur fut, peut-être, de considérer la bibliothèque comme un espace englobant l'univers et pourtant neutre. "Les conservateurs, écrivit le poète américain Archibald MacLeish alors qu'il occupait un poste de bibliothécaire du Congrès, qu'ils le veuillent ou non, ne peuvent pas être neutres[1]." Toute bibliothèque embrasse et rejette à la fois. Toute bibliothèque est par définition un choix, et son envergure est par nécessité limitée. Tout choix en exclut un autre, celui qui n'a pas été fait. La lecture coexiste de toute éternité avec la censure.

Cette censure implicite existe déjà, dès le début du IIIe millénaire avant notre ère, dans les premières bibliothèques mésopotamiennes que nous connaissons[2]. A la différence des archives officielles, constituées dans le but

de garder la trace des transactions quotidiennes et des opé-
rations éphémères d'un groupe donné, ces bibliothèques
rassemblaient des œuvres de nature plus générale, telles que
les "inscriptions royales" (des tablettes commémoratives de
pierre ou de métal qui relataient les événements politiques
importants, un peu comme les journaux d'information dans
l'Europe du XVIIe siècle ou, aujourd'hui, les best-sellers sur
des sujets d'actualité). Selon toute probabilité, ces bibliothèques appartenaient à des particuliers – c'étaient des lieux
privés fondés par des amoureux de la parole écrite qui, souvent, prescrivaient aux scribes de copier sur les tablettes le
nom du propriétaire en signe de possession. Même dans les
bibliothèques attachées à un temple, on indiquait souvent le
nom d'un grand-prêtre ou de quelque autre personnage
important, responsable de la collection. Afin de garantir
l'ordre établi par une méthode particulière de rangement ou
de catalogage, certains livres de bibliothèque comportaient
un colophon destiné à dissuader quiconque négligerait de
respecter cet ordre. Un dictionnaire du VIIe siècle avant
notre ère contenait cette prière : "Qu'Ishtar bénisse le lecteur qui n'altérera pas cette tablette et ne la changera pas de
place dans la bibliothèque, et puisse-t-Elle dénoncer avec
colère celui qui oserait l'enlever de ce lieu[3]." J'ai affiché cet
avertissement au mur de ma bibliothèque afin de tenir à distance les emprunteurs nocturnes.

En général, les propriétaires de ces collections étaient
de sang royal et ils faisaient approvisionner leurs bibliothèques par des acheteurs ou des pillards. Le roi Assurbanipal, afin de compléter sa bibliothèque déjà considérable,
envoyait des représentants dans tout son vaste royaume à
la recherche des éventuels volumes manquants. Il ne suivait aucun principe directeur défini par des catégories
(imposées plus tard à la collection) ; c'était une accumulation aléatoire de tout ce qui lui tombait sous la main[4]. On
possède une lettre dans laquelle Assurbanipal, après avoir
énuméré les livres qu'il recherche, insiste pour que la tâche

soit menée à bien dans les plus brefs délais. "Trouvez-les et dépêchez-les-moi. Rien ne devrait les retenir. Et si, à l'avenir, vous découvrez d'autres tablettes non mentionnées ci-dessous, examinez-les et si vous considérez qu'elles présentent un intérêt pour la bibliothèque, saisissez-les et envoyez-les-moi[5]." Un appétit semblablement illimité gouvernait la composition d'autres listes et catalogues en Mésopotamie. Dans un commentaire du célèbre Code de Hammourabi, ce condensé des lois du XVIIIe siècle avant notre ère, l'historien Jean Bottéro a fait remarquer qu'il comprenait dans ses énumérations "non seulement le réel commun et communément observable, mais aussi l'exceptionnel, l'aberrant et, en fin de compte : le *possible*[6]".

Bien qu'une bibliothèque comme celle d'Assurbanipal fût l'expression visible d'un pouvoir terrestre, nul individu, si royal fût-il, ne pouvait espérer en lire la totalité. Pour lire chaque livre et en digérer toute l'information, le roi recrutait d'autres yeux et d'autres mains chargés de parcourir les tablettes et de résumer leurs découvertes, de manière que la lecture de ces condensés lui permît de se vanter de connaître le contenu entier de la bibliothèque. Des érudits extrayaient des textes leur chair et puis, "tels des pélicans", la régurgitaient au profit d'autrui.

Quatre siècles après Assurbanipal, dans la première moitié du IIe siècle avant notre ère, deux des principaux bibliothécaires d'Alexandrie, Aristophane de Byzance et son disciple Aristarque de Samothrace, décidèrent de venir en aide à leurs lecteurs d'une façon similaire. Loin de se borner à sélectionner et à commenter toutes sortes d'œuvres importantes, ils entreprirent aussi la compilation d'un catalogue des auteurs qui, à leur avis, surpassaient tous les autres en excellence littéraire[7]. Les qualifications de ces deux érudits étaient impeccables. Aristophane avait édité les œuvres d'Homère et d'Hésiode[8], en ajoutant à son

Caricature contemporaine représentant une destruction
de livres par le feu en Allemagne nazie.

édition de cette dernière de brèves notes critiques dans
lesquelles il énumérait d'autres écrivains qui avaient
traité des mêmes sujets ; ces notes, connues sous le nom
d'*hypotheseis*, étaient pour l'essentiel des bibliographies
annotées qui offraient au lecteur un survol rapide et exact
d'un sujet donné. Aristarque avait lui aussi édité les
œuvres d'Homère, avec une rigueur si légendaire qu'après
lui tout critique exigeant fut qualifié d'*aristarque*. Ces
listes des "plus grands auteurs" (listes que, près de deux
mille ans plus tard, l'érudit David Ruhnken appellerait des
"canons[9]") furent copiées jusque bien avant dans le Moyen
Age et même la Renaissance, et conférèrent l'immortalité
littéraire aux écrivains qu'elles comprenaient, dont les
œuvres étaient recherchées et étudiées avec assiduité. En
revanche, les écrivains qui n'y figuraient pas furent considérés comme indignes d'attention et on les laissa tomber
en cendres dans l'oubli. Ce long catalogue jamais réalisé
des auteurs négligés nous hante par son absence.

Tout autant que les contraintes d'ordre et d'espace, le poids de l'absence est un caractère commun à toutes les bibliothèques. Dans celle de mon Colegio Nacional, à Buenos Aires, nous le sentions derrière les imposantes portes de bois, dans la pénombre accueillante et sous les lampes aux abat-jour verts qui me faisaient vaguement penser aux lampes des compartiments de wagon-lit. En haut de l'escalier de marbre, avec son sol carrelé et ses colonnes grises, la bibliothèque semblait être un univers parallèle, à la fois effrayant et rassurant, dans lequel ma propre histoire connaissait d'autres aventures et d'autres dénouements. Par-dessus tout, l'absence (des livres jugés inconvenants, dangereux, provocateurs) béait dans les trous noirs interrompant les innombrables rangées de livres qui s'étageaient jusqu'au plafond.

Et pourtant, de nombreux titres apparemment innocents échappaient à l'œil censorial du bibliothécaire. Je me souviens, dans le silence brisé par des bribes de conversations chuchotées, des pages auxquelles certains volumes

Avertissement dans la bibliothèque du Presbytère.

s'ouvraient spontanément : le *Romancero gitan* de Lorca à
"La Fiancée infidèle", la *Célestine* à la scène du bordel,
Les Gagnants de Cortázar au chapitre dans lequel un mé-
chant matelot séduit un jeune garçon. Comment ces textes
interdits étaient arrivés dans notre scrupuleuse bibliothèque,
nous ne l'avons jamais su, et nous nous demandions combien de temps s'écoulerait avant que le bibliothécaire ne
s'aperçoive que, sous son nez, une génération après l'autre
d'élèves corruptibles comblaient les absences sur les étagères en lisant cette sélection de livres scandaleux.

Il se peut, comme le suggère Primo Levi dans ses Mémoires, que le but inavoué des bibliothécaires soit de s'assurer que seuls ceux qui souhaitent réellement avoir accès
aux livres soient autorisés à pénétrer dans le Saint des
Saints. Pour Levi, la bibliothèque de l'Institut de chimie à
Turin dans les années 1930 était à l'époque, "comme La
Mecque, inaccessible aux infidèles et difficile d'accès
même pour un fidèle tel que moi. On pouvait penser que
la direction appliquait le sage principe en vertu duquel il
est bon de décourager les arts et les sciences, et seul un
individu mû par un besoin absolu ou par une passion irré-
sistible se serait soumis volontairement aux épreuves
d'abnégation exigées pour avoir le droit de consulter les
volumes. L'horaire de la bibliothèque était bref et irration-
nel, l'éclairage chiche, les fichiers en désordre ; en hiver,
aucun chauffage ; pas de chaises, mais des tabourets en
métal inconfortables et bruyants ; et enfin le bibliothécaire
était un rustre incompétent, insolent, et d'une laideur
extrême, posté sur le seuil afin de terrifier par son aspect et
ses aboiements ceux qui aspiraient à entrer[10]."

Comme la peu accueillante bibliothèque de Levi, et
comme celle, beaucoup moins rébarbative, de mon lycée,
toutes les bibliothèques, y compris celles où règne la surveillance la plus stricte, renferment en secret des textes
rebelles qui échappent au regard du bibliothécaire. Prisonnier dans un camp russe près du cercle polaire où il tirait

ce qu'il a appelé son "temps dans le Nord[11]", Joseph Brodsky lisait les poèmes d'Auden, et cet aperçu de liberté fortifiait sa résolution d'affronter ses geôliers et de survivre. Haroldo Conti, torturé dans les cellules des militaires argentins des années 1970, trouvait une consolation dans les romans de Dickens, que son geôlier l'avait autorisé à garder[12]. Pour l'écrivain Varlam Chalamov, envoyé par Staline travailler dans les mines d'or de la Kolyma à cause de ses "activités contre-révolutionnaires", la bibliothèque de la prison fut elle-même une mine d'or qui, "pour des raisons incompréhensibles, avait échappé aux innombrables inspections et «purges» infligées systématiquement à toutes les bibliothèques de Russie". Sur ses étagères misérables, Chalamov trouva des trésors inespérés, tels que les écrits de Boulgakov et les poèmes de Maïakovski. "C'était, raconta-t-il, comme si les autorités avaient souhaité offrir aux prisonniers une consolation pour la longue route qu'ils avaient devant eux, pour le calvaire qui les attendait. Comme s'ils avaient pensé : «Pourquoi censurer les lectures de gens qui sont condamnés[13] ?»"

Parfois, ceux qui se donnent pour tâche de garder l'entrée des réserves de la bibliothèque perçoivent un danger là où d'autres n'en voient pas. Pendant la chasse aux "éléments subversifs" sous les régimes militaires en Argentine, en Uruguay et au Chili, tout possesseur d'un livre "suspect" pouvait être arrêté et détenu sans autre forme de procès. Etaient "suspects" les poèmes de Neruda et de Nazim Hikmet (ils étaient communistes), les romans de Tolstoï et de Dostoïevski (ils étaient russes) et tout livre dont le titre comprenait un mot dangereux, comme *Le Rouge et le Noir* de Stendhal ou les *Contes d'amour des samouraïs*, un classique japonais du XVIe siècle. Par crainte des descentes de police impromptues, beaucoup de gens brûlèrent leur bibliothèque en allumant des bûchers dans leurs toilettes, et les plombiers furent soudain intrigués par une épidémie affectant les cuvettes de w.-c. (la chaleur du papier en train de brûler faisait craquer la porcelaine). "Il a des enfants qui l'ont vu brûler ses livres" est la définition que donne le romancier Germán García de la génération de ces gens qui furent tués, torturés ou contraints à l'exil[14].

Les gens au pouvoir peuvent interdire les livres pour des motifs surprenants. Le général Pinochet a, c'est notoire, banni *Don Quichotte* des bibliothèques du Chili parce qu'il avait lu dans ce roman une défense de la désobéissance civile, et le ministre de la Culture japonais, voici quelques années, s'élevait contre *Pinocchio* parce qu'on y voyait, dans les personnages du chat qui se prétend aveugle et du renard qui se fait passer pour un estropié, des images peu flatteuses de personnes handicapées. En mars 2003, le cardinal Joseph Ratzinger (qui allait devenir le pape Benoît XVI) affirmait que les histoires de Harry Potter "déforment gravement le christianisme dans les âmes avant qu'elles n'aient pu se développer convenablement[15]". D'autres raisons singulières ont été données à l'exclusion de toutes sortes de livres, du *Magicien d'Oz* (foyer de croyances païennes) à *L'Attrape-Cœur* (dangereux type d'adolescent). Comme l'écrivit William Blake,

> *Both read the Bible day and night,*
> *But thou read'st black where I read white.*

> (Tous deux lisons la Bible jour et nuit,
> Mais tu lis noir où je lis blanc)[16].

Ainsi que je l'ai dit, toute bibliothèque, du simple fait de son existence, évoque son double interdit ou oublié : une bibliothèque invisible mais impressionnante, composée des livres qui, pour des raisons conventionnelles de qualité, de sujets ou même de volume, ont été jugés indignes de survivre sous ce toit en particulier.

A la fin du XVIᵉ siècle, le sévère jésuite Jacob Gretser publia une défense de la censure sous ce titre explicite : *Des lois et coutumes concernant l'interdiction, l'expurgation et la destruction de livres hérétiques et nuisibles.* Compte tenu de son érudition, Gretser fut nommé conseiller de l'Eglise catholique lors de la rédaction, à Madrid, en 1612, de l'*Index des livres prohibés* ; il mit cette même érudition au service de l'argument (que beaucoup trouvaient évident) que la censure des livres est commune à tous les peuples de tous les temps. L'infâme généalogie de Gretser commence aux païens qui ont brûlé le traité de Cicéron *De la nature des dieux* (parce qu'il penchait trop en faveur du monothéisme, selon une vieille histoire non prouvée), et se poursuit jusqu'aux destructions de livres par les disciples de Luther et de Calvin[17]. S'il avait été capable de voir l'avenir, il aurait pu ajouter à sa liste les livres "dégénérés" condamnés au bûcher par les nazis, les œuvres d'auteurs "bourgeois" proscrites par Staline, les publications de "griffonneurs communistes" exilées par le sénateur McCarthy, les livres détruits par les talibans, par Fidel Castro, par le gouvernement de Corée du Nord, par les fonctionnaires des Douanes canadiennes. Le livre de Gretser est en vérité l'histoire officieuse de ces bibliothèques colossales qui murmurent dans les vides des étagères[18].

J'ai parlé plus haut de la légende qui accuse Amr ibn al-As d'avoir donné au calife Omar Iᵉʳ l'ordre de mettre le feu aux livres d'Alexandrie. La réaction apocryphe d'Omar mérite qu'on la cite ici parce qu'elle fait écho à la curieuse logique de tous les brûleurs de livres alors et aujourd'hui. On raconte qu'il obtempéra en ces termes : "Si les contenus de ces livres sont conformes au Livre sacré, ils sont redondants. S'ils ne sont pas conformes, ils sont indésirables. Dans un cas comme dans l'autre, il faut les livrer aux flammes[19]." Omar touchait là – sur un ton plutôt grinçant, il est vrai – à l'essentielle fluidité de la littérature. A cause d'elle, aucune bibliothèque n'est ce qu'elle devait être à l'origine, et ce sont plus souvent ceux qui souhaitent la détruire à cause de ses défauts supposés que ceux qui l'ont créée pour ses mérites qui décident du sort d'une bibliothèque.

Cela est vrai de la littérature indigène d'Amérique, dont presque rien ne nous est parvenu. Au Mexique et en Amérique centrale, en particulier, les grandes bibliothèques et les archives des peuples précolombiens ont été systématiquement détruites par les Européens, à la fois pour priver ces peuples de leur identité et pour les convertir à la religion du Christ. Le poète australien A. D. Hope raconte comment les conquistadors espagnols ont mis le feu aux livres des Mayas :

Diego de Landa, archevêque du Yucatán
– La malédiction de Dieu sur son âme pieuse –
Mit au ban tous leurs diaboliques livres d'images
Et, les entassant en un monceau de péché, brûla le tout ;

Mais il eut soin de conserver le calendrier
A l'aide duquel le Diable leur avait appris à mesurer le temps.
Ces créatures impies remontaient jusqu'à
Quatre-vingt-dix millions d'années avant la faute d'Eve.

C'en était assez : ils brûlèrent les livres des Mayas,
Sauvèrent des âmes et prirent soin des leurs.
Au paradis Diego de Landa tourne vers Dieu, sans cesse,
Ses regards : Dieu ne le regarde jamais[20].

Un contemporain de Diego de Landa, le frère Juan de Zumárraga ("un nom qui devrait être aussi immortel que celui d'Omar", dit William Prescott dans son classique, *La Conquête du Mexique*[21]), fit de même avec les livres des Aztèques. Né en 1468 à Durango, en Espagne, Zumárraga avait étudié au monastère franciscain d'Aránzazu, au Pays basque. Devenu membre du Saint-Office de l'Inquisition, il fut chargé par l'empereur Charles V de sa première mission inquisitoriale, qui consistait à "chasser les sorcières de Biscaye", dans le Nord de l'Espagne. Zumárraga fit preuve d'une telle efficacité qu'on lui confia peu après le poste d'évêque désigné près le vice-roi du Mexique. En 1547, le pape Paul II fit de lui le premier archevêque du Mexique.

Zumárraga passa sept ans à la tête de l'Inquisition mexicaine, de 1536 à 1543, période pendant laquelle il rédigea un catéchisme à l'intention des néophytes indigènes et un bref manuel de doctrine chrétienne à l'usage des missions, il supervisa la traduction de la Bible en plusieurs langues indigènes et fonda le collège de Santa Cruz à Tlaltelolco, où l'on enseignait aux fils de l'aristocratie indigène le latin, la philosophie, la rhétorique et la logique afin qu'ils devinssent de "bons chrétiens". Le nom de Zumárraga est surtout associé, toutefois, à deux événements qui ont profondément affecté l'histoire du Mexique : il fut responsable de la création de la première imprimerie du Nouveau Monde ainsi que de la destruction de la plus grande partie de la vaste littérature de l'Empire aztèque.

Zumárraga était convaincu depuis longtemps de la nécessité d'imprimer sur place les livres utilisés pour la conversion des indigènes car il lui semblait difficile de contrôler, d'un bord à l'autre de l'Océan, l'exactitude des traductions en langues indigènes ou le contenu de livres doctrinaux destinés au public local. En 1533, à l'occasion d'un voyage en Espagne, il rendit visite à plusieurs imprimeurs à Séville dans le but d'en trouver un disposé à l'assister dans l'établissement d'une imprimerie à Mexico. Il se trouva un partenaire en la personne de Jacobo Cromberger, un juif converti possédant une grande expérience de la fabrication des livres, qui accepta d'investir dans cette entreprise transocéanique "une presse, de l'encre, des caractères et du papier, ainsi que d'autres instruments de la profession, le tout estimé à cent mille *maravedis*[22]", et d'envoyer comme son représentant l'un de ses assistants, un Italien du nom de Juan Pablos ou Giovanni Paoli.

Portrait datant du XVIᵉ siècle de l'archevêque Juan de Zumárraga.

Les voies de la censure sont mystérieuses. En tant qu'inquisiteur, Zumárraga avait l'obligation de chercher et de punir tous ceux qui étaient perçus comme des ennemis de l'Eglise catholique – idolâtres, adultères, blasphémateurs, sorciers, luthériens, Maures et juifs – et il le fit avec une férocité extraordinaire. Depuis l'époque de Colomb, il était interdit aux juifs convertis de s'établir dans les colonies. Mais les capitaux nécessaires pour s'établir dans le Nouveau Monde étant souvent aux mains de convertis juifs et maures, l'immigration clandestine se généralisa au cours des premières années du XVIᵉ siècle, et en 1536 il existait au Mexique une communauté juive assez importante. La première ordonnance mexicaine contre les hérétiques et les juifs date de 1523, elle décrète que quiconque dénoncera un juif converti qui pratique en secret sa religion bénéficiera d'un tiers des biens confisqués du juif (les deux autres tiers allant au trésorier royal et au juge). En conséquence, les accusations foisonnèrent et Zumárraga en particulier persécuta les juifs avec une détermination opiniâtre, allant souvent jusqu'à les condamner au bûcher sur le moindre soupçon de preuve[23]. Il est donc troublant d'apprendre que Zumárraga choisit pour établir son imprimerie mexicaine les services d'un juif converti. Bien qu'il dût avoir connaissance des origines de son partenaire, Zumárraga ne laissa aucun commentaire concernant son choix et, près de cinq siècles plus tard, nous pouvons nous demander comment l'inquisiteur justifiait ses relations avec "l'impur" Cromberger.

Nous ignorons également si Zumárraga était conscient du paradoxe qu'il y avait à créer des livres d'une main et à en détruire de l'autre. Peu après sa nomination à la tête de l'Inquisition, il envoya des troupes dans les coins les plus reculés de la colonie afin de débusquer toute personne soupçonnée de posséder des objets religieux ou des livres enluminés aztèques. Au moyen de la corruption ou de la torture, il découvrit les lieux où se trouvaient d'importantes collections d'œuvres d'art et des bibliothèques entières que les notables aztèques avaient dissimulées, "particulièrement en provenance de Tezcuco, écrit Prescott, la capitale la plus cultivée de l'Anáhuac et le principal dépôt des archives nationales". Finalement, après la collecte par ses émissaires d'une quantité ahurissante de tableaux et de livres, Zumárraga les fit entasser sur la place du marché de Tlaltelolco, et brûler. Le feu, rapportèrent des témoins, dura plusieurs jours et plusieurs nuits.

Grâce aux efforts d'autres Espagnols plus éclairés (frère Bernardino de Sahagún, par exemple, qui a sauvé et traduit de nombreux textes aztèques), nous pouvons nous faire une idée approximative de ce qui a été perdu : une vision complexe de l'univers, avec sa théologie, ses chants, ses récits, ses chroniques historiques, ses œuvres de philosophie et de divination, ses traités scientifiques et ses cartes astronomiques[24]. Parmi les trésors miraculeusement rescapés, on a découvert en 1925, dans les prétendues Archives secrètes du Vatican, quatorze des trente chapitres du *Livre des dialogues*, le dernier ouvrage majeur en nahuatl (l'une des nombreuses langues parlées dans l'Empire aztèque), écrit au milieu du XVIe siècle. Dans ce livre, un groupe de prêtres et d'érudits indigènes défend la conception du monde des Aztèques contre le dogme catholique dans une série dramatique de dialogues rappelant ceux de Platon. Des œuvres telles que le *Livre des dialogues* auraient aidé les Européens à comprendre les peuples qu'ils rencontraient et favorisé un échange de sagesse et d'expérience.

Même d'un point de vue politique et religieux, la destruction d'une culture adverse est toujours un acte stupide, car c'est le refus de toute possibilité d'allégeance, de conversion ou d'assimilation. Le dominicain espagnol Diego Durán, dans un texte écrit peu avant sa mort en 1588, affirmait que si l'on voulait tenter de convertir les indigènes du Nouveau Monde, il était nécessaire de connaître leurs coutumes et leur religion, et il blâmait ceux qui, à l'instar de Diego de Landa et de Zumárraga, avaient brûlé les livres anciens : "Ceux qui avec un zèle fervent (bien qu'avec peu de prudence) ont au début brûlé et détruit tous les anciens documents pictographiques étaient dans l'erreur. Ils nous ont laissés sans lumière pour nous guider – au point que les Indiens adorent des idoles en notre présence et nous ne comprenons rien à ce qui se passe dans leurs danses, sur leurs places publiques, dans leurs établissements de bains, dans les chants qu'ils chantent (quand ils pleurent leurs dieux et leurs seigneurs anciens), dans leurs repas et leurs banquets ; ces choses ne signifient rien pour nous[25]." Parmi les gens au pouvoir, rares furent ceux qui prêtèrent attention aux mises en garde de Durán.

La destruction des livres de l'Amérique précolombienne illustre bien la peur qu'inspirent aux puissants les vertus subversives de l'écrit. Il arrive que même la destruction des livres par le feu ne leur paraisse pas suffisante. Les bibliothèques sont, par essence, non seulement des affirmations mais aussi des remises en cause de l'autorité du pouvoir. Qu'ils soient conservatoires de l'histoire ou sources pour l'avenir, guides ou modes d'emploi pour des temps difficiles, symboles d'autorités passées ou présentes, les livres d'une bibliothèque représentent plus que leur contenu collectif et, depuis les origines de l'écriture, on les a considérés comme une menace. Peu importent les raisons de la destruction d'une bibliothèque : interdiction, réduction, déchiquetage, pillage ou mise à sac ont tous pour effet le surgissement (au moins en tant que présence fantomatique) d'une collection plus voyante, plus évidente et plus durable de tous les livres interdits, pillés, mis à sac, déchiquetés ou tronqués. Ces livres peuvent n'être plus consultables, ils peuvent n'exister que dans le souvenir imprécis d'un lecteur ou dans la mémoire, plus imprécise encore, de la tradition et de la légende, mais ils ont acquis une sorte d'immortalité. "Nous n'avons que du mépris, écrivait Tacite au Ier siècle, pour l'aveuglement de ceux qui croient pouvoir, d'un geste arrogant, éteindre jusqu'à la mémoire de la postérité. En réalité, leur sentence augmente le prestige des nobles intelligences qu'ils souhaitent réduire au silence, et des potentats étrangers, ou tous autres, qui ont appliqué semblable violence n'ont rien obtenu que la honte pour eux-mêmes et une renommée durable pour leurs ennemis[26]."

Les bibliothèques qui ont disparu ou auxquelles il n'a jamais été permis d'exister sont beaucoup plus nombreuses que celles que nous pouvons visiter et forment les liens d'une chaîne circulaire qui nous accuse et nous condamne tous. Trois siècles et demi après la réplique d'Omar, le célèbre Abu Amir al-Mansur, régent maure de Cordoue, livra aux flammes une collection exceptionnelle d'œuvres scientifiques et philosophiques recueillies par ses prédécesseurs dans les bibliothèques andalouses. Comme en réponse, à travers les âges, au jugement impitoyable d'Omar, cela fit dire à l'historien Saïd l'Espagnol : "Ces sciences étaient méprisées par les anciens et critiquées par les puissants, et on accusait ceux qui les étudiaient d'hérésie et d'hétérodoxie. Par la suite, tous ceux qui détenaient ces connaissances gardèrent le silence, se cachèrent et conservèrent leur savoir secret dans l'attente d'une époque plus éclairée[27]." On attend toujours. Cinq siècles après, en 1526, des soldats ottomans sous la conduite du sultan Soliman Ier entrèrent dans Buda et, dans une tentative d'annihilation de la culture du peuple conquis, incendièrent la grande bibliothèque Corvina, fondée en 1471 par le roi Mathias Corvin et réputée comme l'un des joyaux de la couronne hongroise[28]. Trois siècles encore après cette destruction, en 1806, les descendants de Soliman suivirent cet exemple en brûlant l'extraordinaire bibliothèque fatimide du Caire, qui contenait plus d'une centaine de milliers de volumes précieux[29].

A notre époque, les méthodes de censure dont disposent les gouvernements sont moins radicales mais toujours efficaces. En mars 1996, le ministre français de la Culture, Philippe Douste-Blazy, mécontent de la politique culturelle du maire d'Orange, membre du parti d'extrême droite de Jean-Marie Le Pen, ordonna l'inspection de la bibliothèque municipale de la ville. Publié trois mois plus tard, le rapport concluait que le maire avait exigé des bibliothécaires d'Orange qu'ils retirent des rayons certains livres et magazines : toutes les publications que les partisans de Le Pen étaient susceptibles de désapprouver, tous les livres d'auteurs critiques du parti et certaines littératures étrangères (des contes populaires d'Afrique du Nord, par exemple) considérées comme ne faisant pas partie de l'authentique héritage culturel français[30].

Les lecteurs, les censeurs le savent, sont définis par les livres qu'ils lisent. Encore sous le choc du 11 Septembre 2001, le Congrès des Etats-Unis fit passer une loi, la section 215 de l'*US Patriot Act*, qui autorise les agents fédéraux à obtenir

des listes de livres empruntés dans n'importe quelle bibliothèque publique ou achetés dans n'importe quelle librairie
privée. "Contrairement aux mandats de recherche traditionnels, ces nouveaux pouvoirs n'exigent des enquêteurs
aucune preuve de délit, et ne les obligent pas à apporter à un
tribunal la preuve que l'individu visé par leur enquête est
soupçonné d'un délit. Les employés des bibliothèques ne
sont pas autorisés à dire aux intéressés qu'ils font l'objet
d'une enquête[31]." De telles exigences ont amené un certain
nombre de bibliothèques aux Etats-Unis, s'inclinant devant
l'autorité, à reconsidérer l'achat de certains titres.

Parfois, ce n'est qu'un acte aveugle qui décide du sort
d'une bibliothèque. En 1702, l'érudit Arni Magnusson
apprit que les habitants de l'Islande frappés par la misère,
affamés et nus sous la botte danoise, avaient pillé les vénérables bibliothèques de leur pays – dans lesquelles étaient
conservés depuis plus de six cents ans d'irremplaçables
exemplaires des *Edda* – afin de se faire de ces parchemins
poétiques des vêtements d'hiver. Averti de ce vandalisme,
le roi Frédéric IV de Danemark chargea Magnusson de se
rendre en Islande et de récupérer les précieux manuscrits.
Il fallut dix ans à Magnusson pour déshabiller les voleurs
et rassembler la collection qui, toute salie et taillée en
pièces qu'elle était, fut réexpédiée à Copenhague où on la
conserva pieusement pendant encore quelque quatorze ans
– jusqu'à ce qu'un incendie la réduise en cendres illettrées[32].

Dans de telles conditions d'incertitude, y aura-t-il
toujours des bibliothèques ? Peut-être que non. Les bibliothèques virtuelles, si elles deviennent techniquement résis-
tantes, peuvent éviter certaines de ces menaces ; plus rien
ne justifierait l'obligation de sélectionner, puisque l'espace
cybernétique est pratiquement infini et, pour la majorité
des lecteurs, la censure devrait demeurer sans effet puisqu'un censeur, attaché à une administration et à un lieu, ne

peut empêcher un lecteur de faire apparaître un texte interdit en provenance de quelque zone lointaine, échappant au
pouvoir de ce censeur. Une mise en garde, néanmoins : le
censeur peut utiliser l'Internet à ses propres fins et punir le
lecteur après coup. En 2005, le géant Yahoo a fourni des
renseignements qui ont permis aux fonctionnaires de la
sécurité chinoise d'inculper un journaliste, Shi Tao, censé
s'être servi d'un site basé à New York pour obtenir et envoyer des textes interdits, et qui fut condamné pour cela à
dix ans de prison[33].

Pourtant, malgré ces dangers, les exemples de la liberté
offerte par la Toile sont nombreux. En Iran, sous la tyran-
nie des mollahs, les étudiants ont pu lire en ligne toutes
sortes de littératures prohibées ; à Cuba, les dissidents ont
accès sur l'Internet aux rapports publiés par Amnesty
International et d'autres organisations de défense des droits
de l'homme ; en Rhodésie, les lecteurs peuvent ouvrir sur
leurs écrans les livres d'écrivains interdits.

Et même le papier et l'encre peuvent survivre, parfois, à
une condamnation à mort. L'une des pièces disparues de
Sophocle s'intitulait *Les Amours d'Achille* ; ses exemplaires
ont dû périr l'un après l'autre, siècle après siècle, détruits
lors de pillages ou d'incendies, ou rayés des catalogues des
bibliothèques parce que, peut-être, le responsable considérait la pièce comme de peu d'intérêt ou d'une qualité littéraire insuffisante. Quelques mots, toutefois, ont été
miraculeusement préservés. "Pendant l'Age des Ténèbres,
explique l'un des personnages de Tom Stoppard dans sa
pièce intitulée *L'Invention de l'amour*, dans les derniers
miroitements de l'Antiquité classique, un homme a recopié
des extraits de vieux livres pour son jeune fils, dont le nom
était Septimius ; c'est ainsi que nous possédons une phrase
des *Amours d'Achille*. L'amour, disait Sophocle, est comme
de la glace tenue en main par des enfants[34]." J'ose espérer
que les rêves des brûleurs de livres sont hantés par de
modestes preuves comme celle-là de la survivance du livre.

VI

UNE FORME

Que nul ne pénètre s'il ne connaît la géo-
métrie.

Inscription sur la porte de Platon,
à l'Académie d'Athènes.

La première vision que j'ai eue de ce qui allait devenir ma bibliothèque était un amas de blocs de pierre et de poussière couvrant un espace rectangulaire de six mètres sur treize environ. Les pierres écroulées gisaient entre le pigeonnier et la chaufferie dont je voulais faire mon bureau ; un sable pulvérulent pleuvait sur les feuilles du lierre chaque fois qu'un oiseau se posait sur le mur mitoyen. L'architecte qui a finalement dessiné les plans de la bibliothèque (heureusement pour moi) habite le village. Elle a insisté pour qu'on applique au nettoyage du mur et à la reconstruction du lieu les méthodes traditionnelles, et elle a engagé des maçons expérimentés dans la manipulation de la pierre locale, le tuffeau, qui a la tendresse du grès et la teinte du beurre. C'était extraordinaire de voir travailler ces hommes, de les voir poser les pierres l'une à côté de l'autre, rangée sur rangée, avec le savoir-faire d'habiles typographes dans une imprimerie à l'ancienne. L'image s'imposait car, dans le parler local, les grosses pierres sont appelées "majuscules" et les petites "minuscules" et, pendant la construction de la bibliothèque, il semblait tout à fait approprié que ces héritiers des poseurs de briques de

L'accueillante Bibliothèque de référence de Toronto.

Babel mêlent dans leur labeur les pierres et les lettres.
"Passe-moi une majuscule", se criaient-ils l'un à l'autre,
pendant que mes livres attendaient en silence dans leurs
caisses le jour de leur résurrection.

Les livres confèrent à une pièce une identité particulière
qui peut, dans certains cas, remplacer celle de leur possesseur – propriété bien connue de grossiers personnages qui
demandent à être représentés devant un mur tapissé de

En haut : la bibliothèque du Roi à Buckingham House,
à Londres.
En bas : le plafond semi-cylindrique de la Biblioteca de
Catalunya, à Barcelone.

livres, dans l'espoir que cet arrière-plan leur prêtera un lustre d'érudition. Sénèque se moquait des lecteurs ostentatoires qui comptaient sur de tels murs pour les parer d'un prestige intellectuel ; il prônait la possession d'un nombre réduit de livres et non "des interminables bibliothèques dont les ignorants décorent leurs salles à manger[1]". De son côté, le lieu où nous rangeons nos livres modifie les relations que nous avons avec eux. On ne lit pas de la même façon assis dans un cercle ou dans un carré, dans une pièce basse de plafond ou sous de hautes solives. Et l'atmosphère mentale que l'on crée en lisant, cet espace imaginaire que l'on construit lorsqu'on se perd dans les pages d'un livre, l'espace matériel de la bibliothèque la confirme ou la réfute, de même que l'affectent l'emplacement des étagères, la surabondance ou la rareté des livres, des caractéristiques d'odeur et de toucher et les différents degrés de lumière et d'ombre. "Un bibliothécaire est toujours un peu architecte, remarquait Michel Melot, directeur de la bibliothèque du centre Pompidou, à Paris. Il bâtit sa collection comme un ensemble à travers lequel le lecteur doit circuler, se reconnaître, vivre[2]."

La bibliothèque que j'avais imaginée pour mes livres bien avant que ses murs ne s'élèvent reflétait déjà la manière dont je souhaitais lire. Il y a des lecteurs qui aiment

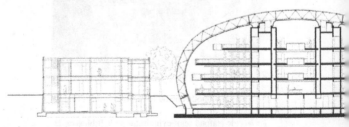

Coupe de la bibliothèque en forme de cerveau de la Freie Universität de Berlin.

prendre une histoire au piège dans l'exiguïté d'un lieu clos ;
d'autres pour lesquels un vaste espace public circulaire est
celui qui leur permet le mieux d'imaginer le développement du texte vers de lointains horizons ; d'autres encore
qui se complaisent dans un labyrinthe de pièces à travers
lesquelles ils peuvent errer, chapitre après chapitre. J'avais
rêvé d'une longue salle basse où il régnerait toujours
autour des flaques de lumière sur la table de travail assez
d'obscurité pour suggérer qu'il fait nuit dehors, un espace
rectangulaire dont les murs se refléteraient mutuellement
et dans lequel j'aurais toujours l'impression que les livres
de part et d'autre sont presque à portée de main. J'ai lu un
peu au hasard, en laissant les livres s'associer librement,
suggérer des liens par leur simple proximité, se héler d'un
bout à l'autre de la pièce. La forme que j'ai choisie pour
ma bibliothèque encourage mes habitudes de lecture.

L'idée d'une bibliothèque représentée sur papier, encore
inhabitée par les lecteurs et les livres, encore dépourvue
d'étagères et de cloisons, n'est autre chose que le canevas
d'un mode de lecture donné, la réduction d'un univers
encore informe à sa plus simple expression : une forme
géométrique pure. Les espaces carrés contiennent et divi-
sent ; les ronds proclament la continuité ; d'autres formes
évoquent d'autres qualités. La Bibliothèque de référence

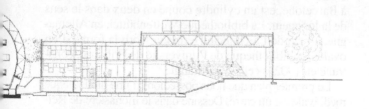

Les tours en forme de livre de la Bibliothèque de France, à Paris.

de Toronto est une suite de disques superposés. La bibliothèque de Buckingham House (où le roi George III rangeait ses livres) était octogonale. La première bibliothèque Ambrosiana, à Milan, logée dans trois maisons réaménagées qui eussent à peine convenu à "des porcs et des prostituées[3]", occupait un rectangle étroit. La bibliothèque de la Freie Universität de Berlin, conçue par Norman Foster à la ressemblance d'un crâne, est aujourd'hui familièrement appelée le Cerveau. La bibliothèque de France, à Paris, a la forme d'une table retournée. La Biblioteca de Catalunya, à Barcelone, est un cylindre coupé en deux dans le sens de la longueur. La bibliothèque Wolfenbüttel, en Allemagne, a reçu de l'architecte Hermann Korb la forme d'un ovale. La bibliothèque de l'université de Fribourg, construite en 1902, a celle d'un triangle.

Le premier plan que nous possédions d'une bibliothèque médiévale est un carré. Dessiné dans le monastère de Reichenau pour l'abbaye de Saint-Gall, en Suisse, il date des

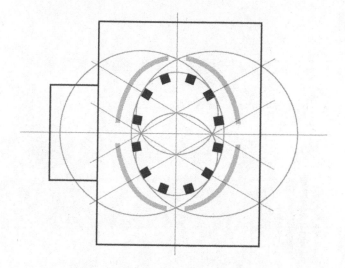

Plan au sol de la bibliothèque de Wolfenbüttel.

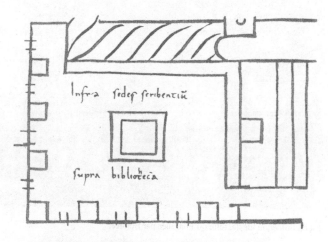

Infra fedef feribentiŭ

fupra bibliotheca

Plan d'une bibliothèque pour un monastère carolingien.

La bibliothèque idéale, telle qu'imaginée par Boullée.

La salle Labrouste à la Bibliothèque nationale, à Paris.

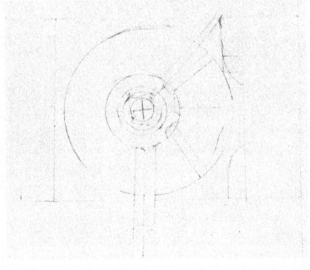

Premier croquis de la salle de lecture dessiné par Panizzi et daté du 18 avril 1852.

alentours de l'an 820 et est divisé en deux étages. Au rez-de-chaussée se trouve le *scriptorium*, dont deux côtés sont occupés par sept petits pupitres placés sous autant de fenêtres, avec une grande table au milieu de la pièce. L'étage supérieur est consacré au rangement des livres, avec un corridor menant au grand chœur où sont conservés les ouvrages liturgiques[4]. Le résultat (excepté le corridor et le chœur) constitue un cube parfait dans lequel la moitié supérieure reflète l'inférieure : les livres fabriqués en bas sont rangés en haut et puis, à leur tour, mis à la disposition des copistes, en une chaîne sans fin de reproduction littéraire. Nous ne savons pas si ce plan fut jamais réalisé mais, pour l'architecte anonyme, la forme harmonieuse du carré devait correspondre à l'espace parfait pour la création, la conservation et la consultation des livres.

Une bibliothèque à angles droits suggère la division en parties et sujets, cohérente avec la conception médiévale d'un univers compartimenté et hiérarchisé ; plus généreuse, une bibliothèque ronde permet au lecteur d'imaginer que chaque page est aussi la première. Idéalement, pour de nombreux lecteurs, une bibliothèque devrait être une combinaison des deux, l'intersection d'un cercle et d'un rectangle, ou d'un ovale et d'un carré, comme le sol d'une basilique. Cette idée n'est pas nouvelle.

Vers la fin du XVIIe siècle, la bibliothèque royale de France était passée de la collection privée constituée par Louis XI au XVe siècle à un ensemble considérable de collections, résultat de donations, de pillages et du décret royal instituant le "dépôt légal", signé en 1537 et stipulant l'obligation de déposer au château de Blois deux exemplaires de chaque livre imprimé en France[5]. A l'époque de la Révolution française, il était devenu évident que cette bibliothèque nationale en constante expansion avait besoin d'être relogée et, au cours du siècle suivant, un grand nombre de propositions furent avancées pour résoudre la question. Quelques enthousiastes suggérèrent de déménager la collection vers un édifice parisien existant, tel que l'église de la Madeleine (alors en chantier), le Louvre (Napoléon signa un décret en ce sens, qui ne fut jamais appliqué), les bureaux du gouvernement au quai d'Orsay, le marché aux veaux, où l'on abattait les bêtes, voire l'hôpital de la Charité, d'où il aurait fallu évacuer les patients. D'autres imaginèrent la construction de nouveaux bâtiments de styles et de dimensions variés et leurs propositions, de la plus excentrique à la plus pratique, témoignent d'une recherche de la forme idéale qui accorderait aux lecteurs la liberté de mouvement indispensable et, en même temps, ferait de leur lieu de travail la source des meilleures influences.

Etienne Louis Boullée, l'un des architectes les plus imaginatifs de tous les temps, proposa en 1785 une longue galerie, haute de plafond et aux proportions gigantesques, inspirée par les ruines de la Grèce antique, dans laquelle le rectangle de la galerie serait coiffé d'un plafond cintré et où les lecteurs pourraient aller et venir sur de longues mezzanines superposées en terrasses, à la recherche du volume de leur choix. Le projet ne dépassa jamais le stade du dessin, où n'étaient guère suggérées les possibilités d'isolement et de concentration. La magnifique bibliothèque de Boullée avait des allures de tunnel et ressemblait davantage à un passage qu'à un lieu d'accueil, elle semblait moins destinée à une lecture tranquille qu'à une consultation rapide.

Cinquante ans plus tard, l'architecte Benjamin Delessert imagina une bibliothèque elliptique au cœur d'un bâtiment rectangulaire, avec des étagères rayonnant à partir du centre dans toutes les directions. Les employés seraient assis au milieu, de manière à tenir les lecteurs à l'œil, mais on objecta qu'à moins que le bibliothécaire pût être installé, armé d'un télescope et d'un porte-voix, sur un pivot tournant sans cesse[6], la sécurité ne serait jamais assurée. En outre, les tables de lecture, placées entre les étagères, seraient désagréablement coincées et donneraient aux lecteurs un sentiment de claustrophobie. En dépit de ces objections, l'idée d'un point d'accueil centralisé, entouré par les tables et les étagères, ne perdit jamais son attrait.

Finalement, en 1827, le hasard, ayant voulu que plusieurs immeubles devinssent disponibles sur la rive droite de la Seine, offrit au projet un site tout fait. L'ancien hôtel Tubeuf, au coin des rues Vivienne et des Petits-Champs, fut abandonné par le Trésor et au même moment la ville eut la possibilité d'acquérir quelques maisons et boutiques adjacentes. Il fallut encore une trentaine d'années pour que les autorités acceptent les plans de rénovation des lieux. L'architecte chargé du projet définitif était Henri Labrouste, qui s'était fait une réputation avec la rénovation d'une autre importante bibliothèque de Paris, la bibliothèque Sainte-Geneviève[7].

Labrouste était conscient du fait qu'une bibliothèque nationale est à la fois un monument et le lieu partagé d'un labeur quotidien, à la fois le symbole de la richesse intellectuelle d'un pays et l'espace où, en pratique, des lecteurs ordinaires doivent pouvoir se consacrer à leur tâche dans le confort et avec efficacité. La forme et les dimensions devaient dès lors suggérer l'immensité et l'intimité, la majesté et un isolement discret. Labrouste conçut la grande salle de lecture – le cœur de la bibliothèque – comme un cercle à l'intérieur d'un carré, ou plutôt une série de cercles dominant d'en haut le carré des lecteurs assemblés – neuf dômes de verre par où la lumière du jour venait illuminer l'espace quadrangulaire au-dessous. Comme dans le projet de Delessert, le préposé surveillait ses ouailles d'un poste situé au centre de la salle et entouré de balustrades, où il pouvait se tourner dans toutes les directions nécessaires. De hautes colonnes en métal supportaient les arches des dômes, donnant à l'intérieur l'apparence d'un jardin d'hiver, et dans les cinq étages de bibliothèques qui couvraient les murs de tous côtés, il y avait place pour plus d'un million de volumes.

La salle de lecture de la British Library, représentée dans *The Illustrated London News*.

Trente ans plus tard, de l'autre côté de la Manche, la nouvelle salle de lecture de la bibliothèque du British Museum, à Londres, fut complétée selon un schéma similaire, sauf qu'une seule coupole surmontait l'espace circulaire et que les tables de lecture rayonnaient à partir du centre, sous contrôle de l'inévitable bibliothécaire. A cette époque, le British Museum (institution qui l'accueillait) existait depuis plus d'un siècle et avait vu se succéder six salles de lecture antérieures et peu regrettées. La première avait été une pièce sombre et étroite pourvue de deux petites fenêtres et dont les administrateurs avaient décidé, en 1785, l'aménagement en salle de lecture, avec "une table de bois appropriée, couverte de feutre vert", et vingt chaises. La sixième, en usage de 1838 à 1857, avait consisté en deux hautes salles à peu près carrées, contenant plus de dix mille ouvrages de référence et vingt-quatre tables. La ventilation y était inefficace ; les lecteurs se plaignaient d'avoir froid aux pieds et toujours trop chaud à la tête. Beaucoup souffraient de ce que l'on appela le *Museum headache*, le mal de tête du musée, et d'une déplaisante "puce du musée" qui, prétendit un lecteur, était "la plus grosse qu'on pût trouver ailleurs que dans les bureaux de la réception d'un hospice[8]". La septième salle de lecture, inaugurée en mai 1857, était conçue de manière à éviter ces inconvénients tout en offrant plus de place aux livres. Sa forme – un cercle à l'intérieur d'un carré – avait été suggérée par Anthony Panizzi, le plus éminent des responsables de la bibliothèque du British Museum, qui déclara un jour que "chaque étagère, chaque cheville et chaque pivot du nouvel édifice a été pensé et précisé pendant les heures d'insomnie nocturne[9]".

A l'instar de Panizzi, Labrouste, fervent bibliophile, était convaincu qu'il importait de donner à ce vaste lieu une mesure humaine, même dans les zones annexes de la salle de lecture. Dans les réserves, il ne suffisait pas que la multitude des livres eût sa place ; il fallait aussi qu'ils

Les rayonnages de la Bibliothèque nationale étaient accessibles sans échelle :
leurs dimensions étaient déterminées par l'envergure et la hauteur d'un corps
d'homme.

demeurent accessibles au lecteur ordinaire. La largeur de chaque section d'étagères était donc déterminée par la portée des bras d'un individu moyen (afin que les lecteurs puissent prendre des livres d'un côté et de l'autre sans devoir bouger), et leur hauteur par celle d'un bras levé (afin que les lecteurs aient accès aux rayons supérieurs sans avoir besoin d'un escabeau ou d'une échelle à glissière). Si vaste que fût la salle, elle ne paraissait jamais surpeuplée sous les dômes de verre. Bien que la salle de lecture pût accueillir des centaines de lecteurs en même temps, chacun occupait un espace privé où il était assis à un bureau numéroté équipé d'un encrier et d'un plumier, et chauffé en hiver par une combinaison de poêles en fonte et de radiateurs à eau chaude qui servaient également de repose-pieds. Ayant travaillé dans ces deux salles, la salle Labrouste et celle de la bibliothèque du British Museum, je connais la sensation mêlée d'espace et d'intimité, de grandeur et d'isolement que la combinaison du cercle et du carré confère à de tels espaces.

D'autres formes suggèrent d'autres qualités physiques. Un simple rectangle, par exemple, peut susciter une impression différente de limitation et d'illimité, de continuité et de séparation, ainsi qu'en témoigne l'une des plus belles bibliothèques jamais construites, la bibliothèque Laurentienne de Florence. Par miracle, il existe un croquis de son concepteur : un bout de papier, à peine plus grand qu'un billet d'un dollar, conservé dans les archives Buonarrotti, avec un coin déchiré où l'artiste avait peut-être griffonné un court message. On ne voit sur ce croquis qu'un rectangle de lignes doubles coupées par intermittence de quelques traits brefs qui représentent, nous dit-on, des contreforts en pierre. Ce dessin de la main de Michel-Ange est le premier brouillon que nous possédions de ce qui allait être "son premier bâtiment, celui dont la réalisation serait la plus

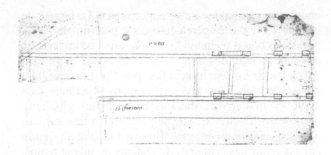

La première esquisse de Michel-Ange pour la bibliothèque Laurentienne.

complète et que l'on peut à juste titre considérer comme sa contribution la plus originale à l'architecture de la Renaissance[10]". Il n'y a que deux mots inscrits sur ce papier, l'un au-dessus du rectangle, *orto* (jardin), et l'autre au-dessous, *chiostro* (cloître). Bien qu'au début le site exact de la bibliothèque n'eût pas encore été désigné, une fois que Michel-Ange en eut imaginé la forme future, il put également en préciser l'emplacement – la partie centrale du bâtiment principal du monastère de San Lorenzo, quelque part entre le jardin et la cour du cloître.

L'idée d'une grande bibliothèque monastique à San Lorenzo où l'on pût abriter la superbe collection amassée par les Médicis avait été proposée par le cardinal Giulio de Médicis dès 1519, plusieurs années avant la décision effective qui, pour des raisons financières, dut attendre 1523 avant de devenir officielle. C'était l'année où le cardinal devint le pape Clément VII. Aux yeux du pape Clément, une bibliothèque était vraiment une bibliothèque : non pas un lieu ostentatoire tapissé de volumes luxueux, mais un endroit où conserver des livres et faire usage de l'écrit, une institution qui avait pour but de servir le public instruit en complétant grâce à ses trésors les possessions moins considérables des collections universitaires.

Clément était le petit-fils de Laurent le Magnifique, qui devait donner son nom à la grande collection des Médicis. Il était le fils bâtard de Giuliano de Médicis et de sa maîtresse Fioretta mais, sans tenir compte de sa naissance illégitime, son cousin le pape Léon X, faisant fi des objections, le nomma archevêque de Florence et également cardinal. Bien que dépourvu des talents politiques de son grand-père, Clément était, comme lui, un homme de lettres et un amateur d'art. Il s'opposa avec obstination aux mouvements de réforme qui se répandaient dans l'Eglise catholique et appuya les mesures prises contre Luther et les princes protestants d'Allemagne. C'était avant tout un Médicis et un Florentin, très opposé au changement, un souverain qui cherchait plutôt à s'assurer des avantages sociaux et artistiques de sa position. Mécène ambitieux et sagace, il soutint des écrivains tels que Francesco Guicciardini et Nicolas Machiavel, ainsi que des artistes comme Benvenuto Cellini, Raphaël et Michel-Ange[11]. Clément était un connaisseur, pas seulement un admirateur des œuvres qu'il commanditait. La correspondance entre lui et Michel-Ange, du début à la fin de la construction de la bibliothèque, témoigne de son souci du détail. Pendant trois années entières, de 1523 à 1526, le pape Clément à Rome et Michel-Ange à Florence échangèrent des lettres trois ou quatre fois par semaine. Lettre après lettre, Clément suggérait à Michel-Ange – mais une suggestion papale avait le poids d'un ordre – toutes sortes d'aménagements et de dispositions : que les textes latins soient séparés des grecs, que les livres rares soient conservés dans de petites armoires individuelles, que l'on renforce les fondations de l'édifice, que le plafond soit voûté afin de diminuer les risques d'incendie. Avec une anxiété exaspérante, il voulait tout savoir : combien de bureaux Michel-Ange avait prévus pour la salle de lecture, combien de livres on pourrait poser sur chaque bureau, où Michel-Ange avait l'intention de se procurer le noyer pour les tables et par quel procédé le bois serait traité. Il donnait son avis sur tout, du dessin des portes à l'importance de l'éclairage, de l'endroit où on pouvait trouver le meilleur travertin pour fabriquer de la chaux au nombre de couches de stuc qu'il fallait appliquer sur les murs. La plupart du temps, Michel-Ange répondait promptement et avec diplomatie, tantôt en acceptant ces suggestions, tantôt en les ignorant[12].

Conservateur en politique, Clément était plus ouvert aux innovations en matière de création. Quand Michel-Ange lui expliqua qu'il voulait éclairer le vestibule de la bibliothèque au moyen de lanterneaux circulaires, Clément se déclara enchanté de cette idée mais fit observer qu'il faudrait employer au moins deux personnes "rien que pour entretenir les vitres[13]". Michel-Ange (dont l'obstination était l'un des traits les plus notoires) n'attendit pas, toutefois, l'accord du pape sur tous les points et il commença à dresser les murs en décembre 1525, trois mois avant que Sa Sainteté n'eût approuvé le projet définitif.

Lorsqu'il avait reçu commande de la bibliothèque en 1523, Michel-Ange avait quarante-huit ans. Célèbre dans l'Europe entière, il était aux yeux des mécènes et des autres artistes un peintre, sculpteur, architecte et poète aux talents incontestables. Dans tous les domaines, il associait le monde matériel au monde des idées, de telle sorte que les lois de l'un se mêlaient aux lois de l'autre. Pour Michel-Ange, les propriétés du bois et du marbre étaient reflétées dans celles de l'imagination et de la raison ; à ses yeux, esthétique et physique, éthique et mathématiques avaient en commun la même matière, la même substance. Dans un sonnet inachevé composé à l'époque où il travaillait à San Lorenzo, il écrivit :

> *Puisque nul bois ne préserve*
> *L'humidité qui est sienne, une fois ôté de sa terre,*
> *Il ne peut éviter qu'à chaleur plus ou moins grande*
> *Ne se dessèche ou ne flambe ou ne se consume.*

Ainsi de mon cœur, volé par qui ne le rendra jamais,
Vivant dans les larmes et nourri par les flammes,
A présent qu'il est loin de sa demeure,
Quel coup ne lui serait fatal [14] ?

La confiance de Michel-Ange dans la capacité des choses matérielles à reproduire des pensées et des sentiments en fonction de règles objectives est évidente dans la bibliothèque Laurentienne. Trois chantiers différents furent confiés à Michel-Ange. Le premier, la façade, ne fut jamais terminé. Le deuxième, la chapelle Médicis, est un projet qu'il entreprit tardivement, après que d'autres artistes y eurent travaillé pendant des années et, même s'il y fit preuve du meilleur de son talent, sa contribution demeura partielle. Le troisième, la bibliothèque, est entièrement la création de Michel-Ange.

La bibliothèque devant servir avant tout de lieu de travail, on donna à l'intérieur une plus grande importance esthétique qu'à l'extérieur. Installée (par crainte des inondations) au deuxième étage, elle comporte un vestibule, un escalier magnifique et d'une originalité étonnante et une vaste salle de lecture qui semble tendre vers un point de fuite sur l'horizon invisible. L'espace entier de la bibliothèque est composé de rectangles : les ouvertures flanquées de colonnes dans les murs où se trouvent les fenêtres, ouvertes ou aveugles ; les rangées de tables de part et d'autre de la salle ; la majestueuse allée centrale ; le plafond à caissons. On imagine sans difficulté l'effet produit par les grands codex enluminés et les volumes in-octavo ouverts sur les pupitres inclinés, auxquels répondent les formes également rectangulaires des murs, du sol et du plafond, de sorte que chacun des éléments de l'architecture et de la décoration rappelle au lecteur la relation intime existant entre le monde et le livre, l'espace matériel illimité qui, dans la bibliothèque, est divisé en zones évoquant des pages. Le motif central du plafond en bois sculpté du vestibule n'est pas un rectangle, toutefois, mais

Bibliothèque Laurentienne : l'escalier de Michel-Ange.

consiste en quatre cercles entrecroisés représentant l'anneau de diamant des Médicis, et ce motif est répété dans les carreaux jaunes et rouges au sol de la bibliothèque proprement dite, évoquant pour les lecteurs les quatre coins connexes de l'univers de Dieu reflétés dans la rédaction par les quatre évangélistes de la parole divine.

Giorgio Vasari, un contemporain de Michel-Ange, parle de la "licence" que l'artiste s'est accordée en s'écartant des notions classiques de proportion et d'ordre, licence à laquelle, dit-il, "tous les artistes sont grandement et à jamais redevables". Selon Vasari, il n'est nul endroit où Michel-Ange ait mieux démontré ces idées nouvelles que dans la bibliothèque Laurentienne, "notamment dans la belle distribution des fenêtres, le motif du plafond et la merveilleuse entrée du vestibule. Et jamais l'on n'a vu grâce aussi assurée, dans le détail comme dans l'impression générale, que dans les consoles, tabernacles et corniches, ni escalier plus commode. Et dans cet escalier, il a fait de si étranges ruptures dans le dessin des marches et il s'est éloigné en tant de détails et si largement des pratiques normales que tout le monde en fut étonné[15]."

L'escalier que Vasari admirait tant est en effet une merveille. Michel-Ange l'avait conçu en noyer et non dans la pierre grise finalement utilisée par le sculpteur florentin Bartolomeo Ammanati qui l'exécuta en 1559, vingt-cinq ans après que Michel-Ange eut quitté Florence en 1534. Mais même en pierre grise au lieu du bois sombre qui aurait préparé le visiteur au matériau des tables et du plafond de la salle de lecture, l'escalier suggère une complexité spatiale qui semble presque impossible dans un espace si limité, un passage d'une complexité laborieuse qui propose au moins trois itinéraires différents, obligation de choix convenant tout à fait à qui pénètre dans le royaume des livres. La surface réservée au vestibule est petite ; Michel-Ange la traite comme si elle était grande, et l'escalier descend en cascade depuis les balustrades devant la porte en trois volées sans rampe, celle du milieu faite de marches incurvées terminées chacune par une volute, les deux latérales rectangulaires mais, en atteignant le sol, progressivement métamorphosées en losanges. Dans une lettre à Vasari écrite de Rome avant le commencement de la construction, Michel-Ange dit que, certes, il se souvenait de son dessin original pour l'escalier mais seulement "comme dans un rêve". C'est là le caractère qui définit le mieux l'œuvre achevée.

Pourtant, ce qui apparaissait à Vasari comme une surprenante nouveauté était plutôt un perfectionnement des conceptions primitives de la forme que devait avoir une bibliothèque. Les exemples sont nombreux. L'un des premiers date de 2300 avant J.-C. Des fouilles archéologiques menées en 1980 sur le site du palais royal d'Ebla, en Syrie, ont mis au jour une salle rectangulaire contenant les vestiges d'une bibliothèque : plus de quinze mille tablettes qui devaient avoir été rangées sur des étagères en bois le long des murs ; les étagères ayant brûlé après que des envahisseurs eurent incendié le palais, les tablettes étaient tombées en tas sur le sol[16]. On s'est aperçu que la

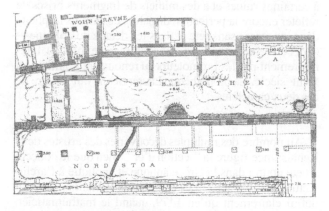

Plan au sol de la bibliothèque de Pergame.

bibliothèque de Pergame a été, vingt-cinq siècles plus tard, conçue selon le même schéma. Ses ruines ont révélé qu'elle consistait en un rectangle formé par une succession de salles : la première et la plus grande utilisée pour des réunions, les trois suivantes consacrées au rangement. Les lecteurs consultaient les rouleaux dans l'espace précédant les salles, abrité par une colonnade. A Rome, dans la bibliothèque du forum de Trajan, construite en l'an 112, le schéma était un peu différent : on avait maintenu la forme rectangulaire mais éliminé la division en salles plus petites[17]. En dessinant les plans de la bibliothèque Laurentienne, Michel-Ange était conscient de faire évoluer un ancien schéma pratique, bien connu de Platon et de Virgile.

Il semble que, pendant sa vie entière, Michel-Ange ait poursuivi deux idéaux opposés et néanmoins complémentaires du monde antique. L'un était l'idéal de perfection, le caractère achevé de l'art grec qui, pensait-il ainsi que ses contemporains, donnait à chacun de ses chefs-d'œuvre l'apparence durable d'une chose complète en soi. L'autre était sa nature fragmentaire, résultat du temps et du hasard et qui, aux yeux des artistes de la Renaissance, permettait à certaines ruines et à des milliers de fragments brisés de refléter encore la perfection disparue, désormais implicite dans les torses sans tête et dans les détails de colonnes[18] – découverte esthétique abondamment exploitée ultérieurement par les promoteurs du renouveau gothique au XVIIIe siècle. La bibliothèque Laurentienne fait montre de ces deux caractères.

Au nombre des multiples découvertes des artistes de la Renaissance figure la "section d'or". Bien que le concept ait été connu dans la Grèce antique et appliqué à l'architecture tant par les Grecs que par les Romains, il ne fut défini clairement qu'en 1479, quand le mathématicien Luca Pacioli, dans un livre illustré par Léonard de Vinci et qui ne serait imprimé que dix ans plus tard, le décrit comme "un segment coupé de telle façon que la section la plus petite est à la plus grande comme la plus grande au segment entier[19]". La satisfaisante perfection d'une telle mesure ne peut être expliquée mathématiquement et possédait dès lors (comme aujourd'hui encore) une qualité esthétique magique, comme un équilibre physique pour lequel n'existe aucune formule. Le rectangle de la salle de lecture dessinée par Michel-Ange, dont les côtés correspondent aux proportions idéales dictées par cette "section d'or", rend hommage à la beauté équilibrée d'un temple grec ou d'une cour romaine et réduit les admirables proportions de notre vaste univers à une mesure qui plaît à nos yeux humains. Les fenêtres strictes et les volutes répétées, l'escalier complexe et dynamique illustrent parfaitement la nature paradoxale d'une bibliothèque. Les premières suggèrent qu'il peut s'agir d'un lieu ordonné, contenu, où notre connaissance de l'univers peut être entreposée avec grâce ; le deuxième, que nul ordre, nulle méthode, nulle élégante conception ne pourront jamais l'embrasser entièrement.

VII

LE HASARD

> *La fonction idéale d'une bibliothèque est un peu celle de l'étal d'un bouquiniste : un lieu où on peut faire des trouvailles.*
>
> UMBERTO ECO,
> "What is the Name of the Rose".

Une bibliothèque n'est pas seulement un endroit où règnent l'ordre et le chaos ; c'est aussi le royaume du hasard. Même après qu'on leur a attribué une étagère et un numéro, les livres conservent une mobilité bien à eux. Laissés à eux-mêmes, ils se rassemblent en formations inattendues ; ils observent des règles secrètes de similarité, de généalogies non attestées, de communautés d'intérêts ou de thèmes. Abandonnées dans des coins oubliés ou empilées au chevet de notre lit, dans des caisses ou sur des étagères, attendant d'être triées et cataloguées un jour lointain plusieurs fois reporté, les histoires que referment les livres se massent autour de ce que Henry James appelait une "intention générale" qui, souvent, échappe au lecteur : "le fil sur lequel sont enfilées les perles, le trésor enfoui, le motif dans le tapis[1]".

Pour Umberto Eco, une bibliothèque doit avoir le côté imprévisible d'un marché aux puces. Le dimanche matin, une brocante s'installe dans l'un des villages de nos environs. Elle n'a ni les prétentions des marchés aux puces bien établis à Paris, ni le prestige des foires régulièrement organisées par des antiquaires dans toute la France. La brocante est un pot-pourri où l'on voit de tout, des meubles paysans massifs du XIXᵉ siècle à d'antiques brocarts et dentelles, des porcelaines et cristaux ébréchés aux clous et outils de jardinage rouillés, de déplorables peintures à l'huile à des photos de famille anonymes, des poupées borgnes en plastique, des autos miniature fatiguées. Ces campements commerciaux ont quelque chose des anciennes cités en ruine imaginées par Stevenson du point de vue d'un enfant :

> Quand je serai grand je viendrai là
> Avec une caravane de chameaux ;
> J'allumerai un feu dans la pénombre
> D'une salle à manger poussiéreuse ;
> Je verrai les tableaux aux murs,
> Héros, combats et fêtes ;
> Et dans un coin je trouverai les jouets
> Des garçons de l'ancienne Egypte [2].

Dans les brocantes, ce sont en général des caisses pleines de cartes postales, d'imprimés et de calendriers et, surtout, les livres qui éveillent mon intérêt. Parfois, les livres sont exposés sous une bannière évidente : histoire de la région ou arcanes des Temps Nouveaux, élevage d'animaux ou romans d'amour. Mais la plupart du temps ils sont empilés au hasard, volumes esseulés, reliés cuir, de traductions d'Homère datant du XVIIIᵉ siècle à côté de Simenon jaunis de l'époque de la guerre, belles éditions de romans signés (j'ai trouvé un exemplaire daté de 1947 du *Chéri* de Colette, avec cette dédicace mystérieuse : "A Gloriane, qui essaie de «réparer» les femmes, et qui – ô merveille ! – y réussit", dans une boîte de "deux pour huit euros") en compagnie de best-sellers américains oubliés depuis longtemps.

Salle de lecture de la bibliothèque Habott, en Mauritanie.

Les livres sont réunis à cause des foucades d'un collectionneur, des avatars d'une communauté, du passage des guerres et du temps, à cause de la négligence ou du soin dont ils ont été l'objet, à cause du caractère impondérable de la survie, de la sélection aveugle opérée par les chiffonniers, et il peut falloir des siècles avant que leur assemblée n'acquière la forme identifiable d'une bibliothèque. Toute bibliothèque, ainsi que l'a découvert Dewey, doit avoir un ordre, et pourtant tout ordre n'est pas voulu ni structuré de manière logique. Il y a des bibliothèques qui doivent leur création à des affectations de goût, à des cadeaux, à des rencontres de hasard. Dans le désert de l'Adrar, au centre de la Mauritanie, les villes oasis de Chinguetti et Ouadane abritent encore des douzaines de vénérables bibliothèques qui doivent leur existence aux caprices de caravanes de passage, chargées d'épices, de pèlerins, de sel et de livres. Du XVe au XVIIIe siècle, ces villes étaient des haltes obligatoires sur la route de La Mecque. Les livres déposés là au fil des ans, pour des raisons commerciales ou de sécurité – trésors où figuraient des œuvres en provenance des célèbres écoles coraniques de Grenade et de Bagdad, du Caire et de Meknès, de Cordoue et de Byzance –, sont logés à présent dans les demeures privées de plusieurs familles distinguées. A Chinguetti, par exemple – une oasis fière de ses douze mosquées et des vingt-cinq mille habitants du temps de son âge d'or, au XVIIIe siècle –, cinq ou six familles parmi les trois mille âmes restantes conservent désormais, pour le lecteur curieux, plus de dix mille volumes d'astronomie, de sociologie, de commentaires du Coran, de grammaire, de médecine et de poésie[3]. Nombre d'entre eux furent empruntés à de savants voyageurs et copiés par les bibliothécaires de ces cités érudites : parfois, en un processus inverse, des étudiants y venaient passer des mois à copier l'un des livres conservés sur les étagères des bibliothèques.

On raconte à Ouadane l'histoire d'un mendiant qui, au début du XVe siècle, se présenta aux portes de la ville affamé et en haillons. On le fit entrer dans la mosquée, on le nourrit, on le vêtit ; mais personne ne put lui faire révéler son nom ou celui de sa ville natale. Tout ce que cet homme paraissait désirer, c'était de passer de longues heures au milieu des livres d'Ouadane, à lire dans un silence parfait. Finalement, après plusieurs mois d'un comportement aussi mystérieux, l'imam perdit patience et dit au mendiant : "Il est écrit que celui qui garde pour lui le savoir ne sera pas bien accueilli dans le royaume des cieux. Chaque lecteur n'est qu'un chapitre dans la vie d'un livre, et s'il ne transmet pas son savoir aux autres, c'est comme s'il condamnait le livre à être enterré vif. Souhaites-tu un tel sort pour les livres qui t'ont si bien servi ?" A ces mots, l'homme prit la parole et prononça un long et merveilleux commentaire du texte sacré qu'il avait devant lui. L'imam comprit que son visiteur était un savant célèbre qui, désespéré par la surdité du monde, avait promis de garder le silence jusqu'à ce qu'il arrivât en un lieu où l'étude était authentiquement à l'honneur[4].

Le point de départ d'une bibliothèque est chose impondérable. En l'an 336 de notre ère, un moine bouddhiste dont le nom n'est pas arrivé jusqu'à nous partit en pèlerinage en empruntant la grande route de la Soie, entre le désert de Gobi et les terres désolées du Taklamakan, dans cette vaste contrée de l'Asie centrale qui, deux siècles plus tôt, avait reçu du géographe grec Pausanias le nom de Serès, d'après le mot signifiant "ver à soie"[5]. Là, parmi le sable et les pierres, le moine eut une vision de son seigneur au milieu d'une constellation faite d'un millier de points lumineux (que les incroyants ont tenté d'expliquer comme l'effet des jeux du soleil sur les éclats de pyrite éparpillés sur le flanc des montagnes de cette région). Pour célébrer cette vision, le moine creusa une grotte dans les rochers, en couvrit les murs d'enduit et y peignit des scènes de la vie du Bouddha.

Pendant mille ans, près de cinq cents grottes furent creusées dans la pierre tendre et ornées de peintures murales raffinées et de statues en terre cuite d'une grande beauté, donnant naissance au célèbre sanctuaire de Mogao en Chine occidentale. Ces images, sculptées et peintes par des générations successives de pieux artistes, témoignent de la métamorphose du bouddhisme tibétain et chinois, à l'iconographie essentiellement abstraite, en une religion qui appelle la représentation d'histoires fabuleuses où interviennent dieux aventureux, rois ambitieux, moines éclairés et chevaliers errants. Au cours du temps, le sanctuaire reçut des noms divers, dont Mogaoku, les Grottes d'une Hauteur Inégalée, ou Qianfodong, Site des Mille Bouddhas[6]. Et puis, au XIᵉ siècle, sans doute pour la mettre à l'abri de la cupidité d'armées étrangères, une collection de plus de cinquante mille manuscrits et peintures inestimables fut cachée et scellée dans l'une des grottes de Mogao, faisant du site "le plus grand et le premier dépôt d'archives papier et la seule bibliothèque bouddhiste de son temps[7]" et du monde,

qui devait rester là sans être dérangée pendant sept siècles.

Mais ce dédale de grottes à Mogao ne fut pas le seul
dépôt précieux de cette région. Non loin du sanctuaire
s'élevait l'antique cité de Dunhuang, fondée au IVᵉ siècle
avant notre ère et l'une des étapes les plus importantes sur
la route de la Soie, qui allait de Luoyang sur le fleuve Jaune
à l'est vers Samarkand et Bagdad à l'ouest. Deux siècles
après sa fondation, en raison de sa position stratégique aux
confins de l'Empire chinois, Dunhuang devint une ville de
garnison convoitée par de nombreuses nations : les Tibé-
tains, les Ouïgours du Turkestan, les habitants de Khotan,
les Tangoutes et enfin les Mongols qui, sous la conduite de
Gengis Khan, conquirent au XIIIᵉ siècle cette région éminemment cosmopolite. Un extraordinaire mélange de cultures se concentra à cette frontière entre les deux grands
déserts, rassemblant sous un même toit (sous *les* toits de
Dunhuang) les mœurs luxueuses de la Perse et les styles
plus formalistes de l'Asie hellénistique, la multitude des
cultures de l'Inde et les conventions de l'artisanat chinois,
les abstractions de la civilisation tibétaine et les représentations des arts figuratifs européens. A Dunhuang, une frise
verticale datant du Vᵉ siècle, décorée de silhouettes dan-
santes, semble imiter les mouvements d'une frise similaire

Les grottes de Dunhuang sur la grande route de la Soie.

découverte à Pompéi ; un haut-relief en pierre du XIIIᵉ siècle illustrant l'histoire de l'apprentissage par le prince Siddharta de soixante-quatre alphabets auprès de son maître,
Visvamitra, montre le jeune garçon assis jambes croisées
avec son matériel d'écriture dans la même position et couronné de la même auréole que l'Enfant Jésus gravé dans
l'ivoire sur la couverture d'un livre de prières allemand du
Xᵉ siècle exposé dans le musée de l'Œuvre Notre-Dame à
Strasbourg ; le décor d'un plafond du VIᵉ siècle, à Dunhuang, représentant trois lièvres qui se poursuivent en
cercle, fait écho à celui d'un carrelage du XIIIᵉ siècle dans
la cathédrale de Chester, en Angleterre ; sur des tapisseries
trouvées à de nombreux kilomètres à l'est de Khotan, une
oasis visitée par Marco Polo en 1274, on voit des images
de gladiateurs romains ; les peintures murales d'un temple
bouddhiste dans un fort tibétain du VIIIᵉ siècle près du
désert du Lob Nor, en Chine, représentent des anges ailés
qui rappellent ceux de centaines d'autels européens[8].

Dans un empire aussi vaste que la Chine, un tel bras-
sage culturel était considéré depuis longtemps comme une
conséquence, bonne ou mauvaise, des politiques expan-
sionnistes, et il était clair, dans l'esprit des Chinois, que
l'une des prérogatives du conquérant était non de réduire
au silence, mais bien d'adopter les réalisations des cultures
vaincues et de s'en enrichir. Une chronique chinoise ancienne nous raconte comment, après avoir conquis le
royaume de Qin en – 206, les souverains chinois Hsiang
Yu de Chu et Liu Bang de Han s'en disputèrent la supré-
matie. Une nuit, alors que Hsiang Yu et ses troupes étaient
assiégés par Liu Bang, ils entendirent des chants de leur
Chu natal chantés dans le camp ennemi "et ils comprirent
enfin que le pays de Chu était complètement aux mains de
Liu Bang de Han[9]".

Tous ces peuples différents dont les goûts et les traditions s'influencèrent et se transformèrent les uns et les
autres, ceux qui ne faisaient que passer comme ceux qui

s'installaient pour un temps dans ces régions lointaines, relataient les transactions et expériences – momentanées ou transcendantes, pratiques ou imaginaires – advenues dans le cours normal de leurs vies. Dunhuang devint par conséquent, en même temps qu'un lieu d'échange de manuscrits précieux, un débarras pour toutes les espèces concevables de griffonnages tracés par les moines, les pèlerins, les soldats et les marchands qui s'y rendirent pendant deux milliers d'années : documents administratifs ou personnels, correspondances privées ou publiques, écrits sacrés et comptabilités profanes, carnets ordinaires ou rouleaux de cérémonie. Même lorsque cette section de la route de la Soie devint moins fréquentée et Dunhuang moins considérée, cette masse de déchets continua de s'accumuler, vestige des vies quotidiennes des gens qui vivaient là. Pendant des siècles, le trésor caché des manuscrits à Mogao et les bouts de papier et de chiffons traînant dans les demeures abandonnées de Dunhuang demeurèrent oubliés sous les sables du désert.

En 1900, un savant britannique au nom invraisemblable de Marcus Aurelius (réduit par la suite à Mark Aurel) Stein, né en Hongrie et employé au bureau des Indes, vit sa curiosité éveillée par les bribes d'histoires qui circulaient à propos d'une région apparemment légendaire. Il franchit des milliers de kilomètres de rochers et de sables inhospitaliers à la recherche du sanctuaire oublié. Dans l'un des récits qu'il publia de l'aventure, Stein nomma la région Serindia, en écho à la nomenclature de Pausanias[10]. Stein conduisit quatre expéditions en Serindia et, en dépit de la parcimonie et du retard de l'aide des autorités britanniques, il amassa une quantité extraordinaire de manuscrits et d'objets.

Aux yeux du gouvernement de la Chine, les expéditions de Stein semblaient n'être que prétextes à des pillages sans discrimination destinés à remplir les salles du British Museum. Stein, toutefois, ne collectionnait pas seulement les manuscrits et les œuvres d'art mais aussi le bric-à-brac abandonné comme sans valeur par les habitants des cités du désert qui, disait-il, "bien qu'il n'ait jamais pu tenter les chasseurs de trésors des âges successifs, a acquis pour nous une valeur exceptionnelle[11]" : un piège à souris ou le tesson d'une tasse brisée, une liste de recommandations pour la préservation du grain et d'humbles excuses pour s'être enivré à un festin, le premier brouillon d'un poème bouddhiste et une prière pour le salut d'un enfant kidnappé.

La totalité du butin n'avait pas été déterrée par les expéditions. Des milliers des manuscrits les plus précieux que Stein rapporta en Angleterre lui avaient été vendus par un moine taoïste du nom de Wang Yuanlu, qui s'était déjà défait de nombreuses pièces importantes afin de se gagner les faveurs de magistrats locaux. Beaucoup des acquisitions de Stein étaient uniques : les plus anciens spécimens existants de rouleaux peints chinois, avec encore leurs liens de soie d'origine ; la plus ancienne carte cosmologique existante (qui, pour les Chinois, était aussi un diagramme de l'administration politique, puisque l'empereur était considéré comme le Commandeur céleste) ; et le célèbre *Soutra du diamant*, le plus ancien livre imprimé connu au monde. Conservées aujourd'hui parmi les possessions du British Museum, elles constituent l'une des plus rares et des plus importantes collections de tous les temps.

Mais que représente cette collection ? Qu'ont-ils de commun, ces grands ouvrages de philosophie et d'astronomie, de théologie et de politique conservés avec soin dans une grotte scellée à l'intention d'un éventuel lecteur futur, et ces fragments de lettres, de listes et de notes trouvés dans les ruines d'une taverne ou de latrines murées ? A la différence des bibliothèques mauritaniennes dans les oasis de Chinguetti et d'Ouadane, veillées par des gardiens qui acceptaient leur responsabilité comme un devoir ancestral, ni les trésors de Serindia ni ses déchets abandonnés ne sont venus aux mains de quelque expert que ce fût

Le magnifique *Soutra du diamant*.

avant l'arrivée tardive d'un lointain étranger. C'est le hasard qui les a rassemblés mais aujourd'hui, arrachés à leurs tombes, ces fragments ont une cohérence évidente. Ce que nous avons sous les yeux, dans les salles du British Museum et dans les réserves de la British Library, pourrait n'apparaître que comme le butin d'un explorateur audacieux, une collection d'écrits orphelins, d'enfants trouvés, la chronique bégayante d'une civilisation, une mise en garde pour nos empires actuels. A moins que nous ne considérions l'entreprise de Stein comme une mission de sauvetage. En son temps, chacune de ces pièces possédait une valeur et une fonction dépourvues de toute relation avec les autres. Réunies, elles se tiennent devant nous comme en témoignage, comme une bibliothèque de survivants, d'acteurs dans une histoire évanouie depuis longtemps.

VIII

CABINET DE TRAVAIL

Je logerai où le cœur m'en dit.

ROBERT LOUIS STEVENSON,
Morale laïque.

Il y a pour moi une différence notable entre la grande pièce où sont rangés la plupart de mes livres et celle, plus petite, où je travaille. Dans la grande, la "bibliothèque proprement dite", je choisis les volumes dont j'ai besoin ou envie, je m'assieds pour lire ou prendre des notes, je consulte mes encyclopédies. Mais dans mon cabinet, les livres choisis sont ceux que je considère comme plus immédiats, plus nécessaires, plus intimes. Des exemplaires fatigués du *Pocket Oxford Dictionary* et des deux volumes du *Shorter Oxford*, le fidèle *Robert*, mon *Pequeño Larousse Ilustrado* d'écolier, le *Roget's Thesaurus* dans la version de 1962, avant que des mains impies ne l'aient révisé et mutilé, le *Literatur Lexicon* de Killy, le *Greek Myths* de Graves en édition Penguin... tous me font l'effet d'extensions de moi-même, prêts à portée de main, toujours obligeants, de vieilles connaissances. Souvent j'ai dû travailler dans des chambres où ne se trouvaient pas ces volumes familiers, et je ressentais leur absence comme une sorte de cécité ou d'aphonie.

Dans mon cabinet de travail, il me faut aussi certains talismans qui se sont déposés sur mon bureau au fil du temps et que je manipule distraitement tout en réfléchissant aux mots que je vais écrire. Les lettrés de la Renaissance recommandaient la présence dans le lieu de travail de divers objets : instruments de musique et d'astronomie afin de donner à l'espace variété et harmonie, curiosités naturelles telles que pierres aux formes étranges et coquillages colorés, et portraits de saint Jérôme, patron des lecteurs. Je suis leur conseil, en partie. Au nombre des objets présents sur mon bureau se trouvent un morceau de stéatite en forme de cheval qui vient de Congonhas do Campo, un crâne sculpté dans un os qui vient de Budapest, un caillou de la grotte de la Sibylle près de Cumes. Si ma bibliothèque raconte l'histoire de ma vie, c'est mon cabinet de travail qui témoigne de mon identité.

Les chambres dans lesquelles les écrivains (une sous-espèce des lecteurs) s'entourent de tout ce dont ils ont besoin pour écrire acquièrent un caractère animal, pareil à celui d'une tanière ou d'un nid : elles gardent la forme de leurs corps et offrent un cadre à leurs réflexions. Là, l'écrivain peut se faire un lit parmi les livres, se comporter à son gré en lecteur monogame ou polygame, choisir un classique confirmé ou un nouveau venu ignoré, laisser des discussions sans conclusion, commencer à n'importe quelle page un livre ouvert au hasard, passer la nuit à lire tout haut afin d'entendre sa propre voix lui faire la lecture, selon les termes bien connus de Virgile, sous "le silence amical de la lune silencieuse". Le maître humaniste Battista Guarino, fils du célèbre humaniste Guarino da Verona, enseignait que les lecteurs ne devaient pas lire la page en silence "ni marmonner tout bas, car il arrive si souvent à quelqu'un qui ne s'entend pas de sauter plusieurs couplets comme s'il était ailleurs. Lire à haute voix constitue pour la compréhension un bénéfice non négligeable car, bien sûr, ce que l'on entend comme une voix extérieure résonne dans nos oreilles comme un cinglant rappel à l'attention de notre intelligence." Selon Guarino, le fait de prononcer les mots va jusqu'à favoriser la digestion du lecteur, car cela "accroît la chaleur et fluidifie le sang, cure les veines et ouvre les artères, et ne laisse aucune humidité superflue stationner dans ces vaisseaux qui absorbent et digèrent les aliments[1]". La digestion des mots aussi ; je me fais souvent la lecture à haute voix dans mon coin de la bibliothèque, là où nul ne m'entend, pour le plaisir de mieux savourer le texte, pour me l'approprier davantage encore.

Si l'espace privé est le genre, le cabinet de travail logé dans cet espace représente l'espèce. Durant la Renaissance, la possession d'un cabinet de travail était, pour qui aspirait à écrire, signe d'éducation et d'un goût civilisé. Plus qu'à toute autre pièce de la maison, on reconnaissait à celle-là un caractère particulier qui pouvait persister longtemps après la mort de son propriétaire[2]. Avec ses textes et ses talismans, ses icônes et ses instruments de toutes sortes, le cabinet d'un lecteur ou d'un écrivain a quelque chose d'une châsse, consacrée non à une divinité mais à une activité. L'étalage des instruments de la profession le déclare lieu de travail ; son ordre (ou son désordre) ne répond pas aux exigences d'une bibliothèque ordinaire, si privée soit-elle. Ce n'est pas une version réduite de la structure plus vaste – la bibliothèque – qui parfois le contient. Sa mission est différente : il procure un espace adapté à l'introspection et à la réflexion, à la foi dans le pouvoir des objets et à la confiance en l'autorité d'un dictionnaire. L'historien Jakob Burckhardt a parlé de la Renaissance comme d'un "éveil de l'individualité[3]", mais il est certain que l'individualité avait été déjà souvent éveillée, dans d'anciens cabinets de lecture, par des hommes et des femmes qui se créaient des lieux privés où leur moi pouvait s'instruire, s'épanouir, refléter et être reflété, dans un dialogue entre le présent singulier et la multitude des générations passées – des lieux où ils se retiraient à l'écart du

Rudyard Kipling dans son cabinet de travail à Naulakha, sa maison du Vermont.

brouhaha de la vie sociale. Assis dans le cabinet de lecture de sa maison en bord de mer, à Antium, au Ier siècle avant J.-C., Cicéron écrivait à son ami intime Atticus : "Je m'amuse avec des livres, dont j'ai bonne provision à Antium, ou bien je compte les vagues – le temps n'est guère favorable à la pêche au maquereau[4]." Plus loin, il ajoutait : "Lire et écrire m'apportent non la consolation en vérité, mais une distraction[5]." Distraction des bruits du monde. Un lieu où penser.

En 1929, Virginia Woolf publia ses conférences désormais célèbres sur "les femmes et la fiction" sous le titre : *Une chambre à soi*, et elle y définit à jamais notre besoin d'un lieu privé où lire et écrire. "Nous devons avoir l'esprit totalement ouvert si nous voulons avoir le sentiment que l'écrivain communique son expérience dans sa plénitude. Il faut de la liberté et il faut de la paix." Et elle ajoutait : "Pas une roue ne peut grincer, pas une lumière scintiller. Les rideaux doivent être clos[6]." Comme si c'était la nuit.

Les cabinets de travail des écrivains célèbres sont de curieux mémoriaux. Celui de Rudyard Kipling à Rottingdean, où la plupart des livres traitent de voyages ou de savoir-faire industriel, témoigne de son intérêt pour l'exactitude de l'expression ou du mot technique ; dans la chambre d'Erasme, à Bruxelles, la lumière des vitres rhomboïdales joue sur des volumes que lui avaient envoyés les amis et collègues avec lesquels il aimait à correspondre ; autour de la bibliothèque close, blanche et rectangulaire de Friedrich Dürrenmatt à Neuchâtel court une simple étagère de reliures modernes bien en ordre, pareille à l'un des labyrinthes circulaires qu'il fabriquait dans ses romans ; avec ses murs tendus de tissu et ses tapis moelleux, la maison de Victor Hugo, place des Vosges, à Paris, semble hantée par les manuscrits de ses mélodrames et les esquisses de ses paysages fantomatiques ; le vilain petit appartement d'Arno Schmidt à Bargfeld bei Celle, en Basse-Saxe, est tapissé de rayonnages branlants chargés de titres anglais sans gloire (tels les romans d'Edward Bulwer-Lytton, dont Schmidt a recréé les textes en les améliorant dans leur version allemande) et de petites boîtes contenant des bribes de notes manuscrites sur des bouts de carton – archives miniature que Schmidt classait par thèmes et dont il se servait pour composer ses chefs-d'œuvre ; dans le monde entier, des milliers d'autres cabinets de travail et de bibliothèques sont conservés en mémoire de leurs possesseurs fantômes, qui pourraient à tout instant promener sur un objet familier une main rêveuse, s'asseoir dans leur fauteuil habituel, saisir d'entre ses pareils un livre aux pages souvent feuilletées ou ouvrir un volume à une certaine page, à certains mots très aimés. Dans les bibliothèques désertées demeurent les ombres des écrivains qui y ont travaillé, et dont l'absence les hante.

A Valladolid, les lecteurs de *Don Quichotte* peuvent se promener dans la maison occupée par Miguel de Cervantès de 1602 à 1605, année où parut pour la première fois la première partie du roman, et éprouver un frisson de voyeurisme. La maison évoque des associations mélodramatiques : pendant la nuit du 27 juin 1605, alors qu'il rentrait chez lui, un certain Gaspar de Ezpeleta fut agressé juste devant cette maison par un homme masqué et blessé mortellement. Ezpeleta parvint à appeler au secours et fut entendu d'un voisin qui, à son tour, appela Cervantès, et les deux hommes emmenèrent le mourant chez une dame bien connue. Le maire de Valladolid, soupçonnant l'écrivain (ou l'un de ses proches) d'être responsable de cette agression, fit mettre Cervantès et sa famille en prison. Ils furent libérés quelques jours plus tard, après avoir démontré leur innocence, mais les historiens ont longtemps débattu de la possibilité de l'implication de Cervantès dans ce meurtre. La maison, bien que restaurée avec soin, a nécessairement été meublée d'éléments divers qui n'ont jamais appartenu à Cervantès. Seul le cabinet de travail, à l'étage, contient quelques objets qui étaient certainement à lui : non pas le bureau "d'ébène et d'ivoire" décrit dans le testament de sa fille Isabel de Cervantès, mais un autre, également mentionné dans ce document, "en noyer, le plus grand que je possède", deux tableaux, l'un représentant saint Jean et l'autre la Vierge, un brasero en cuivre, un coffre servant à ranger des papiers et une unique étagère contenant certains des titres qu'il cite dans son œuvre. C'est dans cette pièce qu'il a écrit plusieurs de ses *Nouvelles exemplaires*, et il doit y avoir discuté avec ses amis de la conception de son singulier Quichotte[7].

Dans l'un des premiers chapitres de *Don Quichotte*, quand le barbier et le curé ont décidé de purger la bibliothèque du chevalier des livres qui semblent avoir provoqué sa folie, la gouvernante insiste pour qu'on commence par asperger la pièce d'eau bénite "car il pourrait s'y trouver quelqu'un de ces nombreux enchanteurs qui habitent en ces livres, et il pourrait nous jeter un sort pour nous punir de les vouloir chasser du monde[8]". Comme tant de gens qui ne lisent pas, la gouvernante craint le pouvoir des livres qu'elle se refuse à ouvrir. La même superstition existe chez la plupart des lecteurs ; les livres que nous gardons à portée de main sont objets de magie. Les histoires qui se déploient dans l'espace du cabinet d'un écrivain, les objets choisis pour monter la garde sur un bureau, les livres sélectionnés rangés sur les étagères, tout cela tisse un réseau d'échos et de reflets, de significations et d'affections qui suscitent chez un visiteur l'illusion que subsiste entre ces murs quelque chose du maître des lieux, même si ce maître n'est plus.

Parfois, l'ombre de l'écrivain et celle de sa bibliothèque se confondent bien avant la mort du premier. Pendant de nombreuses années, jusqu'à ce qu'il s'en fût mourir à Genève, Borges habitait à Buenos Aires au milieu des livres qu'il ne pouvait plus voir, puisqu'il était devenu aveugle peu après ses cinquante ans. Son petit appartement se trouvait au sixième étage d'un immeuble discret du centre-ville, près de la Plaza San Martín. C'était toujours Fani, la bonne, qui ouvrait la porte et faisait entrer les fréquents visiteurs dans un petit vestibule où, dans la pénombre, les nombreuses cannes de Borges "attendaient patiemment d'être emmenées en promenade", aimait-il à dire. Ensuite, écartant une portière, on passait dans le salon, où le maître saluait ses hôtes d'une poignée de main faible et timide. Sur la droite, une table couverte d'une nappe en dentelle et quatre chaises à dossier droit constituaient la salle à manger ; à gauche, sous une fenêtre, il y avait un canapé usagé et deux ou trois fauteuils. Borges s'asseyait sur le canapé et le visiteur était prié de prendre l'un des fauteuils, face à lui. Ses yeux aveugles restaient fixés sur un point dans l'espace pendant qu'il parlait et l'écho de sa voix asthmatique résonnait dans la pièce pleine des objets familiers de sa vie quotidienne : une petite table sur laquelle il gardait un gobelet d'argent et un *mate* qui avaient appartenu à son grand-père, une écritoire miniature datant de la première communion de sa mère, deux bibliothèques blanches contenant des encyclopédies et deux bibliothèques basses en bois sombre. Au mur, un tableau de sa sœur, Norah Borges, représentant l'Annonciation, et une gravure de Piranèse figurant de mystérieuses ruines circulaires. Au fond, à gauche, un petit corridor menait aux chambres à coucher : celle de sa mère, pleine de vieilles photographies, et la sienne, simple comme une cellule de moine, avec un lit en fer, deux bibliothèques et une seule chaise. Au mur de sa chambre étaient accrochés un panneau de bois orné des armoiries des différents cantons suisses et une copie de la gravure de Dürer, *Le Chevalier, la Mort et le Diable*, que Borges avait célébrée dans deux superbes sonnets.

Sachant que Borges assimilait l'univers à un livre et qu'il disait imaginer le paradis "sous la forme d'une bibliothèque[9]", ses visiteurs s'attendaient à un endroit abondamment tapissé de livres, avec des étagères bourrées à craquer, des piles d'imprimés bloquant les portes et surgissant des moindres crevasses – une jungle d'encre et de papier. Au lieu de cela, ils découvraient ce modeste appartement où les livres occupaient un espace discret et ordonné. Quand le jeune Mario Vargas Llosa rendit visite à Borges vers le milieu des années 1950, il s'étonna de la simplicité de l'ameublement et demanda pourquoi le maître ne vivait pas en des lieux plus livresques et plus luxueux. Borges prit très mal cette remarque. "C'est peut-être ce qu'on ferait à Lima, répliqua-t-il à l'indiscret Péruvien, mais ici, à Buenos Aires, nous n'aimons pas l'ostentation."

Ces quelques bibliothèques faisaient toutefois l'orgueil de Borges. "Je vais vous confier un secret, expliqua-t-il un jour. J'aime faire semblant que je ne suis pas aveugle et j'ai des livres le même appétit qu'un homme dont la vue est bonne. Je convoite même de nouvelles encyclopédies et j'imagine que je peux suivre sur leurs cartes le cours des fleuves et trouver des choses merveilleuses dans leurs nombreux articles." Il racontait volontiers que, lorsqu'il était enfant, il accompagnait son père à la Bibliothèque nationale et, trop timide pour demander un livre, il se contentait de prendre sur les rayonnages un des volumes de l'*Encyclopædia Britannica* et de lire tout article qui lui tombait sous les yeux. Parfois, la chance lui souriait, comme lorsqu'il avait choisi le tome DE-DR et appris tout ce qu'on peut savoir des druides, des druzes et de Dryden[10]. Il n'abandonna jamais cette habitude de s'en remettre au hasard bien ordonné d'une encyclopédie, et il passait des heures à feuilleter (et à se faire lire) les volumes du Garzanti, du Brockhaus, de la *Britannica* ou de l'*Espasa Calpe*. Alors, s'il y avait quelque bribe d'information particulièrement intéressante, il demandait à son lecteur de la noter, ainsi que le numéro de la page, à la fin de l'ouvrage révélateur.

Les deux étagères basses du salon contenaient des œuvres de Stevenson, Chesterton, Henry James et Kipling, ainsi qu'*An Experiment with Time* de J. W. Dunne, plusieurs romans scientifiques de H. G. Wells, *The Moonstone* de Wilkie Collins, plusieurs romans d'Eça de Queirós aux couvertures de carton jaunissantes, des livres d'écrivains argentins du XIXe siècle. Là aussi se trouvaient *Ulysse* et *Finnegan's Wake* de Joyce, les *Vies imaginaires* de Marcel Schwob, des romans policiers de John Dickson Carr, de Milward Kennedy et de Richard Hull, *Life on the Mississippi* de Mark Twain, *Buried Alive* d'Enoch Bennett, une petite édition de poche délicatement illustrée de gravures sur bois de *Lady into Fox* et de *The Man in the Zoo* de David Garnett, *Der Untergang des Abendlandes* de Spengler, les trois volumes de *Decline and Fall* de Gibbon, différents ouvrages de mathématiques et de philosophie, parmi lesquels des titres de Swedenborg et de Schopenhauer, ainsi que son cher *Wörtebuch der Philosophie* de Fritz Mauthner. Plusieurs de ces livres l'accompagnaient depuis l'adolescence ; d'autres, surtout les ouvrages anglais et allemands, portaient les étiquettes de librairies de Buenos Aires où il les avait achetés, toutes aujourd'hui disparues : Mitchell's, Rodriguez, Pygmalion.

Dans les bibliothèques de sa chambre à coucher se trouvaient les livres de poésie et l'une des plus importantes collections de littérature anglo-saxonne et islandaise existant en Amérique latine. C'était là que Borges rangeait les livres dont il se servait pour étudier ce qu'il appelait "les mots rudes et laborieux / qu'avec des lèvres aujourd'hui poussière / j'ai prononcés aux temps de Northumbrie et de Mercie / avant de devenir Haslam ou Borges[11]" : le dictionnaire de Skeat, une version annotée de *La Bataille de Maldon*, l'*Altgermanische Religions Geschichte* de Richard Meyer. Les autres bibliothèques contenaient les poèmes d'Enrique Banchs, de Heine et de saint Jean de la Croix ainsi que de nombreux commentaires de Dante.

Mystérieusement étaient absents de ses bibliothèques : Proust, Racine, le *Faust* de Goethe, Milton et les tragédies grecques (qu'il avait tous lus, bien entendu, et dont il avait parlé dans ses écrits).

Absents aussi, ses propres livres. Il répondait fièrement aux visiteurs qui demandaient à voir une édition originale qu'il ne possédait pas un seul volume portant (disait-il) ce nom "éminemment oubliable". En vérité, il n'en avait pas besoin. Bien qu'il prétendît ne pas se les rappeler, il pouvait réciter par cœur des poèmes appris plusieurs dizaines d'années auparavant et modifier de mémoire ses propres écrits, généralement à la stupéfaction ravie de ses auditeurs. Peu après sa mort, sa veuve, Maria Kodama, a fait don de la plus grande partie de ses livres à une fondation de Buenos Aires qui porte son nom et, de temps à autre, certains volumes sont exposés lors de manifestations organisées en son honneur. Présentés ouverts dans des vitrines, privés de ce qui les entourait, honorés mais non lus – moins pourvoyeurs de mots qu'objets funéraires, chassés de chez eux après sa mort –, les livres paraissent subir le sort des épouses et des serviteurs de ces rois d'autrefois que leur maisonnée suivait dans la tombe.

Un cabinet de travail confère à son propriétaire, son lecteur privilégié, ce que Sénèque appelait l'*euthymia*, mot grec qui, expliquait Sénèque, signifie "bien-être de l'âme" et qu'il traduisait par *tranquillitas* [12]. L'*euthymia* est l'ultime aspiration de tout cabinet de travail. *Euthymia*, une mémoire sans distraction, l'intimité d'un moment de lecture – période secrète dans la journée commune –, voilà ce que nous recherchons dans ce lieu privé. Selon Blake,

Il y a dans chaque journée un instant que Satan ne peut trouver,
Non plus que ses veilleurs infernaux, mais l'Industrieux le trouve
Et cet instant se multiplie et, une fois trouvé,
Il renouvelle s'il est bien placé chaque instant du jour [13].

Bien que nous cherchions *a priori* l'*euthymia* dans ces instants-là, nous pouvons parfois la découvrir dans l'espace partagé d'une bibliothèque publique. Au Caire au XVe siècle, l'époque des mamelouks, même s'il existait en vérité des érudits qui travaillaient dans leurs demeures privées, les lecteurs moins fortunés étaient encouragés à se rendre dans les bibliothèques publiques des écoles et des mosquées. Là, les livres étaient mis à la disposition de ceux qui n'avaient pas les moyens de les acheter ; ils pouvaient y copier à leur usage personnel les œuvres désirées, que ce fût pour les apprendre par cœur ou pour les étudier à loisir. Au XIIIe siècle, le lettré Ibn Jama'a, tout en recommandant que les étudiants achètent des livres s'ils en avaient la possibilité, trouvait plus important de les posséder "en son cœur" et pas seulement sur une étagère. Copier les textes aidait à les inscrire en sa mémoire, constituant ainsi (pensait-il) une sorte de bibliothèque parallèle à celle d'encre et de papier. "L'étudiant devrait avoir toujours sur lui un encrier, afin de pouvoir noter ce qu'il entend d'utile", conseillait Ibn Jama'a[14]. Il était admis que le texte écrit servait de support au texte appris par cœur, puisque "ce qui n'est que mémorisé s'envole, ce qui est écrit demeure" (version islamique du *verba volant, scripta manent* latin)[15]. Selon Ibn Jama'a, la mémoire était un art proche de l'architecture car, en le pratiquant, un lecteur pouvait s'édifier à son goût un palais privé meublé d'une collection de trésors et se déclarer propriétaire des textes qu'il avait choisis de façon profonde et définitive. Afin d'affûter le talent de mémoriser les livres, l'usage de miel, de cure-dents et de vingt et un raisins secs par jour était recommandé, tandis que la consommation de coriandre et d'aubergines était considérée comme délétère. Il était également contre-indiqué, si l'on en croyait Ibn Jama'a, "de lire les inscriptions sur les tombes, de marcher entre des chameaux entravés à la file ou de chasser les poux d'une chiquenaude[16]", toutes activités qui affectaient l'acuité de la mémoire.

A la fin du XVe siècle, pour exercer sa mémoire parmi les livres qu'il connaissait le mieux, Nicolas Machiavel préférait lire dans son cabinet de travail pendant la nuit – moment qu'il trouvait le plus favorable à ces conditions qui définissaient pour lui la relation entre un lecteur et ses livres : l'intimité et le loisir de réfléchir. "Quand vient le soir, écrit-il, je rentre chez moi et je me retire dans mon cabinet. Sur le seuil, j'ôte mes vêtements de tous les jours tachés de boue et de sueur pour revêtir les robes de cérémonie de la cour et du palais, et dans cette tenue plus solennelle je pénètre dans les antiques cours des anciens et ils m'accueillent, et là je goûte aux nourritures qui seules sont les miennes, pour lesquelles je suis né. Là j'ai l'audace de leur parler et de les interroger sur les motifs de leurs actions, et eux, dans leur humanité, me répondent. Et quatre heures durant j'oublie le monde, je ne me rappelle nulle vexation, je ne crains plus la pauvreté, je ne tremble plus à l'idée de la mort : je passe dans leur monde[17]."

IX

UNE INTELLIGENCE

UNINTELLIGENCE

> *... donner une forme visible à la pré-*
> *sence psychique et aux mouvements de*
> *l'âme.*
>
> ABY WARBURG,
> *Ausgewählte Schriften.*

Comme Machiavel, je viens souvent m'asseoir, la nuit, parmi mes livres. Si j'écris plus volontiers le matin, la nuit j'aime lire dans le silence profond, quand les triangles lumineux des lampes de lecture partagent ma bibliothèque en deux. Au-dessus, les étagères supérieures disparaissent dans l'obscurité ; au-dessous, c'est la section privilégiée des titres éclairés. Cette division arbitraire, qui accorde à certains livres une présence incandescente en reléguant les autres dans les ténèbres, est supplantée par un ordre qui ne doit son existence qu'à ce dont je peux me souvenir. Ma bibliothèque n'a pas de catalogue ; ayant rangé moi-même les livres sur les étagères, je revois en général leur emplacement si je me remémore le plan de la bibliothèque et les zones de lumière ou d'ombre n'entravent guère cette exploration. L'ordre remémoré suit un schéma dans mon esprit, la forme et les divisions de la bibliothèque, un peu à la façon dont un observateur des étoiles réunit en figures narratives les minuscules points lumineux ; mais, à son tour, la bibliothèque reflète la configuration de mon esprit, son lointain astronome. L'ordre délibéré et cependant

aléatoire des étagères, le choix des sujets, l'histoire intime
de la survie de chaque livre, les traces restant entre les
pages de certains moments et de certains lieux, tout cela
désigne un lecteur en particulier. Un observateur attentif
pourrait sans doute deviner qui je suis à partir d'un vieil
exemplaire des poèmes de Blas de Otero, du nombre de
livres de Robert Louis Stevenson, de l'importance de la
section consacrée aux romans policiers, de la section
minuscule consacrée à la théorie littéraire, du fait qu'il y a
beaucoup de Platon et très peu d'Aristote sur mes étagères. Toute bibliothèque est une autobiographie.

Dans la cathédrale Sainte-Cécile, à Albi, une fresque de
la fin du XVᵉ siècle représente une scène du Jugement dernier. Sous un rouleau déployé, les âmes rappelées mar-
chent vers leur destin, nues et portant solennellement sur
leur poitrine un livre ouvert. Dans cette troupe de lecteurs
ressuscités, le Livre de la Vie a été divisé et redistribué
sous la forme d'une série de volumes individuels ouverts[1],

La fresque du Jugement dernier à la cathédrale Sainte-Cécile, à Albi.

selon l'Apocalypse, afin que les morts puissent être jugés "d'après ce qui était écrit dans ces livres²". L'idée persiste aujourd'hui encore : nos livres témoigneront pour ou contre nous, nos livres reflètent ce que nous sommes et ce que nous avons été, nos livres participent des pages que nous a accordées le Livre de la Vie. C'est d'après les livres que nous disons nôtres que nous serons jugés.

Ce qui fait d'une bibliothèque un reflet de son propriétaire, c'est non seulement le choix des titres, mais aussi le réseau d'associations qu'implique ce choix. Notre expérience se construit sur l'expérience, nos souvenirs sur d'autres souvenirs. Nos livres se construisent sur d'autres livres qui les modifient ou les enrichissent, qui leur confèrent une chronologie différente de celle des dictionnaires de littérature. Je suis aujourd'hui, après tout ce temps, incapable de trouver seul la trace de ces connexions. J'oublie, ou je ne sais même pas, quelles sont les relations entre beaucoup de ces livres. Si je pars dans une direction – les récits africains de Margaret Laurence me remettent en mémoire *La Ferme africaine* d'Isaac Dinesen, qui me fait à son tour penser à ses *Sept contes gothiques*, lesquels me ramènent à Edgardo Cozarinsky (qui m'a fait découvrir l'œuvre de Dinesen) et à son livre et son film sur Borges et, plus loin encore, aux romans de Rose Macaulay, dont nous avons discuté un après-midi déjà lointain à Buenos Aires, surpris l'un et l'autre que quelqu'un d'autre les connût –, je perds alors les autres fils de cette toile complexe et je me demande comment, à la façon d'une araignée, j'ai réussi à en lancer un à travers la distance apparemment incommensurable qui sépare, par exemple, les *Tristes* d'Ovide des poèmes d'Abd al-Rahman, exilé de son Espagne natale en Afrique du Nord. Il ne s'agit pas seulement de connexions fortuites. Les livres sont transformés par l'ordre dans lequel nous les lisons. *Don Quichotte* lu après *Kim* et *Don Quichotte* lu après *Huckleberry Finn* sont deux livres différents, colorés l'un et l'autre par l'expérience personnelle du lecteur en matière de voyages, d'amitié et d'aventure. Chacun de ces livres est un kaléidoscope qui se modifie sans cesse ; chaque nouvelle lecture lui apporte un nouveau tour, un nouveau schéma. Peut-être bien qu'au bout du compte une bibliothèque est inconcevable, parce que, à l'instar de l'esprit, elle réfléchit sur elle-même et se multiplie géométriquement à chaque réflexion nouvelle. Et pourtant, d'une bibliothèque matérielle, faite de livres, nous attendons une rigueur dont nous pardonnons l'absence à une bibliothèque mentale.

De telles bibliothèques mentales ne sont pas (ou n'étaient pas) rares ; dans l'Islam, elles sont exemplaires. Bien que le Coran ait été consigné très tôt par écrit, presque toute la littérature arabe antique est restée longtemps confiée à la mémoire de ses lecteurs. Par exemple, après la mort, en 815, du grand poète Abu Nuwas, on ne trouva pas un seul exemplaire de son œuvre ; le poète avait appris tous ses poèmes par cœur et, pour pouvoir les mettre sur papier, les scribes durent faire appel aux souvenirs de ceux qui avaient écouté le maître. La précision du souvenir était considérée comme primordiale et, pendant tout le Moyen Age islamique, on trouvait plus profitable d'apprendre en écoutant des livres lus à haute voix qu'en les étudiant en privé, parce que le texte pénétrait alors dans le corps par l'esprit et pas seulement par les yeux. Les auteurs publiaient moins en transcrivant eux-mêmes leurs œuvres qu'en les dictant à leurs assistants, et les étudiants apprenaient ces textes en les écoutant, lus à haute voix, ou en les lisant à un maître. Du fait de la conviction islamique que seule la transmission orale était vraiment légitime, la mémoire (et non sa représentation dans le monde matériel des livres et des manuscrits, bien que ceux-ci eussent assez d'importance pour être conservés précieusement dans les écoles et les mosquées) était considérée comme le lieu principal où conserver une bibliothèque[3]. Jusqu'à un certain point, "bibliothèque" et "mémoire" étaient synonymes,

Pourtant, si attentive que soit notre lecture, les textes conservés dans la mémoire subissent souvent de curieuses transformations ; ils se fragmentent, se ratatinent ou deviennent d'une longueur imprévisible. Dans ma bibliothèque mentale, *La Tempête* est réduite à quelques vers immortels, alors qu'un bref roman comme le *Pedro Páramo* de Juan Rulfo occupe la totalité de mon paysage imaginaire mexicain. Quelques phrases de George Orwell dans son essai *Shooting an Elephant (Comment j'ai tué un éléphant)* se dilatent dans ma mémoire aux proportions de plusieurs pages de descriptions et de réflexions que je crois pouvoir distinguer, imprimées sur le papier ; du long roman courtois médiéval *The Devoured Heart*, tout ce dont je me souviens, c'est le titre.

Ni la bibliothèque solidement assise sur mes étagères ni celle, plus instable, de ma mémoire ne conservent longtemps un pouvoir absolu. Avec le temps, les labyrinthes de l'une et de l'autre se mêlent mystérieusement. Et, souvent, à cause de ce que les psychologues nomment persévérance de la mémoire (ce phénomène mental par lequel une idée donnée est perçue comme vraie même après preuve du contraire), la bibliothèque mentale finit par l'emporter sur la bibliothèque de papier et d'encre.

Est-il possible de concevoir une bibliothèque qui imite cet ordre associatif et capricieux, un ordre qui pourrait, aux yeux d'un observateur non averti, avoir l'allure d'une distribution aléatoire des livres, mais qui obéit en réalité à une organisation logique, bien que profondément personnelle ? Un exemple au moins me vient à l'esprit.

Un jour de 1926, le philosophe Ernst Cassirer, titulaire depuis peu de la chaire de philosophie à l'Université nouvelle de Hambourg, et qui travaillait à l'époque au premier volume de son ouvrage novateur, la *Philosophie des formes symboliques*, demanda à visiter la fameuse bibliothèque

Aby Warburg.

Warburg, fondée trente ans auparavant par Aby Warburg. En accord avec la conception qu'avait Warburg de l'univers, les livres de philosophie y voisinaient avec ceux d'astrologie, de magie et de folklore, les grands volumes de reproductions d'œuvres d'art coudoyaient des études sur la littérature et la religion, tandis que des manuels de linguistique se trouvaient à côté d'ouvrages de théologie, de poésie et d'histoire de l'art. Le conservateur adjoint, Fritz Saxl, fit faire à Cassirer le tour de cette collection si singulièrement organisée et, à la fin de la visite, Cassirer se tourna vers lui en disant : "Jamais je ne reviendrai ici. Si je revenais dans ce labyrinthe, je finirais par m'y perdre[4]."

Des années plus tard, Cassirer expliqua sa panique : "La bibliothèque [de Warburg] n'est pas une simple collection de livres, c'est un catalogue de problèmes. Et ce ne sont pas les domaines thématiques de la bibliothèque qui ont provoqué en moi cette impression écrasante, mais plutôt le principe même de son organisation, un principe beaucoup plus important que la seule étendue des sujets concernés. Ici, en vérité, l'histoire de l'art, l'histoire des religions et des mythes, l'histoire de la linguistique et de la culture n'étaient pas seulement placées les unes à côté des autres, mais aussi reliées les unes aux autres, le tout étant relié à son tour à un unique centre idéal[5]." Après la mort de Warburg, en 1929, Cassirer compara les rayonnages de la salle de lecture de sa bibliothèque, adaptés à la forme elliptique des murs, au "souffle d'un magicien". Pour Cassirer, les livres de Warburg, rangés en fonction de la complexité de sa pensée, constituaient, tels ceux de Prospero, le bastion de sa force vitale.

Né à Hambourg le 13 juin 1866, Aby Warburg était le fils aîné d'un banquier juif. Des photographies le représentent comme un homme de petite taille, à l'air timide et aux yeux noirs et intenses. Dans un questionnaire qu'il avait imaginé un jour pour s'amuser, il se décrivait comme "un petit monsieur à moustache noire qui raconte parfois des histoires en dialecte[6]". Incapable de se plier à l'exigence paternelle en embrassant tant l'orthodoxie juive que la banque familiale, il était en butte à de longs accès d'angoisse et de mélancolie. En quête d'un soulagement dans l'expérience du monde des livres, il découvrit avec un profond intérêt les philosophies de la Grèce et de la Rome antiques, la culture de la Renaissance, les civilisations indigènes des Amériques et la religion bouddhiste. Il semblait ne pas pouvoir accepter les contraintes d'une discipline ou d'une école de pensée particulières. Une curiosité éclectique dominait toutes ses entreprises.

Sa passion pour les livres et les images s'était déclarée dès l'enfance. L'une des premières expériences intellectuelles dont il avait gardé le souvenir était la vision, à l'âge de six ans, des étonnantes illustrations des *Petites misères de la vie conjugale*, de Balzac, représentant des scènes de famille mélodramatiques où des femmes en pleurs, des hommes en colère, des enfants hurlants et des domestiques amusés incarnaient les mésaventures de la vie bourgeoise. Devenues pour lui une obsession, elles vinrent hanter ses rêves. Quelques années plus tard, il se mit à dévorer des livres "pleins d'histoires de Peaux-Rouges". Ces images et ces aventures lui offraient, rappellerait-il par la suite, "un moyen de me retirer d'une réalité déprimante dans laquelle je me sentais impuissant". Incapable d'exprimer sa colère et sa frustration, ce qu'il appelait l'émotion de la douleur, Warburg cherchait et trouvait "un exutoire dans des fantasmes de cruauté romantique. Ce fut mon inoculation contre la cruauté *active*[7]." Ses frères et sœurs se le rappelaient toujours entouré de livres, déchiffrant le moindre bout de papier qui lui tombait sous la main – jusqu'à l'encyclopédie familiale, qu'il lut attentivement du premier au dernier volume.

Ce n'était pas seulement la lecture, c'était aussi la possession des livres qui devint pour Warburg un besoin vital. Le jour de son treizième anniversaire, décidé à n'adopter ni la carrière de son père ni la religion familiale, l'adolescent vorace offrit son droit d'aînesse à son jeune frère Max : il échangerait le privilège d'entrer, en tant que fils aîné, dans l'entreprise familiale contre la promesse que lui ferait Max de lui acheter tous les livres dont il pourrait avoir envie. Max, alors âgé de douze ans, accepta. Dès lors, les nombreux livres achetés grâce à des fonds fournis par le fidèle Max devinrent l'essentiel de la bibliothèque de Warburg.

Sa passion de collectionneur ne fut jamais tout à fait aveugle. Au contraire, ses lectures semblent avoir été très tôt orientées vers certaines questions spécifiques. La plupart d'entre nous, avec le recul, trouvent étonnant de reconnaître dans leurs premiers livres des indices d'un intérêt qui n'est devenu apparent que beaucoup plus tard et qui, néanmoins, semble les avoir animés avant qu'ils ne puissent l'exprimer par des mots. Les émotions suscitées en Warburg par ses livres d'enfant ont fini par trouver leur explication dans le *Laokoon* de Gotthold Ephraïm Lessing, un texte classique qu'il lut pour la première fois lorsqu'il entra à l'université de Bonn, à l'âge de vingt ans[8]. Le *Laokoon* de Lessing devint pour lui une pierre de touche magique. "Il faut être jeune, avait écrit près de soixante ans auparavant Goethe vieillissant, pour comprendre quelle influence eut sur nous le *Laokoon* de Lessing, qui nous arrachait à la passivité de la contemplation et nous ouvrait de libres champs de réflexion. Le *ut pictura poesis* [la comparaison classique entre l'esthétique de la peinture et celle de la poésie], si longtemps mal compris, fut soudain balayé [...] ; leurs sommets nous paraissaient très différents, et pourtant elles semblaient si proches par leurs fondations[9]." Dans l'œuvre de Lessing, le jeune Warburg ne reconnaissait pas seulement la force d'une argumentation soucieuse d'explorer les différents systèmes de création par l'image et par le mot, mais surtout la notion que chaque âge se saisit pour des raisons qui lui sont propres d'un aspect de la tradition sur lequel il édifie sa symbologie et sa sémantique personnelles, ce qu'il devait appeler "la survivance de l'Antiquité, un problème de nature purement historique[10]". La question qui commençait à prendre forme pour Warburg était de savoir comment nos symboles les plus anciens se renouvellent à des âges successifs, et comment leurs réincarnations s'articulent et se reflètent les unes dans les autres. L'un des mots les plus résonnants dans son développement intellectuel était *Kompatibilität*, compatibilité[11] – expérience par association –, et il n'est donc pas étonnant qu'il ait choisi pour expliquer sa propre bibliothèque une définition empruntée au critique Ewald Hering. Pour Warburg, sa bibliothèque était une mémoire, mais une "mémoire en tant que matière organisée[12]".

La bibliothèque que Warburg commença à se constituer dans son adolescence et qu'il transféra en 1909 dans sa nouvelle maison de la Heilwigstrasse, à Hambourg, était avant tout personnelle et obéissait à un système de catalogage tout à fait spécial. A la fin du XVIIIe siècle et au début du XIXe, une controverse avait fait rage en Allemagne quant à la meilleure façon d'organiser une bibliothèque. Les uns soutenaient qu'il fallait, pour guider le lecteur d'un domaine à un autre de la connaissance, un ordre hiérarchique des sujets, et les autres que l'ordre devait être fonction de la dimension des volumes et de leur date d'acquisition. (Ce dernier système, soit dit en passant, avait été appliqué avec succès dans certaines bibliothèques médiévales[13].) Warburg ne trouvait ni l'une ni l'autre de ces méthodes satisfaisante. Il exigeait de sa collection une fluidité et une vivacité que ne lui permettaient ni le cloisonnement par sujets ni les restrictions chronologiques. Fritz Saxl a décrit en 1943 la façon dont Warburg avait réagi à l'idée d'un tel catalogage mécanique qui, à cette époque d'accroissement de la production de livres, remplaçait rapidement "la familiarité beaucoup plus érudite que l'on gagne à feuilleter les livres". Selon Saxl, "Warburg reconnaissait le danger" et parlait de "la loi du bon voisin" : le livre que l'on connaissait bien n'était pas, dans la plupart des cas, celui dont on avait besoin. C'était son voisin d'étagère inconnu qui contenait le renseignement essentiel, même si son titre ne permettait pas de le deviner. "L'idée directrice étant que tous les livres ensemble – chacun avec son plus ou moins grand fragment d'information, et complété par ses voisins – devaient par leurs titres amener l'étudiant à percevoir les forces élémentaires de l'intelligence humaine ainsi que son histoire. Les livres étaient davantage pour Warburg que des instruments de recherche. Assemblés et groupés, ils exprimaient la pensée de l'humanité sous tous ses aspects, constants et changeants[14]."

Pas seulement les livres. Warburg avait une remarquable mémoire visuelle, et il était capable de tisser des tapisseries complexes faites de connexions iconographiques sur lesquelles il entreprenait alors de s'étendre dans des essais fragmentaires. Se plongeant dans des catalogues d'antiquaires, il notait sur de petites fiches les titres qui retenaient son attention, accompagnés de commentaires condensés dans ce qu'il appelait son style "soupe d'anguilles[15]", et les classait dans des boîtes distinctes en fonction d'un système compliqué (et variable). Ceux qui le connaissaient parlaient de "l'instinct" qui le guidait dans la compilation de bibliographies importantes sur le sujet, quel qu'il fût, qui l'intéressait, instinct qui le poussait à reprendre (et à reprendre sans cesse) le rangement des livres sur les étagères en fonction de la ligne de pensée qu'il suivait à un moment donné. Telle que Warburg la concevait, une bibliothèque était avant tout une accumulation d'associations, dont chacune engendrait une nouvelle image ou un nouveau texte à associer, jusqu'à ce que ces associations ramènent le lecteur à la première page. Pour Warburg, toute bibliothèque était circulaire.

Warburg avait dédié sa bibliothèque (qu'il appelait *"die kulturwissenschaftliche Bibliothek Warburg"*, "la bibliothèque Warburg de science de la culture") à la déesse grecque de la mémoire, Mnémosyne, mère des Muses. Pour Warburg, l'histoire de l'humanité était une tentative continue et en continuelle transformation de donner une parole et des traits à des expériences archaïques, moins individuelles que génériques, inscrites dans la mémoire sociale. Ainsi que de nombreux penseurs de sa génération, il avait subi l'influence des théories du neurologue allemand Richard Semon, qui s'était prononcé en faveur d'une théorie physiologique des émotions[16]. Selon Semon, la mémoire est la qualité qui distingue la matière vivante de la matière morte. Tout événement affectant une matière vivante laisse une trace (que Semon nomme "engramme") qui peut être ranimée quand nous nous souvenons. Pour Warburg, ces engrammes étaient en réalité de purs symboles actifs au cœur de toutes les cultures, et ce qui l'intéressait était de savoir pourquoi une civilisation donnée (la Renaissance, par exemple, ou les Lumières) pouvait être affectée par certains de ces symboles, ou par certains de leurs aspects, au point qu'ils modèlent la voix et le style de sa littérature et de son art. En raison de son pouvoir obsessionnel, Warburg avait trouvé pour décrire cette mémoire active une expression merveilleuse : "une histoire de fantômes pour adultes[17]".

La bibliothèque d'Aby Warburg.

Et la bibliothèque ? Quel effet cela faisait-il de se trouver au milieu de ce que Cassirer avait comparé au bastion de Prospero ? La plupart des bibliothèques donnent l'impression d'un ordre systématique, d'une organisation manifestée par des thèmes, des nombres ou des séquences alphabétiques. Dans celle de Warburg, on ne voit rien de tel. Quand j'ai visité à Hambourg la salle de lecture reconstruite (qui ne renferme aujourd'hui qu'une petite partie de ses livres) et inspecté les étagères arrondies dans la salle ovale qui en est le cœur, l'impression que j'ai ressentie était de stupeur ; c'était comme si je m'étais trouvé au milieu d'une ville inconnue dont les panneaux indicateurs signifiaient assurément quelque chose mais dont le sens m'était incompréhensible. Les étagères suggéraient à l'œil une association ininterrompue de titres, et non un ordre linéaire avec un début et une fin. Intellectuellement, il m'était possible de trouver des raisons à la proximité de deux titres quelconques, mais ces raisons pouvaient être si diverses et paraître si tirées par les cheveux que je ne parvenais pas à les rattacher à une séquence traditionnelle – telle que M suivant L, ou 2999 précédant 3000. Le système de Warburg était plus proche d'une composition poétique. Lire sur une page le vers : "J'ai rêvé dans la grotte où nage la sirène" offre une compréhension immédiate et complète de la vision du poète. Le lecteur n'a pas besoin d'explication ; par les mots et la musique qui en naît, le vers apporte une révélation pleine et instantanée de ce que c'est que la lecture. Mais si le poète devait explicitement étaler devant nous tous les chemins de traverse, tous les méandres des connexions surgies de son ineffable intuition de la nature de la poésie – s'il essayait de nous rendre visibles toutes les articulations –, cette compréhension nous échapperait. Ainsi en va-t-il de la bibliothèque de Warburg.

Mais Warburg ne permettait pas que ces connexions demeurent invisibles, il ne les envisageait qu'en perpétuelle

transformation, et c'est pourquoi il avait construit sa bibliothèque comme un espace que n'interrompait aucun angle
brutal et dans lequel elles pouvaient conserver une mobilité illimitée. En un sens, sa bibliothèque était une tentative
de libération, dans toute leur nudité, des nerfs de sa pensée,
en offrant à ses idées un espace où se déplacer, se modifier
et s'apparier. Si la plupart des bibliothèques de son époque
ressemblaient à ces vitrines d'entomologiste où sont présentés des spécimens épinglés et étiquetés, celle de Warburg se révélait au visiteur à la façon d'une fourmilière
mise sous verre pour l'édification d'un enfant.

Au printemps 1914, cédant à la pression de ses collègues, Warburg décida d'ouvrir sa bibliothèque aux érudits
et aux chercheurs, en même temps qu'il instituait un système de bourses qui permettraient à des étudiants de venir
travailler à Hambourg. Quatorze ans plus tôt, avec prudence, il avait parlé à son frère Max de cette idée ; il revint
à présent au vaste projet et en discuta les possibilités avec
Fritz Saxl. Il le faisait avec beaucoup de réticence parce
que, reconnaissait-il, il lui était odieux de se déposséder du
domaine intellectuel privé qu'il avait si laborieusement
créé. Il se rendait compte, toutefois, que l'ouverture de la
bibliothèque était l'indispensable étape suivante dans sa
tentative de répertorier l'héritage symbolique complexe de
l'humanité, "l'au-delà du monde ancien[18]".

Mais la Première Guerre mondiale mit un terme pro-
visoire à ces projets. Dans les ténèbres et la confusion de
l'époque, Warburg, qui, depuis l'enfance, souffrait de crises
intermittentes d'anxiété et de dépression, commença à
pressentir une concordance entre son état mental et l'état
du monde. "A la manière d'un sismographe, ses nerfs sen-
sibles avaient déjà enregistré les tremblements souterrains
auxquels les autres restaient totalement sourds", écrivit l'un
de ses contemporains[19]. Warburg considérait désormais sa

quête de connexions entre nos premières représentations symboliques de tendances et de peurs irrationnelles, et les manifestations artistiques plus récentes de ces symboles comme une tension que reflétait son propre conflit mental. Il avait voulu croire que la science finirait, en rendant compte des métamorphoses de nos réflexes phobiques, par trouver des explications rationnellement compréhensibles de nos expériences émotionnelles primordiales. Au lieu de quoi, il était conscient que le dernier avatar élaboré par la science était une machine de guerre encore plus perfectionnée, avec son gaz moutarde et ses tranchées mortelles.

Dans l'un de ses fragments (qu'il avait précédé de l'exorcisme : "Tu vis et tu ne me fais pas de mal[20]"), il écrivit ce qui suit : "Nous sommes à l'âge de Faust, où le savant moderne entreprend – entre magie et mathématique – de conquérir le domaine de la raison réflexive grâce à une conscience accrue de la distance entre l'individu et le monde extérieur[21]." La fin de la guerre en 1918 ne lui apporta guère de soulagement. Deux ans plus tard, la distance paraissait, à ses yeux, avoir quasiment disparu.

En 1920, confronté à la perspective de l'ouverture de sa bibliothèque à un public d'érudits et incapable d'endurer plus longtemps son angoisse mentale, Warburg se rendit à la célèbre clinique des médecins suisses Otto et Ludwig Binswanger à Kreuzlingen, où Friedrich Nietzsche avait séjourné trente ans auparavant[22]. Il y resta jusqu'en 1924. "Pourquoi, demanda-t-il alors, le destin condamne-t-il un être humain créatif à d'éternels tourments, en lui laissant le choix du lieu de son éducation intellectuelle : l'enfer, le purgatoire ou le paradis[23] ?"

Son séjour à la clinique fut un temps de lente guérison et d'efforts pour se reprendre, pour tenter de reconstituer son intelligence éparse, comme fragmentée en milliers d'images et de notes décousues. "Dieu se trouve dans les détails", répétait-il volontiers. Et pourtant il lui semblait – comme à Rousseau, qui avait dit : "Je meurs dans les détails" – qu'il ne pouvait plus rassembler les nombreux fils des images et des réflexions qu'il avait un jour poursuivies. Néanmoins, grâce aux soins du Dr Binswanger il commença à se sentir rétabli et, en 1923, il demanda si les autorités le laisseraient sortir à condition qu'il puisse démontrer sa stabilité mentale. Il suggéra de prendre la parole devant les patients de la clinique et, le 23 avril, il prononça une conférence sur des rituels indigènes du serpent dont il avait été témoin en Amérique dans sa jeunesse. Sur une page de son journal de cette époque, il nota qu'il se voyait comme Persée, vainqueur de la Méduse à chevelure de serpents, qui évita de croiser le regard venimeux du monstre en se servant de son bouclier comme d'un miroir. Il nota aussi qu'au Moyen Age, Persée avait été ravalé du statut de héros à celui de simple diseur de bonne aventure, pour n'être réhabilité que plus tard, à la Renaissance, comme un symbole de l'humanité héroïque[24].

Lorsqu'il quitta la clinique en 1924, Warburg découvrit qu'avec l'accord de sa famille, Saxl avait finalement réalisé le projet de transformer la bibliothèque en centre de recherche. Bien qu'il eût prévu ce changement, il en fut profondément affecté et se sentit diminué ; "Warburg *redux*", signa-t-il l'une de ses lettres à cette époque. Et pourtant, cette transformation parut aussi le remplir d'une énergie "presque effrayante" et, dans ces conditions nouvelles, il se remit au travail au milieu de ses livres bien-aimés.

Il sauterait aux yeux de n'importe quel visiteur pénétrant dans la bibliothèque de Warburg que, dès sa conception, sa création était entièrement visuelle. La forme des étagères, les associations des titres qu'elles accueillaient, les images et photographies éparpillées dans la pièce, tout disait son intérêt pour la représentation matérielle des idées et des symboles. Les sources de ses questions étaient des images ; les livres lui permettaient de réfléchir sur ces images et lui offraient les mots capables de franchir les silences qui les séparaient. La mémoire, ce mot-clef dans le vocabulaire de Warburg, signifiait avant tout la mémoire des images.

Le projet inachevé et inachevable de Warburg fut la grande suite iconographique qu'il intitulait *Mnémosyne*, une vaste collection d'images qui retraçaient, à travers une tapisserie de connexions, les nombreuses pistes qu'il avait suivies. Mais comment présenter ces images ? Comment les disposer devant lui de façon à pouvoir les étudier dans l'ordre, un ordre qu'on pût modifier en fonction d'idées nouvelles et de connexions récemment perçues ? C'est de Saxl que vint la solution de ce problème. A son retour à Hambourg, Saxl accueillit Warburg avec de grands panneaux de bois, pareils à des tableaux scolaires verticaux, qu'il avait tendus de jute noir. Les images de Warburg pouvaient être épinglées sur la toile et enlevées facilement chaque fois qu'il souhaitait modifier leur position. Ces étals géants, "pages" d'un livre sans fin aux séquences variables, devinrent le pivot de toute l'activité de Warburg durant les dernières années de sa vie. Puisqu'il pouvait changer à volonté tant les panneaux que les images exposées, il trouva là l'illustration matérielle de son champ de réflexion et de sa bibliothèque et il y annexa un flot de notes et de commentaires. "Ces images et ces mots ont pour but d'aider dans leur tentative d'atteindre à la clarté ceux qui viendront après moi, écrivit-il, et de maîtriser ainsi la tension tragique entre la magie instinctive et la logique discursive. Ce sont les confessions d'un (incurable) schizoïde, déposées dans les archives des guérisseurs de l'esprit[25]." En réalité, les panneaux de Saxl – un livre aux pages géantes et mobiles – redonnèrent à Warburg, jusqu'à un certain point, l'espace privé qu'il avait perdu ; dans le domaine personnel qu'ils étaient pour lui, il put recouvrer un peu de sa santé mentale.

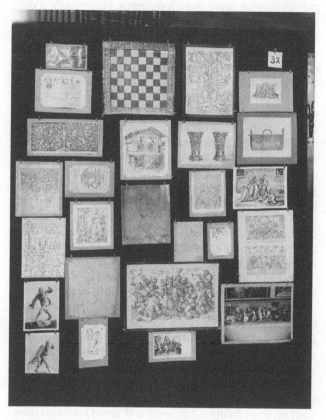

L'un des panneaux de la suite iconographique que Warburg avait intitulée *Mnémosyne*.

Aby Warburg est mort en 1929, à l'âge de soixante-trois ans. Trois ans après sa mort, deux volumes de ses œuvres complètes ont paru en Allemagne ; ce furent les derniers publiés dans sa patrie avant longtemps. Fragmentés, d'une portée étonnamment étendue, ses écrits sont une autre version encore de sa bibliothèque, une autre représentation de la complexité de sa pensée, une autre carte de son extraordinaire intelligence. Il voulait que son intuition aboutisse à des lois scientifiques ; il aurait aimé croire que l'émerveillement et la terreur liés à l'art et à la littérature constituaient des pas vers la compréhension des causes et des fonctions. Et pourtant, il revenait sans relâche à la notion de la mémoire en tant que désir, et du désir en tant que connaissance. Dans l'un de ses fragments, il a écrit que "l'œuvre d'art est quelque chose d'hostile qui s'avance vers celui qui regarde[26]". Avec sa bibliothèque, il avait tenté de créer un espace dans lequel cette hostilité serait non pas apprivoisée (chose qui ne pouvait, il en était conscient, être faite sans destruction), mais réfléchie avec amour, avec curiosité, respect et admiration, un miroir de son esprit curieux et intelligent.

En 1933, lorsque Hitler devint chancelier du Reich, la bibliothèque Warburg et ses responsables émigrèrent en Angleterre. Six cents caisses de livres, du mobilier et des équipements furent envoyés par bateau à Londres. J'aime à imaginer toutes ces barges en train de traverser la mer, chargées des volumes rassemblés au cours des années, portrait par fragments de leur possesseur – lecteur désormais disparu et néanmoins présent dans cette représentation disloquée de sa bibliothèque qu'on allait remonter dans un pays étranger. On installa d'abord les livres dans un immeuble de bureaux à Millbank ; trois ans après, l'université de Londres accepta d'accueillir la collection mais sans reconstruire les étagères ovales. Les livres restèrent à Millbank jusqu'en novembre 1944, quand le Warburg Institute fut incorporé à l'université, où il fonctionne encore aujourd'hui. Cinquante et un ans plus tard, une réplique de la maison de Warburg fut édifiée à Hambourg sur le site de son ancienne demeure de la Heilwigstrasse et l'on s'efforça, en se fondant sur des photographies originales, de reproduire les rayonnages et la présentation d'une partie de sa collection, de sorte que celui qui, aujourd'hui, visite la maison et s'arrête un moment dans la salle de lecture peut avoir l'impression que l'intelligence de Warburg est encore à l'œuvre entre ses mémorables et changeantes étagères.

X
UNE ÎLE

Un vieil homme est toujours Robinson.

FRANÇOIS MAURIAC,
Nouveaux Mémoires intérieurs.

Moins de trois siècles avant que la bibliothèque Warburg ne traverse la mer pour aborder en Angleterre, une autre bibliothèque plus modeste fit naufrage sur la côte d'une île déserte, quelque part dans le Pacifique sud. L'un des premiers jours d'octobre de l'année 1659, Robinson Crusoé regagna l'épave de son navire et réussit à en rapporter sur le rivage quantité d'outils, toutes sortes de denrées alimentaires, ainsi que "divers objets de valeur moindre" tels que plumes, encre, papier, et une petite collection de livres. De ces livres, quelques-uns étaient en portugais, deux "des livres de prières papistes" et trois "d'excellentes bibles". De son "effroyable délivrance", il gardait la terreur de mourir de faim mais dès que les outils et les aliments eurent répondu à ses besoins matériels, il se sentit prêt à rechercher une distraction dans le maigre stock de livres du bateau. Robinson Crusoé était le fondateur – un fondateur malgré lui – d'une société nouvelle. Et Daniel Defoe, son auteur, trouvait nécessaire qu'au début d'une société nouvelle il y eût des livres.

Nous pourrions être tentés de deviner ce qu'étaient ces "quelques livres portugais". Sans doute un exemplaire des

Robinson Crusoé et Vendredi.

Lusiades, de Camões, un ouvrage tout indiqué pour une bibliothèque de navire ; peut-être les sermons de l'illustre Antonio Vieira, dont le merveilleux *Sermon de saint Antoine aux poissons*, dans lequel Crusoé eût pu lire un plaidoyer pour les frères du sauvage Vendredi ; presque à coup sûr les *Pérégrinations* de Fernão Mendes Pinto, qui racontent d'étranges voyages dans cet Orient encore mystérieux que Defoe l'omnivore connaissait bien. On ne peut pas dire exactement quels étaient ces livres car, bien qu'il tînt un journal dans lequel il rendait un compte scrupuleux des changements de temps et d'humeur, Crusoé n'y parla plus jamais des livres. Sans doute, en bon Anglais convaincu que l'anglais est la seule langue nécessaire à un gentleman, Crusoé ne lisait-il pas le portugais. Pour quelque raison que ce soit, il semble avoir très vite complètement oublié les livres, et quand il quitte l'île près de trente ans plus tard, le 11 juin 1687, non sans avoir dressé une liste détaillée de ses possessions, il ne souffle pas mot de ces volumes anonymes.

Ce dont il nous parle, c'est de l'usage qu'il fait de la Bible. Elle colore chacune de ses actions, elle lui dicte la signification de ses souffrances, elle est l'instrument à l'aide duquel il tentera, tel Prospero, de faire de Vendredi un serviteur utile. Crusoé écrit : "Je lui expliquai de mon mieux pourquoi notre bienheureux Sauveur a pris sur lui non la nature des anges mais la semence d'Abraham, et comment, pour cette raison, les anges déchus n'ont point part à la rédemption ; qu'Il est venu seulement pour les brebis perdues de la maison d'Israël, et pour leurs pareils." Et il ajoute, avec une franchise désarmante : "Il y avait,

Dieu le sait, plus de sincérité que de science dans les méthodes que j'utilisais pour l'instruction de cette pauvre créature."

Pour Crusoé, le livre est un instrument non seulement d'instruction mais aussi de divination. Quelque temps plus tard, alors que, plongé dans le désespoir, il essaie de comprendre sa pitoyable condition, il ouvre la Bible et trouve cette phrase : "Jamais je ne te quitterai, jamais je ne t'abandonnerai", et aussitôt il lui apparaît que ces mots lui sont adressés, à lui. Sur ce rivage lointain, où il repart à zéro avec quelques bricoles récupérées dans les ruines de la société – des graines, des armes et le Verbe de Dieu –, il bâtit un monde nouveau au centre duquel la sainte Bible rayonne de tout son éclat farouche et ancien.

On peut vivre dans une société fondée sur le livre et pourtant ne pas lire, ou vivre dans une société où le livre n'est qu'un accessoire et être, au sens le plus vrai et le plus profond, un lecteur. En tant que société, les Grecs, par exemple, ne tenaient guère aux livres et cependant, individuellement, c'étaient des lecteurs assidus[1]. Aristote, dont les livres (tels que nous les connaissons aujourd'hui) étaient sans doute des notes prises au vol par ses étudiants, lisait avec voracité, et sa bibliothèque personnelle est la première en Grèce antique sur laquelle nous possédions quelque information fiable[2]. Socrate – qui méprisait les livres parce qu'il les considérait comme une menace pour ce don qu'est notre mémoire, et qui jamais ne daigna laisser un mot écrit – choisit de lire le discours de l'orateur Lycias plutôt que d'écouter Phèdre le réciter avec enthousiasme[3]. Crusoé aurait peut-être préféré que le texte lui soit lu, s'il avait eu le choix. Même si ce représentant d'une société judéo-chrétienne centrée sur le livre "lisait chaque jour la Parole de Dieu", ainsi qu'il nous le dit, Crusoé n'était pas un lecteur assidu de la Bible, son Livre de Pouvoir

(expression empruntée à Luther). Il la consultait quoti-
diennement – de même qu'il aurait consulté l'Internet s'il
avait existé, et se serait laissé guider par lui. Mais il ne
s'appropriait pas le Verbe, ainsi que nous le recommande
Augustin, en "incarnant" le texte écrit[4]. Il se contentait
d'accepter la lecture qu'en faisait la société. Si Crusoé
avait été naufragé à la fin de notre millénaire, on l'imagine
sans peine récupérant sur le bateau non un Livre de Pouvoir mais un PowerBook.

Qu'est-ce qui distingue Crusoé de Defoe, ce lecteur
avide, puisque tous deux sont membres de la société du
livre ? Qu'est-ce qui distingue quelqu'un pour qui un livre
est fort ou prestigieux, mais qui peut vivre content sans
livre ou avec un seul volume emblématique, d'un lecteur de
livres choisis un par un et dès lors personnellement signifi-
catifs ? Il y a une différence infranchissable entre le livre
que la tradition a déclaré classique et le livre (le même
livre) que nous nous sommes approprié par l'instinct, l'émotion et la compréhension : par lequel nous avons souffert,
dans lequel nous nous sommes réjouis, que nous avons traduit en expérience personnelle et dont (si nombreuses que
soient les lectures successives après lesquelles il parvient
entre nos mains) nous sommes devenus pour l'essentiel les
premiers découvreurs, expérience aussi étonnante et inattendue que la découverte sur le sable des traces de pas de
Vendredi. "Les chants d'Homère, déclarait Goethe, ont le
pouvoir de nous délivrer, fût-ce pour de brefs instants, du
poids effrayant dont la tradition nous écrase depuis des milliers d'années[5]." Etre le premier à entrer dans la caverne
de Circé, le premier à entendre Ulysse dire qu'il s'appelle
Personne, c'est le souhait secret de tout lecteur, un bonheur
accordé sans cesse, de génération en génération, à tous ceux
qui découvrent l'*Odyssée* pour la première fois. Ce modeste
jus primae noctis (ou "droit de cuissage") assure aux livres
que nous disons classiques leur seule immortalité valable.

Il y a deux lectures possibles du verset de l'Ecclésiaste souvent cité : "Il n'y a point de fin à multiplier les livres[6]." On peut y lire un écho des mots suivants – "et la continuelle méditation de l'esprit afflige le corps" – et renoncer, d'un haussement d'épaules, à la tâche impossible de venir à bout de notre bibliothèque ; ou bien on peut y voir une jubilation, une prière d'action de grâces devant la munificence de Dieu, de sorte que la conjonction "et" se lit comme un "mais" : "mais la continuelle méditation de l'esprit afflige le corps". Crusoé adopte la première lecture ; Aristote (et ses descendants, jusqu'à Northrop Frye) la seconde. Depuis les débuts oubliés, un jour lointain, en Mésopotamie, d'innombrables lecteurs ont persisté à se frayer un chemin dans la multiplicité des livres en dépit de l'affliction du corps. Chaque lecteur a trouvé les charmes grâce auxquels on peut prendre possession d'une page qui, par magie, devient comme jamais lue, fraîche et immaculée. Les bibliothèques sont les chambres fortes, les coffres aux trésors qui recèlent ces charmes.

Ces deux espèces de lecteurs ne sont, bien entendu, pas les seules possibles. A l'opposé de Crusoé – l'homme dont la bibliothèque consiste en un livre unique et vénéré, et en quelques autres qu'il ne lit pas – se trouve le lecteur pour lequel chacun des livres de sa bibliothèque est sujet à réprimande, le lecteur qui croit que toute lecture interprétative doit être erronée. C'est la discipline, non le plaisir, qui dicte à ces lecteurs-là leur activité, et ils trouvent parfois à s'occuper sur les sièges des académies, ou dans les bureaux des douanes.

Un soir de 1939, à Buenos Aires, Borges et deux de ses amis, les écrivains Adolfo Bioy Casares et Silvina Ocampo, décidèrent d'immortaliser ce censeur pointilleux. Tous trois étaient des lecteurs extraordinairement éclectiques. Dans la bibliothèque de Bioy et Silvina (une vaste salle décrépite dans un appartement du XIXe siècle donnant sur l'un des plus beaux parcs de la ville), ils parlaient de

livres, composaient des anthologies, s'essayaient à des traductions en espagnol, défendaient avec passion leurs choix
personnels et se moquaient avec une passion égale des
auteurs qu'ils n'aimaient pas. Ils étaient complémentaires :
Borges préférait le genre épique et les récits fantastiques
philosophiques ; Bioy, le roman psychologique et la satire
sociale ; Silvina, la poésie lyrique et la littérature de l'absurde. Leurs lectures à eux trois couvraient tous les styles
et tous les genres.

Quelquefois, ils s'amusaient à inventer des histoires.
Dans l'une de ces inventions (qu'ils n'achevèrent jamais),
il était question d'un jeune enthousiaste de la littérature
parti à la recherche de l'œuvre d'un écrivain plus âgé qui,
avant sa mort, a acquis la célébrité pour son raffinement
insurpassé et sa perfection stylistique. Ne parvenant à
trouver que quelques textes peu attrayants, l'enthousiaste
se rend chez l'écrivain et, parmi les papiers du défunt,
il découvre une curieuse liste de "Choses à éviter en littérature[7]" :

– curiosités et paradoxes psychologiques : meurtres par
bonté d'âme, suicides par contentement ;
– interprétations surprenantes de certains livres et personnages : la misogynie de Don Juan, etc. ;
– protagonistes jumeaux trop manifestement dissembla-
bles : Don Quichotte et Sancho Pança, Sherlock Holmes
et Watson ;
– romans avec personnages jumeaux identiques, comme
Bouvard et Pécuchet. Si l'auteur invente un trait pour
l'un, il est obligé d'en inventer un pour l'autre ;
– personnages dépeints par leurs particularités, comme
dans Dickens ;
– toute chose nouvelle ou étonnante. La discourtoisie
d'une surprise n'amuse pas le lecteur civilisé ;
– jeux sans intérêt avec le temps et l'espace : Faulkner,
Borges, etc. ;
– la découverte, dans un roman, que le véritable héros en
est la prairie, la jungle, la mer, la pluie, la Bourse ;

– poèmes, situations, personnages que le lecteur pourrait
– Dieu nous garde ! – identifier ;
– expressions susceptibles de devenir des proverbes ou
des citations : elles sont incompatibles avec la cohérence
d'un livre ;
– personnages susceptibles de devenir des mythes ;
– énumération chaotique ;
– richesse de vocabulaire. Synonymes. *Le mot juste**. Tout
effort de précision ;
– descriptions imagées, abondance de détails matériels,
comme dans Faulkner ;
– milieu, ambiance, atmosphère. Chaleur tropicale, ivro-
gnerie, une voix à la radio, des phrases répétées comme
un refrain ;
– débuts et fins météorologiques. Contrevérités pathé-
tiques : *"Le vent se lève ! Il faut tenter de vivre** !"* ;
– toutes métaphores. Particulièrement les métaphores
visuelles. Plus particulièrement encore, les métaphores
issues de l'agriculture, de la marine, de la banque. Comme
dans Proust ;
– l'anthropomorphisme ;
– livres parallèles à d'autres livres. *Ulysses* et l'*Odyssée* ;
– livres qui se prétendent menus, albums photographiques, cartes routières, programmes de concerts ;
– tout ce qui pourrait inspirer des illustrations. Tout ce qui
pourrait inspirer un film ;
– le superflu : scènes domestiques dans les romans policiers ; scènes dramatiques dans les dialogues philosophiques ;
– l'attendu. Pathétique et scènes érotiques dans les histoires d'amour. Enigme et crimes dans les romans policiers. Fantômes dans les récits fantastiques ;
– Vanité, modestie, pédérastie, absence de pédérastie,
suicide.

* En français dans le texte. *(N.d.T.)*
** En français dans le texte. *(N.d.T.)*

De telles "exigences du lecteur" débouchent, c'est bien évident, sur l'absence de toute littérature.

Heureusement, la plupart des lecteurs se situent entre ces deux extrêmes. La plupart d'entre nous ne fuient ni les livres par révérence envers la littérature, ni la littérature par révérence envers les livres. Notre activité est plus modeste. Nous cheminons au travers d'interminables rayonnages de livres où nous choisissons tel ou tel volume sans raison apparente : à cause d'une couverture, d'un titre, d'un nom, à cause de ce que quelqu'un a dit ou n'a pas dit, à cause d'une intuition, d'un caprice, d'une erreur, parce que nous croyons pouvoir trouver dans ce livre tel récit, tel personnage ou tel détail, parce que nous pensons qu'il a été écrit pour nous, parce que nous pensons qu'il a été écrit pour tout le monde sauf pour nous et voulons découvrir pourquoi nous avons été exclus, parce que nous avons envie de nous instruire, ou de lire, ou de nous perdre dans l'oubli.

Les bibliothèques ne sont pas, ne seront jamais le domaine de tout le monde. En Mésopotamie comme en Grèce, à Buenos Aires comme à Toronto, partout, lecteurs et non-lecteurs ont existé côte à côte et les non-lecteurs ont toujours constitué la majorité. Que ce soit dans les salles d'étude très privées de Sumer ou de l'Europe médiévale, dans la Londres populaire du XVIIIᵉ siècle ou dans le Paris populiste du XXIᵉ, le nombre de ceux pour qui lire des livres est essentiel est très petit. Ce qui varie, ce ne sont pas les proportions entre ces deux groupes humains, mais la façon dont les différentes sociétés considèrent le livre et l'art de lire. Et là revient en jeu la distinction entre le livre élevé sur un piédestal et le livre lu.

Si un visiteur arrivait aujourd'hui du passé dans nos villes civilisées, nos habitudes de lecture offriraient assurément à ce Gulliver antique un sujet d'étonnement. Que verrait-il ? Il verrait de vastes temples commerciaux dans lesquels sont vendus des livres par milliers, d'immenses édifices dans lesquels la parole publiée est divisée et rangée en catégories bien nettes pour la consommation dirigée des fidèles. Il verrait des bibliothèques où des lecteurs se pressent entre les rayonnages comme ils le font depuis des siècles. Il les verrait explorer les collections virtuelles dans lesquelles certains des livres ont été transférés et mènent l'existence fragile de fantômes électroniques. Au-dehors aussi, le voyageur dans le temps trouverait une armée de lecteurs : sur des bancs publics, dans le métro, les bus, les trams et les trains, dans des appartements et dans des maisons, partout. Notre visiteur serait excusable s'il supposait que notre société est une société lettrée.

Au contraire. Notre société accepte le livre comme un fait acquis, mais la lecture – jadis jugée utile et importante, en même temps que potentiellement dangereuse et subversive – est à présent admise avec condescendance comme un passe-temps, un passe-temps qui est lent, qui manque d'efficacité et qui ne contribue pas au bien commun. Ainsi que notre visiteur finirait bien par le comprendre, dans notre société la lecture n'est qu'une activité secondaire et le grand réservoir de notre mémoire et de notre expérience, la bibliothèque, est moins considéré comme une entité vivante que comme un entrepôt incommode.

Pendant les révoltes d'étudiants qui ont secoué le monde à la fin des années 1960, l'un des slogans criés aux professeurs de l'université de Heidelberg était *"Hier wird nicht zitiert !"* – "Ici, on ne cite pas !" Les étudiants exigeaient une pensée originale ; ils oubliaient que citer, c'est continuer une conversation du passé afin de donner un contexte au présent. Citer, c'est faire usage de la bibliothèque de Babel ; citer, c'est réfléchir à ce qui a déjà été dit et si nous ne le faisons pas, nous parlons dans un vide où nulle voix humaine ne peut produire un son. "Ecrire l'histoire, c'est la citer[8]", a dit Walter Benjamin. Ecrire le passé, converser avec l'histoire : tel était l'idéal humaniste auquel Benjamin faisait écho, un idéal avancé pour la première fois par Nicolas de Cuse dès 1440. Dans son *De docta ignorantia*, il suggérait que la Terre n'était peut-être pas le centre de l'univers et qu'il se pouvait que l'espace fût infini et non borné par décret divin, et il proposait la création d'une société semi-utopienne qui, à l'instar de la bibliothèque universelle, contiendrait l'humanité entière, une société dans laquelle la politique et la religion auraient cessé d'être des forces disruptives[9]. On notera avec intérêt que, pour les humanistes, il existait une corrélation entre l'intuition d'un espace illimité n'appartenant à personne et la connaissance d'un passé riche, appartenant à tous.

Voilà évidemment le contraire même de la définition du World Wide Web. Le Web se définit comme un espace qui appartient à tous, et le sentiment du passé y est forclos. Il n'existe pas de nationalités sur le Web (à part, bien entendu, le fait que sa *lingua franca* est une version diluée de l'anglais) et pas non plus de censure (sauf que des gouvernements trouvent le moyen de barrer l'accès à certains sites). Le plus petit livre du monde (le Nouveau Testament gravé sur une tablette de cinq millimètres carrés[10]) ou le plus ancien codex à pages multiples (écrit en langue étrusque au Ve siècle avant notre ère sur six feuilles d'or à vingt-quatre carats reliées ensemble[11]) possèdent des qualités qu'on ne peut percevoir seulement grâce aux mots qu'ils contiennent mais qu'il faut apprécier en leur présence matérielle entière et distincte. Sur l'Internet, où tous les textes sont égaux et de forme identique, ils ne sont plus que textes fantômes et images photographiques.

Le passé (la tradition qui conduit à notre présent électronique) est, pour l'utilisateur de l'Internet, sans intérêt, puisque tout ce qui compte, c'est ce qui apparaît dans l'instant. Comparé à un livre, dont l'aspect matériel trahit l'âge, un texte appelé sur écran n'a pas d'histoire. L'espace électronique est sans frontière. Les sites – c'est-à-dire les patries spécifiques, bien définies – y ont leurs fondations mais ne le limitent ni ne le possèdent, c'est comme de l'eau sur de l'eau. L'Internet est quasi instantané ; il n'occupe pas d'autre temps que le cauchemar d'un présent perpétuel. Tout en surface et sans volume, tout au présent et sans passé, le Web aspire à être (se fait valoir comme) le domicile de chaque utilisateur, où la communication est possible avec n'importe quel autre utilisateur à la vitesse de la pensée. C'est là sa caractéristique principale : la vitesse. Bède le Vénérable, déplorant la rapidité et la brièveté de notre vie sur Terre, la comparait au passage à travers une salle bien éclairée d'un oiseau entré de l'obscurité à un bout et ressortant à l'autre bout vers l'obscurité[12] ; notre société interpréterait la lamentation de Bède comme une vantardise.

Depuis que la technologie électronique est présente dans tous nos domaines de loisirs et de travail, nous pensons à elle comme si elle pouvait remplacer toutes les autres technologies, y compris celle du livre. Notre future société sans papier, définie par Bill Gates dans un livre de papier[13], est une société sans histoire puisque tout, sur le Web, est instantanément contemporain ; en ce qui concerne les écrivains, par exemple, grâce à nos machines à traitement de texte, il ne demeure aucunes archives de nos notes, de nos hésitations, de nos cheminements ni de nos brouillons. Walter Benjamin observait, peu avant le début du nazisme, que "l'humanité, qui était au temps d'Homère un objet de contemplation pour les dieux de l'Olympe, en est un désormais pour elle-même. Son aliénation a atteint un degré tel qu'elle peut expérimenter sa propre destruction comme un plaisir esthétique de premier ordre[14]." A cette aliénation nous avons ajouté maintenant l'aliénation de nos idées, et nous nous complaisons au spectacle de la destruction de notre passé. Nous ne conservons plus les traces de nos créations intellectuelles. Aux yeux d'un observateur futur, il semblera que nos idées sont nées tout élaborées, telle Athéna du crâne de son père – sauf que,

notre vocabulaire historique étant oublié, ce cliché ne signi-
fiera plus rien.

Le 18 janvier 1949, un Américain du nom de James
T. Mangan a déposé au bureau des enregistrements du
comté de Cook, sous l'autorité du procureur général de
l'Etat d'Illinois, un titre de propriété relatif à la totalité
de l'espace. Après avoir donné à son vaste territoire le
nom de Celestia, Mr Mangan en informa tous les pays du
monde, les avertit de ne pas entreprendre de voyages vers
la Lune et demanda à devenir membre des Nations unies[15].
De nos jours, des sociétés multinationales ont repris à leur
compte l'ambitieux dessein de Mr Mangan. Leurs méthodes ont été d'une efficacité extraordinaire. En offrant aux
adeptes de l'électronique l'apparence d'un monde régi à
partir de leur clavier, un monde dans lequel on peut "accéder" à tout et tout obtenir, comme dans les contes de fées,
d'un simple tapotement du doigt, les sociétés multinationales se sont arrangées pour que, d'une part, les utilisateurs
ne protestent pas contre leur transformation en consommateurs puisqu'ils sont prétendument "aux commandes"
de l'espace cybernétique, et que, d'autre part, il leur soit
impossible d'apprendre quoi que ce soit de profond sur
eux-mêmes, leur environnement immédiat ou le reste du
monde. A propos de l'utilité de l'Internet en tant qu'outil
de création, Will Eisner, le célèbre auteur américain de
bandes dessinées, expliquait en 2004 que lorsqu'il avait
découvert cet instrument électronique, il l'avait d'abord
pris pour une source quasi magique de nouvelles inventions artistiques mais que, depuis, il n'y voyait plus qu'un
supermarché où les consommateurs viennent chercher les
produits le moins chers possible[16]".
     Ce tour de passe-passe s'accomplit chaque fois qu'un
lecteur s'accroche à l'Internet en accordant plus de prix
à la rapidité qu'à la réflexion et à la brièveté qu'à la

complexité, en préférant des bribes d'information et des octets de réalité à de longues discussions et à des dossiers préparés avec soin, en diluant les opinions autorisées dans des volumes de bavardage inepte, de conseils inefficaces, de données fausses et de renseignements sans intérêt dont l'attrait vient de noms de marques et de statistiques manipulées.

Mais l'Internet n'est qu'un instrument. Ce n'est pas sa faute si notre intérêt pour le monde dans lequel nous vivons est superficiel. Sa vertu réside dans la brièveté et la multiplicité de ses informations ; il peut aussi nous offrir concentration et profondeur. Les médias électroniques peuvent nous venir en aide (nous viennent effectivement en aide) de quantité de façons pratiques, mais pas en tout, et on ne peut les tenir pour responsables de ce qu'ils ne sont pas censés faire. L'Internet ne sera pas, à l'instar du livre, le réceptacle de notre passé cosmopolite parce que ce n'est pas un livre et que ce ne sera jamais un livre, quels que soient les innombrables gadgets et apparences inventés pour le forcer à jouer ce rôle. Il ne peut pas non plus jouer avec une quelconque utilité celui de bibliothèque universelle, en dépit de programmes aussi ambitieux que le projet Google et, avant lui, le projet Gutenberg (PG) qui a, depuis 1971, placé sur la Toile quelque dix mille textes – dont un grand nombre sont des doublons et dont un plus grand nombre encore ne sont pas fiables, ayant été scannés à la hâte et mal débarrassés des erreurs typographiques. En 2004, le critique anglais Paul Duguid observait : "Une brève rencontre critique suggère [...] que si, par bien des côtés, PG ressemble – en mieux – aux bibliothèques conventionnelles, cela ressemble aussi à une caisse de livres dans une vente de charité paroissiale, où le curé bénit au même titre trésors et nullités parce qu'ils ont pareillement été donnés[17]."

Le Web ne nous assurera pas davantage le gîte et le couvert pendant notre passage en ce monde, car ce n'est ni un lieu de repos ni un foyer, ni la caverne de Circé ni Ithaque. C'est à nous seuls, et à nos technologies, que nous devons nos pertes et nous sommes seuls responsables lorsque nous préférons délibérément l'oubli au souvenir. Nous sommes habiles, toutefois, à nous donner des excuses et à rêver des justifications à nos pauvres choix.

Les Abénakis, un peuple d'Amérique du Nord, croyaient qu'un groupe particulier de divinités, les Oonagamessoks, présidait à la création des gravures rupestres, et ils expliquaient la disparition progressive de ces gravures en disant que les dieux étaient en colère à cause du manque d'attention dont ils étaient l'objet depuis l'arrivée des Blancs[18]. Ce n'est pas l'arrivée d'une nouvelle technologie qui entraîne l'effacement des gravures rupestres de notre passé commun, mais le fait que nous n'avons plus l'habitude de les lire. Nous perdons notre vocabulaire commun, fabriqué au cours de milliers et de milliers d'années afin de nous venir en aide, de nous enchanter et de nous instruire, au profit de ce que nous prenons pour les vertus de la nouvelle technologie. Le monde, ainsi que Crusoé l'a découvert, est toujours assez vaste pour accueillir une merveille de plus. Être cosmopolite aujourd'hui signifie être éclectique, refuser d'exclure une technologie au nom d'une autre. Notre tendance à bâtir des murs n'a d'utilité qu'en tant que point de départ à une définition de nous-mêmes : des murs qui contiennent le lit dans lequel nous sommes nés, dans lequel nous rêvons, engendrons et mourons. Mais hors ces murs s'étend la prise de conscience par Siddharta du fait que tous les humains vieillissent, que tous sont sujets aux cauchemars et aux maladies et que tous doivent au bout du compte connaître la même fin implacable. Les livres répètent infatigablement cette même histoire.

Au nombre des nouvelles incarnations de la bibliothèque, il en est qui se passent des nouvelles technologies (ou ne peuvent pas se les offrir). En 1990, le ministère colombien de la Culture a mis en place une organisation de bibliothèques itinérantes chargées d'apporter des livres dans les coins les plus reculés du pays[19]. S'il y avait depuis 1982 des bibliobus dans les districts voisins de Bogotá, le gouvernement jugeait important aussi d'atteindre les habitants des régions rurales plus éloignées. Dans ce but, on a mis au point de grands sacs verts pourvus de vastes poches, dont on peut faire aisément, en les pliant, des colis commodes, afin de transporter des livres à dos d'âne dans la jungle et dans la sierra. Là, les livres sont confiés pendant plusieurs semaines à un instituteur ou à un ancien du village qui devient, de ce fait, le bibliothécaire responsable. On accroche à un poteau ou à un arbre les sacs dépliés, permettant à la population locale de feuilleter les livres pour faire son choix. Quelquefois, le bibliothécaire fait la lecture à ceux qui n'ont pas appris à lire ; à l'occasion, un membre d'une famille qui a été à l'école lit pour les autres. "De cette façon, expliquait l'un des villageois lors d'une interview, nous pouvons savoir ce que nous ne savons pas et le transmettre aux autres." A la fin de la période prévue, on envoie un nouveau lot pour remplacer le précédent. Les livres sont en majorité des ouvrages techniques, manuels d'agriculture ou instructions pour la filtration de l'eau, collections de patrons pour la couture et guides vétérinaires, mais il y a aussi quelques romans et autres ouvrages littéraires. Selon l'une des bibliothécaires, le compte des livres est toujours juste. "Je n'ai connu qu'une occasion où un livre n'a pas été retourné, m'a-t-elle raconté. Nous avions pris, en plus des habituels titres pratiques, une traduction en espagnol de l'*Iliade*. Quand le moment est venu de l'échanger, les villageois ont refusé de la rendre. Nous avons décidé de leur en faire cadeau, mais nous leur avons demandé pourquoi ils voulaient conserver ce titre-là en particulier. Ils nous ont expliqué que le récit d'Homère reflète exactement leur histoire : il

"Biblio-bourricots" dans la Colombie rurale.

y est question d'une contrée déchirée par la guerre, où des
dieux fous et capricieux décident du sort d'êtres humains
qui ne savent jamais très bien pour quoi on se bat ni quand
ils seront tués[20]."

Ces lointains lecteurs colombiens le savent bien, notre
existence s'écoule, tel un fleuve impossible, dans deux
directions : de la masse inépuisable de noms, de lieux, de
créatures, de livres, de rituels, de souvenirs, d'illuminations
et de pierres que nous appelons le monde, vers le visage
qui nous fixe chaque matin du tréfonds d'un miroir ; et de
ce visage, de ce corps entourant un centre que nous ne
pouvons voir, de ce qui nous nomme quand nous disons
"je", vers tout ce qui est Autre, extérieur, au-delà. Le sentiment de ce que nous sommes individuellement, couplé
avec le sentiment d'être, collectivement, les citoyens d'un
inconcevable univers, prête à notre vie quelque chose
comme un sens – un sens que les livres de nos bibliothèques expriment en mots.

Il est probable que les bibliothèques continueront d'exister aussi longtemps que nous persisterons à attacher des mots au monde qui nous entoure et à les conserver pour des lecteurs futurs. Tant de choses ont été nommées, tant de choses continueront à l'être que, si fous que nous soyons, nous ne renoncerons pas à ce petit miracle qui nous offre l'ombre d'une compréhension. Il se peut que les livres ne changent rien à nos souffrances, que les livres ne nous protègent pas du mal, que les livres ne nous disent pas ce qui est bien ou ce qui est beau, et ils ne nous mettront certes pas à l'abri du sort commun qu'est la tombe. Mais les livres nous offrent une multitude de possibilités : possibilité d'un changement, possibilité d'une illumination. Il se peut qu'il n'existe aucun livre, si bien écrit qu'il soit, qui puisse alléger d'une once la douleur des tragédies d'Irak ou du Rwanda, mais il se peut aussi qu'il n'existe aucun livre, si atrocement écrit qu'il soit, qui ne puisse apporter une épiphanie au lecteur qui lui est destiné. Robinson Crusoé explique : "Il peut n'être pas mal à propos pour tous ceux qui connaîtront mon histoire d'en tirer cette juste observation, à savoir combien de fois, dans le cours de nos vies, le mal que nous cherchons le plus à éviter et qui, une fois que nous y sommes tombés, nous est le plus affreux, est aussi bien souvent le moyen même ou la porte de notre délivrance, par quoi seulement nous pouvons être relevés." Ce n'est pas Crusoé qui parle ici, bien entendu, mais Defoe – lecteur de si nombreux livres.

Histoires, chronologies et almanachs nous offrent l'illusion d'un progrès, même s'il nous est démontré à maintes et maintes reprises qu'il n'existe rien de tel. Transformation, oui, passage, oui, mais que ce soit pour le meilleur ou pour le pire, cela ne dépend que du contexte et de l'observateur. En tant que lecteurs, nous sommes passés de l'apprentissage d'un art précieux, dont le secret était détenu jalousement par quelques-uns, à l'habitude de considérer comme allant de soi un talent qui est désormais subordonné à des principes sans âme de profit financier ou d'efficacité mécanique, un talent qui compte pour presque rien aux yeux des gouvernements. Nous sommes passés bien des fois d'une échelle de valeurs à l'autre, et nous le ferons sûrement encore. Ce parcours erratique ne peut pas nous être épargné, il semble intrinsèque à notre nature humaine, mais au moins pouvons-nous ballotter en sachant que nous ballottons, et avec la conviction que notre savoir-faire sera reconnu à nouveau comme essentiel. La bibliothèque de Robinson Crusoé – composée du seul Bon Livre – n'était pas une simple idole, ni un accessoire, mais l'instrument fondamental de sa nouvelle société, le moyen pour lui de prêter un ordre à l'univers.

L'apôtre Paul (le seul des apôtres à n'avoir jamais connu Jésus face à face) demandait sans ambages à ceux qu'il rencontrait, hommes et femmes en quête des Ecritures : "Vous faut-il une preuve que le Christ parle en moi ?" sachant que puisqu'il avait lu le Verbe, le Verbe habitait désormais en lui, même s'il n'avait pas rencontré l'Auteur ; qu'il était devenu le Livre, le Verbe incarné, par l'effet de cette petite part du divin à laquelle l'art de lire donne accès à ceux qui cherchent à apprendre les secrets contenus sur une page. Telle est la sagesse de la secte des esséniens, ce peuple dévot qui nous a donné, voici de si nombreuses années, les manuscrits de la mer Morte : "Nous savons que le corps est corruptible, et éphémère la matière dont il est fait. Mais nous savons aussi que l'âme [et moi, futur lecteur des manuscrits, je glisse ici : «le livre»] est immortelle et impérissable."

XI

LA SURVIE

> *J'ai vécu de l'art, j'ai vécu de l'amour, je*
> *n'ai jamais causé de tort à âme qui vive…*
> *Alors pourquoi, Seigneur, pourquoi me*
> *récompenser ainsi ?*
>
> PUCCINI,
> *La Tosca*, acte II.

Comme les manuscrits de la mer Morte, comme tous les livres qui parviennent jusqu'à nous des mains de distants lecteurs, chacun de mes livres contient l'histoire de sa propre survie. Le feu, l'eau, le passage du temps, les lecteurs négligents et les mains du censeur, chacun de mes livres y a échappé pour me le raconter.

Voici quelques années, sur un étal du marché aux puces de Berlin, j'ai trouvé un mince livre noir dont la couverture entoilée ne portait aucune inscription. La page-titre annonçait, en beaux caractères gothiques : *Gebet-Ordnung für den Jugendgottesdienst in der jüdißchen Gemeinde zu Berlin (Sabbath-Nachmittag)* – "Règlement relatif à la prière pour l'office des jeunes dans la communauté juive de Berlin (après-midi de sabbat)". Au nombre des prières s'en trouve une pour "notre roi, Guillaume II, empereur du royaume allemand" et son "impératrice et reine Auguste-Victoria". C'était la huitième édition, imprimée par Julius Gittenfeld à Berlin en 1908 et vendue à la librairie de

C. Boas Nachf., Neue Friedrichstraße 69, "à l'angle de la Klosterßtrasse", laquelle n'existe plus. Il n'y avait aucune indication du nom du propriétaire.

Un an avant l'impression de ce livre, l'Allemagne avait refusé les limitations d'armement proposées par la conférence de la Paix de La Haye ; quelques mois plus tard, la loi d'expropriation décrétée par le *Reichskanzler* et *Preußischer Ministerpräsident Fürst* Bernard von Bülow autorisait de nouveaux établissements allemands en Pologne ; même si elle ne fut presque jamais appliquée aux dépens des propriétaires terriens polonais, cette loi accordait déjà à l'Allemagne des droits territoriaux qui à leur tour, en 1940, permirent l'installation d'un camp de concentration à Auschwitz. Le premier propriétaire du *Gebet-Ordnung* a sans doute acheté ou reçu le livre lors de ses treize ans, à l'occasion de sa bar-mitsvah, qui l'autorisait à se joindre aux prières dans la synagogue. S'il a survécu à la Première Guerre mondiale, il devait avoir trente-huit ans à la naissance du Troisième Reich en 1933 ; s'il est resté à Berlin,

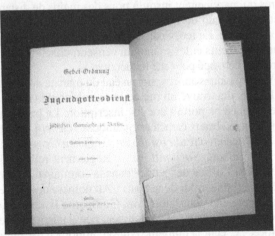

Le livre de prières juives dont il est question dans ce chapitre.

il est probable qu'il a été déporté, comme tant d'autres juifs berlinois, en Pologne[1]. Peut-être a-t-il eu le temps d'offrir à quelqu'un le livre de prières avant qu'on l'emmène ; peut-être l'a-t-il caché, ou abandonné avec d'autres livres qu'il possédait.

Lorsque les nazis commencèrent à piller et à détruire les bibliothèques juives, le responsable de la bibliothèque Sholem-Aleichem à Biala Podlaska décida de sauver les livres et, jour après jour, lui et un collègue en emportèrent autant qu'ils pouvaient en charrier, en dépit de sa conviction que très bientôt "il ne resterait pas un lecteur". Deux semaines plus tard, le fonds avait été déménagé en secret dans un grenier où le redécouvrit, longtemps après la fin de la guerre, l'historien Tuvia Borzykowski. A propos de l'action du bibliothécaire, Tuvia Borzykowski écrivit qu'elle avait été menée "sans même envisager l'éventualité que quelqu'un puisse un jour avoir besoin des livres sauvés[2]" : c'était un acte de sauvetage de la mémoire en soi. L'univers, pensaient les anciens kabbalistes, ne dépend pas de notre lecture ; seulement de la possibilité que nous le lisions.

Avec l'acte emblématique que fut la destruction des livres par le feu sur une place d'Unter den Linden, juste devant l'université de Berlin, au soir du 10 mai 1933, les livres devinrent une cible spécifique des nazis ; il n'y avait pas cinq mois qu'Hitler était chancelier lorsque le ministre de la Propagande du Reich, le Dr Joseph Goebbels, déclara que brûler en public des livres d'auteurs tels que Heinrich Mann, Stefan Zweig, Freud, Zola, Proust, Gide, Helen Keller et H. G. Wells permettait à "l'âme du peuple allemand de s'exprimer à nouveau. Ces flammes n'illuminent pas seulement l'acte final d'une ère révolue ; elles éclairent aussi la nouvelle[3]." L'ère nouvelle prohiba la vente ou la circulation de milliers de livres, en librairie comme dans les bibliothèques, ainsi que la publication de nouveaux titres. Des ouvrages rangés d'ordinaire sur les étagères des

salons parce qu'ils étaient prestigieux ou intéressants devinrent soudain dangereux. La possession à titre privé des
livres mis à l'index était interdite ; de nombreux livres
furent confisqués et détruits. Des centaines de bibliothèques juives dans toute l'Europe furent incendiées, qu'il
s'agît de collections privées ou publiques. Un correspondant nazi a raconté sur un ton jubilatoire la destruction de
la célèbre bibliothèque de la *yeshiva* de Lublin en 1939 :
"Ce fut pour nous le sujet d'une fierté particulière que de
détruire l'académie talmudique, qui était connue comme
la plus grande de Pologne. [...] Nous avons lancé au-dehors
l'immense bibliothèque talmudique et porté les livres sur
la place du marché, où nous leur avons bouté le feu. Le
feu a duré vingt-quatre heures. Les juifs de Lublin, assemblés tout autour, pleuraient amèrement et leurs lamenta-
tions nous ont presque réduits au silence. Nous avons fait
venir la fanfare militaire et, à grands cris joyeux, les soldats ont noyé le bruit des pleurs juifs[4]."

A la même époque, les nazis décidèrent d'épargner
certains livres pour des raisons commerciales et afin de
constituer des archives. En 1938, Alfred Rosenberg, l'un
des principaux théoriciens nazis, proposa que les collections juives de littératures séculaire et religieuse fussent
conservées dans un institut fondé pour étudier "la question
juive". Deux ans plus tard s'ouvrait à Francfort-sur-le-
Main l'Institut zur Erforschung der Judenfrage. Afin d'assurer l'approvisionnement nécessaire, Hitler en personne
autorisa Rosenberg à créer un groupe de travail composé
de bibliothécaires experts allemands, le tristement célèbre
ERR, Einsatzstab Reichsleiter Rosenberg[5]. Au nombre des
collections confisquées et incorporées à l'institut se trouvaient celles des séminaires rabbiniques de Breslau et
de Vienne, des départements hébraïque et judaïque de la
bibliothèque municipale de Francfort, du Colegio Rabbi-
nico de Rome, de la Societas Spinoziana à La Haye et
du centre Spinoza de Rijnsburg, des maisons d'édition

hollandaises Querido, Pegazus et Fischer-Berman[6], de l'Institut international d'histoire sociale à Amsterdam, du Beth Maidrash Etz Hayim, séminaire israélite d'Amsterdam, du séminaire israélite portugais, du Rosenthaliana, de Rabbi Moshe Pessah à Volos, de la bibliothèque Strashun à Vilnius (dont le petit-fils du fondateur se suicida lorsqu'il reçut l'ordre d'aider au catalogage), des bibliothèques de Hongrie (un institut parallèle "sur la question juive" avait été fondé à Budapest), des bibliothèques du Danemark et de Norvège et d'une quantité de bibliothèques en Pologne (en particulier la grande bibliothèque de la synagogue de Varsovie et celle de l'Institut d'études juives). Dans ces vastes trésors, les hommes de main de Rosenberg choisissaient les livres à envoyer à son institut ; tous les autres étaient détruits. En 1943, l'Institut émit les directives suivantes pour la sélection des ouvrages de bibliothèque : "Tous les écrits traitant de l'histoire, de la culture et de la nature du judaïsme, ainsi que les livres écrits par des auteurs juifs dans d'autres langues que l'hébreu ou le yiddish, doivent être envoyés à Francfort." Mais "les livres en caractères hébreux (en hébreu ou en yiddish) de date récente, postérieure à l'année 1800, peuvent être réduits en pulpe ; ceci s'applique également aux livres de prières, aux *Memorbücher* et aux autres œuvres religieuses en langue allemande[7]". Quant aux nombreux rouleaux de la Torah, on suggéra qu'on pouvait sans doute "en utiliser le cuir en reliure". Miraculeusement, mon livre de prières était sauf.

Sept mois après l'émission de ces directives, en septembre 1943, les nazis ouvrirent en annexe au camp d'Auschwitz, dans la forêt de bouleaux de Birkenau, un "camp familial" qui comprenait un bloc distinct, le "numéro 31", construit spécialement pour les enfants. Il était destiné à servir de preuve aux yeux du monde que des juifs déportés à l'Est n'étaient pas tués. En réalité, on les laissait vivre six mois avant de les envoyer subir le même sort que les autres victimes de la déportation. Finalement, ayant rempli son office de propagande, le "camp familial" fut définitivement fermé[8].

Pendant la durée de son existence, le bloc 31 abrita jusqu'à cinq cents enfants accompagnés de plusieurs prisonniers affectés au rôle de "conseillers" et, malgré la surveillance sévère, il posséda, contre toute attente, une bibliothèque pour enfants clandestine. La bibliothèque était minuscule ; elle consistait en huit livres, dont *A Short History of the World (Une brève histoire du monde)*, de H. G. Wells, un manuel scolaire de lecture russe et un ouvrage de géométrie analytique. Une ou deux fois, un prisonnier d'un autre camp parvint à introduire un nouveau livre, si bien que le nombre des volumes monta à neuf ou dix. A la fin de chaque jour, les livres ainsi que d'autres biens précieux tels que des médicaments et des bribes de nourriture étaient confiés à l'une des fillettes les plus âgées, qui avait pour responsabilité de les cacher chaque soir à un endroit différent. Paradoxalement, on trouvait parfois dans les bibliothèques des camps de concentration des livres interdits dans le Reich entier (ceux de H. G. Wells, entre autres).

Bien que, matériellement, la collection de la bibliothèque pour enfants de Birkenau ne consistât qu'en huit ou dix livres, il y en avait d'autres qui circulaient uniquement de vive voix. Chaque fois qu'ils réussissaient à échapper à la surveillance, les conseillers récitaient aux enfants des livres appris par cœur en des temps plus anciens, chacun à son tour, de manière que des conseillers différents fassent chaque fois "la lecture" à des enfants différents ; ils appelaient cette tournante "échanger des livres dans la bibliothèque[9]".

Il est presque impossible d'imaginer que dans les conditions intolérables imposées par les nazis, la vie intellectuelle ait pu continuer. On demanda à l'historien Yitzhak Schipper, qui écrivit un livre sur les Khazars alors

Libération des enfants survivants du camp de concentration de Birkenau.

qu'il vivait parqué dans le ghetto de Varsovie, comment il avait pu travailler sans avoir la possibilité d'aller s'asseoir pour mener des recherches dans les bibliothèques appropriées. "Pour écrire l'histoire, répondit-il, c'est d'une tête qu'on a besoin, pas d'un cul[10]."

Même l'habitude ordinaire et quotidienne de la lecture perdurait. Cette persistance augmente à la fois l'émerveillement et l'horreur : que dans de telles circonstances de cauchemar des hommes et des femmes aient pu continuer à s'intéresser au Jean Valjean de Hugo et à la Natacha de Tolstoï, à remplir des fiches de retrait et à payer des amendes pour retours tardifs, à discuter des mérites d'un auteur moderne ou à se laisser porter une fois encore par les vers cadencés de Heine. La lecture, avec ses rituels, devint un acte de résistance ; ainsi que l'a observé le psychologue italien Andrea Devoto, "tout pouvait être considéré comme de la résistance puisque tout était interdit[11]".

Dans le camp de concentration de Bergen-Belsen, les détenus se passaient un exemplaire de *La Montagne magique*, de Thomas Mann. Un jeune homme s'est souvenu du moment où il lui revint de tenir le livre entre ses mains comme de "l'un des temps forts de la journée, quand on me l'a passé. Je suis allé dans un coin pour avoir la paix, je disposais d'une heure pour le lire[12]." Une autre jeune victime, un Polonais, en se rappelant ces jours de peur et de découragement, disait ceci : "Le livre était mon meilleur ami, il ne m'a jamais trahi ; il me consolait dans mon désespoir ; il me disait que je n'étais pas seul[13]."

"Il faut être fidèle à toutes les victimes", écrivit Graham Greene[14], qui considérait qu'il incombait à l'écrivain de prendre la défense des victimes, de leur restituer leur visibilité, de composer des avertissements qui, grâce à un savoir-faire inspiré, agissent comme les pierres de touche de quelque chose qui approche la compréhension. Les auteurs des livres présents sur mes étagères ne peuvent pas avoir su qui les lirait, mais les histoires qu'ils racontent prévoient, impliquent ou attestent des expériences qui peuvent n'avoir pas encore eu lieu.

Parce que la voix de la victime est d'une importance capitale, les oppresseurs tentent souvent de réduire leurs victimes au silence : en leur coupant la langue, littéralement, c'est le cas de Philomèle violée dans Ovide et de Lavinia dans *Titus Andronicus*, ou en les faisant disparaître, comme le roi fait de Sigismondo dans *La vie est un songe*, de Calderón, ou Mr Rochester de son épouse folle dans *Jane Eyre*, ou simplement en niant leurs histoires, comme dans la note professorale à la fin de *La Servante écarlate*, de Margaret Atwood. Dans la vie réelle, les victimes sont "disparues", enfermées dans un ghetto, envoyées en prison ou dans un camp où règne la torture, privées de crédibilité. La littérature sur mes étagères raconte sans cesse l'histoire des victimes, de Job à Desdémone, de la Gretchen de Goethe à la Francesca de Dante, non à la façon d'un miroir (le chirurgien allemand Johann Paul Kremer le disait en avertissement dans son journal d'Auschwitz, "en comparaison, l'enfer de Dante a presque l'air d'une comédie[15]") mais sous forme de métaphore. On aurait pu trouver la plupart de ces histoires dans la bibliothèque de n'importe quel Allemand cultivé dans les années 1930. Quelles leçons ont été retenues de ces livres, c'est une autre question.

Dans la culture occidentale, la victime archétypale est la princesse troyenne Polyxène. Fille de Priam et d'Hécube, elle devait épouser Achille mais son frère Hector s'opposa à cette union. Achille se glissa dans le temple d'Apollon dans l'espoir d'apercevoir la jeune fille, mais il fut surpris et assassiné. D'après Ovide, après la destruction de Troie, l'esprit d'Achille apparut aux Grecs victorieux alors qu'ils étaient sur le point de s'embarquer, exigeant que la princesse lui fût sacrifiée. En conséquence, on la traîna sur la tombe d'Achille dont le fils, Néoptolème, la tua. Polyxène est parfaite dans le rôle de la victime innocente : innocente des causes, sans reproche, non responsable d'une mort qui ne peut profiter à personne, elle est une page blanche dont les questions sans réponse hantent le lecteur. Les Grecs trouvèrent des arguments, si spécieux qu'ils fussent, pour expliquer l'exigence du fantôme, pour justifier leur acquiescement au sacrifice, pour excuser la lame que le fils d'Achille plongea dans son sein nu. Mais aucun argument ne peut nous convaincre que la mort de Polyxène était méritée. L'essence de son statut de victime – comme de celui de toutes les victimes – est l'injustice.

Ma bibliothèque témoigne de l'injustice subie par Polyxène et par tous les fantômes fictifs qui prêtent leur voix aux innombrables fantômes qui ont un jour été de chair et d'os. Elle ne crie pas vengeance, autre sujet constant dans nos littératures. Elle affirme que les contraintes qui nous définissent en tant que groupe social doivent être constructives ou préventives, et non pas volontairement destructives, si l'on veut qu'elles aient un sens collectif raisonnable – si l'offense faite à une victime doit être considérée comme une offense à la société dans son ensemble, en reconnaissance de notre commune humanité. Selon le dicton anglais, non seulement il faut que justice soit faite, il faut aussi qu'on la voie faite. La justice ne doit pas rechercher un sentiment personnel de satisfaction, mais renforcer publiquement la salutaire tendance à s'instruire de la société. S'il y a justice, il peut y avoir espoir, même face à une divinité apparemment capricieuse.

Une légende hassidique recueillie par Martin Buber raconte l'histoire d'un homme qui intenta un procès à Dieu. Un décret proclamé à Vienne allait rendre plus difficile encore la vie difficile des juifs de Galicie. L'homme soutenait que Dieu ne devait pas faire des siens des victimes, mais leur permettre de travailler librement pour lui. Un tribunal de rabbins accepta de prendre en compte les arguments de l'homme et considéra, ainsi qu'il convenait, que le plaignant et l'accusé devaient se retirer pendant les délibérations. "Le plaignant attendra dehors ; à Toi, Seigneur, Dieu de l'univers, nous ne pouvons demander de Te retirer puisque Ta grâce est omniprésente. Mais nous ne Te laisserons pas nous influencer." Les rabbins délibérèrent en silence et les yeux fermés. Le soir venu, ils appelèrent l'homme et lui annoncèrent leur verdict : son argument était fondé. Précisément à la même heure, le décret était annulé[16].

Dans le monde de Polyxène, le dénouement est moins heureux. Dieu, les dieux, le Démon, le système social, le monde, le *primum mobile* refusent de se reconnaître coupables ou responsables. Ma bibliothèque répète sans trêve la même question : à cause de qui Job souffre-t-il tant de douleur et d'affliction ? Qui est responsable de l'ensablement de Winnie dans *Oh les beaux jours*, de Beckett ? Qui s'obstine à détruire la vie de Gervaise Macquart dans *L'Assommoir*, de Zola ? Qui martyrise les protagonistes de *L'Equilibre du monde*, de Rohinton Mistry ?

D'un bout à l'autre de l'histoire, les gens confrontés à l'insupportable rappel des horreurs qu'ils ont commises – bourreaux, assassins, détenteurs impitoyables du pouvoir, bureaucrates d'une abjecte obéissance – répondent rarement à la question : pourquoi ? Leurs visages impassibles rejettent toute admission de culpabilité, ne reflètent rien que le refus d'aller du passé de leurs actes à leurs conséquences. Pourtant, les livres de mes étagères peuvent m'aider à imaginer leur avenir. D'après Victor Hugo, l'enfer revêt des formes différentes pour ses différents habitants : pour Caïn, c'est le visage d'Abel, pour Néron, celui d'Agrippine[17]. Pour Macbeth, l'enfer a le visage de Banquo ; pour Médée, celui de ses enfants. Romain Gary a rêvé d'un certain officier nazi condamné à la présence constante du fantôme d'un clown juif assassiné[18].

Si le temps s'écoule sans fin, ainsi que le suggèrent les mystérieuses connexions existant entre mes livres, en répétant de siècle en siècle ses thèmes et ses découvertes, alors chaque méfait, chaque trahison, chaque mauvaise action finira par rencontrer ses véritables conséquences. Après la fin de l'histoire, juste au-delà du seuil de ma bibliothèque, Carthage se relèvera malgré le sel répandu par les Romains. Don Juan affrontera les angoisses de Doña Elvira. Brutus se retrouvera face au fantôme de César, et chaque bourreau devra implorer le pardon de sa victime afin que s'accomplisse l'inévitable cycle du temps.

Ma bibliothèque m'autorise ce rêve irréalisable. Mais, bien entendu, pour les victimes, aucune raison, littéraire ou autre, ne peut excuser ni expier les actes de leurs bourreaux. Nick Caistor, dans son avant-propos à l'édition anglaise de *Nunca más (Jamais plus)*, le rapport sur les "disparus" pendant la dictature militaire argentine, nous rappelle que les histoires qui finissent par arriver jusqu'à nous ne sont que les comptes rendus des survivants. "On ne peut que se demander, dit Caistor, quels récits d'atrocités les milliers de morts ont emportés avec eux dans leurs tombes anonymes[19]."

On comprend difficilement comment des gens continuent à accomplir les gestes de la vie quotidienne quand la vie même est devenue inhumaine ; comment, dans la famine et la maladie, les brutalités et les massacres, des hommes et des femmes restent attachés à des rituels civilisés de courtoisie et de bienveillance, continuent à inventer des stratagèmes de survie au nom d'un fragment minuscule d'une chose aimée, pour un livre sauvé parmi des milliers, pour un lecteur parmi des dizaines de milliers, pour une voix qui se fera jusqu'à la fin des temps l'écho des paroles du serviteur de Job : "Et moi seul j'en ai réchappé pour te le dire." Tout au long de l'histoire, la bibliothèque du vainqueur se dresse comme un emblème du pouvoir, détenteur de la version officielle, mais la version qui nous hante, c'est l'autre, celle de la bibliothèque en cendres. La bibliothèque des victimes, abandonnée ou détruite, continue à demander : "Comment de tels actes furent-ils possibles ?" Mon livre de prières appartient à cette catégorie questionneuse.

Après que les croisés européens, à la suite d'un siège de quarante jours, eurent pris la ville de Jérusalem le 15 juillet 1099, massacrant hommes, femmes et enfants musulmans et brûlant vive la communauté juive tout entière enfermée dans la synagogue, une poignée d'Arabes qui avaient réussi à s'échapper arrivèrent à Damas, apportant avec eux le Coran de 'Uthman, l'un des plus anciens exemplaires existants du livre saint. Ils croyaient que leur sort avait été prédit dans ses pages (puisque la parole de Dieu doit nécessairement contenir tous les événements passés, présents et à venir) et que, si seulement ils avaient été capables de bien lire le texte, ils auraient connu la fin de leur propre chronique[20]. L'histoire n'était, pour ces lecteurs, que "le déroulement de la volonté de Dieu pour le monde[21]". Ainsi que nous l'enseignent nos bibliothèques, les livres peuvent parfois nous aider à formuler nos questions, mais ils ne nous rendent pas forcément capables d'en déchiffrer les réponses. Au moyen de voix rapportées et d'histoires imaginées, les livres nous permettent seulement de nous rappeler ce que nous n'avons jamais subi et jamais connu. La souffrance elle-même n'appartient qu'aux victimes. Tout lecteur est donc, en ce sens, l'Etranger.

Portrait de Jacob Edelstein.

Sorti de l'enfer, marchant à contre-courant du Léthé vers la ressouvenance, Dante porte en lui l'écho des âmes en peine, mais il sait que ces âmes subissent le châtiment de fautes reconnues[22]. Contrairement aux damnés de Dante, les âmes dont les voix résonnent dans notre présent n'ont rien à se reprocher. Elles ont été torturées et tuées sans autre raison que leur existence, et peut-être même pas. Le mal n'a pas besoin de raison. Comment pouvons-nous contenir, sous la couverture d'un livre, une représentation utile de quelque chose qui, par essence, refuse d'être contenu, que ce soit dans *La Montagne magique* de Mann ou dans un banal livre de prières ? Comment pouvons-nous espérer, nous, lecteurs, tenir entre nos mains le cycle du monde et du temps, alors que le monde excédera toujours les marges d'une page et que tout ce que nous pouvons constater, c'est le moment défini par un paragraphe ou un vers, en

Croquis d'Alfred Bergel représentant la bibliothèque du ghetto de Theresienstadt, daté du 27 novembre 1943.

choisissant, selon la formule de Blake, "des objets de vénération dans des contes poétiques" ? Et nous voilà donc ramenés à cette question : un livre, n'importe quel livre, peut-il remplir son impossible fonction ?

Peut-être. Un jour de juin 1944, Jacob Edelstein, un ancien notable du ghetto de Theresienstadt qui avait été déporté à Birkenau, se trouvait dans sa baraque, drapé dans son châle rituel, en train de réciter les prières du matin qu'il avait apprises longtemps auparavant dans un livre sans doute semblable à mon *Gebet-Ordnung*. Il avait à peine commencé lorsque le lieutenant SS Franz Hoessler entra dans la baraque pour emmener Edelstein. Un de ses compagnons d'infortune, Yossl Rosencraft, a raconté la scène un an plus tard : "Soudain, la porte s'ouvrit et Hoessler s'avança d'un air important, accompagné de trois SS. Il appela Jacob par son nom. Jacob ne réagit pas. Hoessler hurla : «Je t'attends, dépêche-toi.» Jacob se tourna très lentement, fit face à Hoessler et dit : «De mes derniers instants sur cette terre, qui m'ont été alloués par le Tout-Puissant, je suis le maître, pas vous.» Là-dessus il se retourna face au mur et termina ses prières. Il plia alors son châle soigneusement et, sans hâte, le remit aux mains d'un de ses compagnons et dit à Hoessler : «Je suis prêt maintenant[23].»"

XII

L'OUBLI

Ce qui est perdu ne peut être ni détruit ni diminué.

PÉTRARQUE,
Mon ignorance et celle de tant d'autres.

Si la Nuit est fille de Chaos, Léthé ou l'Oubli est sa petite-fille, née de la terrible union de la Nuit et de la Discorde. Dans le sixième livre de l'*Enéide*, Virgile se représente Léthé comme un fleuve dont les eaux permettent aux âmes en route vers les enfers d'oublier qui elles ont été afin de pouvoir renaître[1]. Léthé nous accorde l'oubli de notre expérience et de notre bonheur antérieur, mais aussi de nos préjugés et de nos chagrins.

Ma bibliothèque consiste pour moitié en livres dont je me souviens et pour moitié en livres que j'ai oubliés. A présent que ma mémoire n'est plus aussi vive qu'autrefois, des pages s'évanouissent au moment où je tente de les évoquer. Certaines disparaissent complètement de mon expérience, oubliées et invisibles. D'autres me hantent, tentatrices, par un titre, une image ou quelques mots sortis de leur contexte. Quel roman commence par les mots "Un soir du printemps de 1890" ? Où ai-je lu que le roi Salomon se servit d'un miroir pour découvrir si la reine de Saba avait les jambes velues ? Qui a écrit ce livre étrange, *Flight into Darkness (Vol vers les ténèbres)*, dont je ne me rappelle que la description d'un couloir aveugle plein d'oiseaux battant des ailes ? Dans quelle histoire ai-je lu l'expression "le débarras de sa bibliothèque" ? Sur la couverture de quel volume voyait-on une bougie allumée, représentée à gros traits de pastels sur du papier couleur crème ? Quelque part dans ma bibliothèque, ces questions ont leur réponse, mais je ne sais plus où.

Mes visiteurs me demandent souvent si j'ai lu tous mes livres ; ma réponse habituelle est que je les ai certainement tous ouverts. En vérité une bibliothèque, quelle que soit sa taille, n'a pas besoin pour être utile qu'on l'ait lue entièrement ; chaque lecteur profite d'un juste équilibre entre savoir et ignorance, souvenir et oubli. En 1930, Robert Musil imagina un bibliothécaire zélé qui, dans la bibliothèque impériale de Vienne, où il travaille, connaît chacun des titres de cette gigantesque collection. "Voulez-vous savoir comment je peux connaître chacun de ces livres ? demande-t-il à un visiteur étonné. Rien ne m'empêche de vous le dire : c'est parce que je n'en ai lu aucun !" Et d'ajouter que le secret de tout bon bibliothécaire est de ne jamais lire, de toute la littérature qui lui est confiée, que les titres et la table des matières. "Celui qui met le nez dans les livres est perdu pour la bibliothèque ! […] Jamais il ne pourra en avoir une vue d'ensemble !" En entendant ces mots, raconte Musil, le visiteur a envie de deux choses – soit de fondre en larmes, soit d'allumer une cigarette – mais il sait qu'entre les murs de la bibliothèque, l'une et l'autre lui sont interdites[2].

Je ne me sens pas coupable vis-à-vis des livres que je n'ai pas lus et ne lirai peut-être jamais ; je sais que mes livres ont une patience illimitée. Ils m'attendront jusqu'à la fin de mes jours. Ils n'exigent pas que je prétende tout savoir d'eux et ne me poussent pas non plus à devenir l'un de ces "manipulateurs de livres professionnels" imaginés par Flann O'Brien, qui collectionnent les livres avec avidité mais ne les lisent pas et qui pourraient (dit O'Brien) gagner leur vie à "manipuler" des livres pour un salaire modeste, en leur donnant l'aspect de livres lus, en inscrivant dans les marges des notes et commentaires forgés, voire en glissant entre les pages vierges des programmes de théâtre et autres éphémères en guise de signets[3].

Edward Gibbon commente avec approbation la volumineuse bibliothèque et le harem abondamment fourni de l'empereur romain Gordien le Jeune au IIIe siècle de notre ère : "Vingt-deux concubines déclarées et une bibliothèque de soixante-deux mille volumes attestaient la variété de ses inclinations ; et d'après les productions qu'il laissa derrière lui, il semble qu'elles fussent destinées à l'usage plus qu'à l'ostentation[4]." Bien entendu, à l'exception d'un prodige fou, nul ne songerait à lire de bout en bout une bibliothèque de soixante-deux mille volumes, page après page, d'Abbott à Zwingli, en mémorisant chaque livre, si même un tel exploit était possible. Gordien devait appliquer à la lecture ce que Samuel Johnson, seize siècles plus tard, appellerait la méthode hâtive. Johnson, quant à lui, lisait sans méthode ni discipline, quelquefois sans couper les pages et en ne poursuivant le texte que là où elles s'ouvraient d'elles-mêmes. "Je ne pense pas, disait-il, que ce qui se trouve entre les pages fermées soit pire que ce qu'on peut lire sur les pages ouvertes." Il ne se sentait jamais obligé de lire un livre jusqu'à la fin, ni de commencer à la première page. "Si on commence à lire au milieu d'un livre et qu'on ressent l'envie de continuer, il ne faut pas lâcher pour reprendre du début. On ne retrouvera peut-être plus l'envie." Il considérait comme un "conseil étrange" le fait d'encourager quelqu'un à finir un livre commencé. "On pourrait aussi bien décider que, quels que soient les gens que l'on est amené à connaître, il faut les fréquenter toute sa vie", disait-il. Et il ne recherchait pas nécessairement des titres précis, mais ouvrait simplement les livres vers lesquels le hasard le portait. La chance, estimait-il, était aussi bonne conseillère que l'érudition.

Le biographe obstiné de Johnson, James Boswell, raconte que Johnson, quand il était enfant, "ayant imaginé que son frère avait caché des pommes derrière un grand in-folio sur une des étagères supérieures de la boutique de son père, grimpa à leur recherche. Il n'y avait pas de pommes ; mais il se trouva que le grand in-folio était un Pétrarque, dont il avait vu le nom mentionné dans une préface comme celui d'un rénovateur de la culture. Sa curiosité ayant été ainsi éveillée, il s'installa, plein d'avidité, et lut une grande partie du livre." Je connais bien ce genre d'heureuse rencontre.

Les volumes oubliés de ma bibliothèque mènent une existence discrète et silencieuse. Et pourtant, cet oubli dans lequel ils sont tombés me permet parfois de redécouvrir tel récit, tel poème, comme s'ils étaient tout à fait nouveaux. J'ouvre un livre que je crois n'avoir encore jamais ouvert et je tombe sur une phrase splendide que je me recommande de ne jamais oublier, et puis en refermant le livre je vois, sur une des dernières pages de garde, qu'un moi plus sage et plus jeune a noté ce passage quand il l'a découvert pour la première fois à l'âge de douze ou treize ans. Léthé ne me rend pas mon innocence, mais me permet d'être une fois encore ce garçon qui ignorait qui a tué Roger Ackroyd ou celui qui pleurait sur le sort d'Anna Karénine. Je recommence aux premiers mots, tout en sachant que je ne peux pas vraiment recommencer ; je me sens dépossédé d'une expérience que je suis conscient d'avoir déjà eue et que je dois acquérir à nouveau, telle une deuxième peau. Dans la Grèce antique, le serpent était le symbole de Léthé.

Il existe cependant des bibliothèques dans lesquelles on sollicite l'oubli (ou la recherche de l'oubli) dans le but de décourager les redécouvertes. Les bibliothèques censurées mentionnées plus haut, les bibliothèques bureaucratiques trop rigoureuses, les bibliothèques savantes décidées à ne documenter que ce que l'académie considère comme vrai : toutes appartiennent à la même espèce sombre et morose. Dans un ouvrage amusant sur les vertus de l'oubli, le savant allemand Harald Weinrich note qu'une certaine tournure d'esprit scientifique s'accommode de l'exclusion délibérée, de sorte que, par exemple, la bibliothèque de publications scientifiques dans laquelle le comité du prix Nobel choisit ses bénéficiaires est limitée par les quatre règles suivantes d'oubli forcé :

    I. Ce qui a été publié dans une autre langue que l'anglais… à oublier.

    II. Ce qui a été publié dans un style différent de celui de l'article récompensé… à oublier.

    III. Ce qui n'a pas été publié dans l'une des prestigieuses revues X, Y ou Z… à oublier.

    IV. Ce qui a été publié il y a plus de cinquante ans… à oublier[5].

Si lire est un art qui nous permet de nous rappeler l'expérience commune de l'humanité, il s'ensuit que les gouvernements totalitaires vont s'efforcer de supprimer la mémoire contenue sur la page. En de telles circonstances, le combat que mène le lecteur est un combat contre l'oubli. Après le bombardement de Kaboul en 2001, Shah Muhammad, un bibliothécaire-libraire qui avait survécu à plusieurs régimes d'intolérance, a décrit son expérience à un journaliste[6]. Il y avait trente ans qu'il avait ouvert son magasin, et il avait réussi Dieu sait comment à échapper aux bourreaux. Il s'était senti poussé à résister dans l'intérêt de ses livres, racontait-il, par un vers de Ferdowsi, le célèbre poète persan du Xe siècle, dans le *Livre des Rois* : "Face à un grand danger, agis parfois comme fait le loup, parfois comme le mouton." Docilement, Shah Muhammad avait couvert ses livres en rouge sous la férule dogmatique

Le libraire afghan Shah Muhammad Raïs à Kaboul.

du régime communiste et collé des bandes de papier sur les images de créatures vivantes durant le règne iconoclaste des talibans. "Mais les communistes ont brûlé mes livres… et puis les talibans les ont encore brûlés." Finalement, lors du dernier raid dont son magasin fut victime, pendant que les policiers empilaient ses livres sur le bûcher, Shah Muhammad abandonna son attitude soumise et se rendit chez le ministre de la Culture. "Vous détruisez mes livres, lui dit-il, vous me détruirez peut-être aussi, mais il y a une chose que vous ne détruirez jamais." Le ministre demanda ce que cela pouvait être. "L'histoire de l'Afghanistan", répondit Shah Muhammad. Miraculeusement, il fut épargné.

Aux Etats-Unis, la tentative de priver la population noire d'accès à la lecture date des tout premiers temps de l'esclavage. Pour empêcher les esclaves de se révolter, il

Portrait de Booker T. Washington.

était essentiel qu'ils demeurent illettrés. Si les esclaves apprenaient à lire, expliquait-on, ils pourraient être informés des arguments politiques, philosophiques et religieux en faveur de l'abolition et se rebeller contre leurs maîtres. C'est pourquoi les esclaves qui apprenaient à lire, même la Bible, étaient souvent punis de mort ; on considérait que, si la conversion des Noirs était "commode[7]", ils ne devaient acquérir la connaissance des Ecritures que par les yeux de leurs maîtres blancs. L'enseignant noir Booker T. Washington a noté que, dans son enfance, "la grande ambition des gens âgés était de tenter d'apprendre à lire la Bible avant leur mort. Dans ce but, des hommes et des femmes âgés d'entre cinquante et soixante-quinze ans fréquentaient les cours du soir[8]."

Les Blancs ne croyaient pas tous que si les Noirs apprenaient à lire, cela entraînerait nécessairement un soulèvement ; certains pensaient que la capacité de lire la Bible les rendrait au contraire humbles et obéissants. Même après que l'American Bible Society se fut mise, à la fin des années 1860, à distribuer des bibles aux esclaves affranchis, certains des éducateurs blancs estimaient que l'éducation ne devait pas être utilisée comme un moyen d'acquérir la liberté intellectuelle mais comme "un outil essentiel pour modérer la menace naissante d'une inférieure et dangereuse addition à la république[9]".

Dans le Sud américain, les bibliothèques ne furent pas ouvertes à la population noire avant le début du XXe siècle. La première enregistrée fut la Cossitt Library, à Memphis, Tennessee, qui accepta de procurer au Le Moyne Institute, une école pour enfants noirs, un bibliothécaire et une

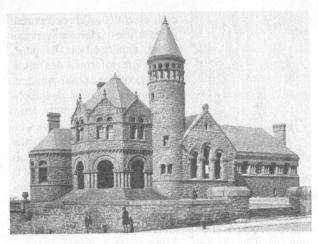

Carte postale représentant la Cossitt Library à Memphis.

collection de livres[10]. Dans les Etats du Nord, où les bibliothèques publiques avaient ouvert leurs portes aux lecteurs
noirs depuis quelques années, la crainte de pénétrer en territoire interdit était encore active dans les années 1950.
James Baldwin se souvenait d'être, dans sa jeunesse, resté
planté au carrefour de la Cinquième Avenue et de la 42e Rue,
en admiration devant "les lions de pierre qui gardaient le
grand bâtiment principal de la bibliothèque publique".
L'immeuble lui paraissait si énorme qu'il n'avait encore
jamais osé y entrer ; il était terrifié à l'idée de se perdre
dans un labyrinthe de corridors et d'escaliers de marbre, et
de ne jamais trouver le livre dont il avait besoin. "Et puis
tout le monde, écrivit-il comme s'il se revoyait à de nombreuses années de distance, tous ces Blancs à l'intérieur,
tous sauraient qu'il n'avait pas l'habitude des grands immeubles, ni d'un si grand nombre de livres, et ils le consi-
déreraient avec pitié[11]."

L'oubli peut engloutir des bibliothèques de bien des façons – en suite des hasards de la guerre, ou de déplacements. En 1945, peu avant la fin de la Seconde Guerre mondiale, un officier russe découvrit dans une gare allemande abandonnée une quantité de caisses ouvertes, débordantes de livres et de journaux russes que les Allemands avaient raflés. Si l'on en croit l'écrivain Ilya Ehrenbourg, c'était là tout ce qui restait de la célèbre bibliothèque Tourgueniev, fondée à Paris en 1875 par l'auteur de *Père et fils* au bénéfice d'étudiants émigrés et que la romancière Nina Berberova appelait "la Grande Bibliothèque russe en exil[12]". Et même ces volumes-là ont aujourd'hui disparu.

La poétesse yiddish Rachel Korn, qui passa la majeure partie de sa vie, selon son expression, "naufragée au Canada", racontait qu'après avoir été exilée de son village de Galicie orientale, elle avait eu l'impression d'avoir été "obligée d'abandonner ce qu'elle possédait sur un bateau en train de sombrer". Mais elle avait résisté à ce qui lui semblait un oubli imposé. "Quand on a été forcé de quitter son pays, disait-elle, toutes les bibliothèques sont perdues sauf celles dont on se souvient. Et même celles-là, il faut les relire mentalement, sans se lasser, pour qu'elles ne perdent pas sans cesse leurs feuilles." Sa fille expliquait que, dès leur arrivée à Montréal, Korn l'avait obligée chaque soir à réciter les poèmes de Pouchkine, d'Akhmatova et de Mandelstam qu'elle avait appris par cœur, comme s'il s'était agi des prières du coucher. "Quelquefois elle nous corrigeait, et quelquefois je la corrigeais." Ces textes mémorisés étaient la seule bibliothèque qui comptât pour elle dans son exil[13].

Il arrive parfois qu'on permette délibérément la disparition d'une bibliothèque. En avril 2003, l'armée anglo-américaine assista sans intervenir au pillage et à la mise à sac de la Bibliothèque nationale de Bagdad. En quelques

Sac de la Bibliothèque nationale et des Archives d'Etat à Bagdad.

heures, une grande partie des plus anciens documents historiques de l'humanité furent balayés dans l'oubli. Les premiers spécimens existants d'écriture, vieux de six mille ans ; des chroniques médiévales qui avaient échappé aux hommes de main de Saddam Hussein ; de nombreux volumes de la précieuse collection de corans conservée au ministère des Affaires religieuses : tout cela disparut, sans doute à jamais[14]. Perdus, les manuscrits calligraphiés avec amour par d'illustres scribes arabes pour qui la beauté de l'écriture devait refléter la beauté du contenu. Evanouies, les collections de contes comme ceux des *Mille et Une Nuits*, qu'au Xe siècle le libraire irakien Ibn al-Nadim appelait "histoires du soir", car nul n'était censé gaspiller les heures du jour à lire par simple amusement[15]. Les chroniques officielles des souverains ottomans de Bagdad ont joint leurs cendres à celles de leurs maîtres. Disparus, enfin, les livres qui avaient survécu à la conquête mongole de 1258, quand l'armée des envahisseurs avait jeté dans le Tigre le contenu des bibliothèques afin de construire un pont de papier qui teignit les eaux d'encre noire[16]. Nul ne suivra plus jamais les années de correspondance qui décrivaient avec minutie les dangereux voyages du passé et de merveilleuses cités saisies dans le temps. Et nul ne consultera plus, dans ces exemplaires-là, de grandes œuvres de références telles que *Dawn for the Night-Blind* ("Une aurore pour les héméralopes"), par le lettré égyptien du XIVe siècle Al-Qalqashandi qui, dans l'un des quatorze volumes, expliquait en détail comment devait être formée chacune des lettres des caractères arabes, car il croyait que ce qui était écrit ne serait jamais oublié[17].

Bien qu'un grand nombre d'objets aient été rendus à l'Irak durant les mois suivant le pillage, à la fin de 2004 une proportion considérable des livres, documents et artefacts volés restaient manquants, en dépit des efforts d'Interpol, de l'UNESCO, de l'ICOM (International Council of Museums) et de plusieurs agences culturelles dans le monde entier. Et de nombreux textes et objets irremplaçables ont été détruits. "En tout, ce que nous avons récupéré représente moins de cinquante pour cent de ce qui avait été emporté, a déclaré le Dr Donny George, directeur du Musée archéologique de Bagdad. Plus de la moitié des articles volés manquent encore, ce qui constitue une perte immense pour l'Irak et pour toute l'humanité[18]."

Luciano Canfora a démontré l'importance de la documentation concernant non seulement les disparitions de bibliothèques et de livres, mais aussi l'histoire de la conscience de ces disparitions[19]. Il fait remarquer, par exemple, qu'au Ier siècle avant notre ère, Diodore de Sicile, dans un commentaire des chroniques des campagnes de Philippe de Macédoine par le philosophe grec Théopompe, notait que l'ouvrage entier consistait en cinquante-huit volumes dont, "malheureusement, cinq sont introuvables". Canfora explique que, puisque Diodore vécut presque toute sa vie en Sicile, le fait qu'il déplorât la perte de cinq volumes de

Théopompe devait signifier qu'ils étaient absents des
collections locales, sans doute de la bibliothèque historique de Taormine. Huit siècles après Diodore, le patricien
byzantin Photius, compilateur d'une bibliographie encyclopédique intitulée *Bibliotheka*, écrivait : "Nous avons
lu les chroniques de Théopompe, dont il ne reste que
cinquante-trois volumes." La perte constatée par Diodore
était donc encore vraie pour Photius ; autrement dit, la
conscience de cette absence était devenue un élément de
l'histoire de l'œuvre, ce qui contrebalançait, dans une très
faible mesure, l'oubli auquel avaient été condamnés les
volumes manquants.

La confiance en la survie des mots, de même que la
tentation d'oublier ce que les mots tentent d'enregistrer,

Stèle du Code de Hammourabi.

est aussi ancienne que les premières tablettes de glaise volées au musée de Bagdad. Conserver et transmettre le souvenir, apprendre grâce à l'expérience d'autrui, partager nos connaissances du monde et de nous-mêmes, voilà quelques-uns des pouvoirs (et des dangers) que les livres nous apportent et des raisons pour lesquelles nous les trouvons à la fois précieux et inquiétants. Il y a quatre mille ans, nos ancêtres, en Mésopotamie, le savaient déjà. Le Code de Hammourabi – un recueil de lois inscrites au XVIIIe siècle avant notre ère par le roi Hammourabi de Babylone sur une haute stèle de pierre noire, conservée aujourd'hui au musée du Louvre – nous offre, dans son épilogue, un exemple éclairé de ce que l'écrit peut signifier pour l'homme ordinaire :

> Afin d'empêcher le puissant d'opprimer le faible, afin de rendre justice aux orphelins et aux veuves [...] j'ai inscrit sur ma stèle mes précieux mots [...]. Si un homme est suffisamment sage pour maintenir l'ordre dans le pays, qu'il prenne garde aux mots que j'ai inscrits sur cette stèle [...]. Que le citoyen opprimé se fasse lire à haute voix les inscriptions [...]. La stèle illuminera son affaire à ses yeux. Et quand il comprendra ce qu'il peut attendre [des mots de la loi], son cœur sera apaisé[20].

XIII

L'IMAGINATION

*Il est aussi facile de rêver un livre qu'il
est difficile de le faire.*

BALZAC,
Le Cabinet des antiques.

Il y a deux grands sophoras dans mon jardin, juste devant
les fenêtres de ma bibliothèque. Pendant l'été, quand des
amis nous rendent visite, nous nous installons dessous pour
bavarder, dans la journée parfois mais plus souvent le soir.
Dans la bibliothèque, les livres nous distraient de la conversation et nous avons tendance à nous taire. Mais dehors,
sous les étoiles, la parole perd ses inhibitions, elle va plus
loin, elle devient curieusement plus stimulante. Quelque
chose, quand on est assis dehors dans le noir, semble favoriser une conversation sans entraves. L'obscurité encourage la parole. La lumière est silencieuse – ou, comme
l'explique Henry Fielding dans *Amelia*, "*tace*, madame,
est le mot latin pour chandelle[1]".

La tradition nous apprend que ce sont les mots, et non
la lumière, qui ont surgi les premiers des ténèbres primordiales. Selon une légende talmudique, lorsque Dieu entreprit de créer le monde, les vingt-deux lettres de l'alphabet
descendirent de son terrible et auguste front et le supplie-
rent de se servir d'elles pour réaliser sa création. Dieu con-
sentit. Il autorisa l'alphabet à donner naissance aux cieux

et à la terre dans les ténèbres, et puis à faire monter du cœur de la terre le premier rayon de lumière afin qu'il pût, transperçant la Terre sainte, illuminer l'univers entier[2]. La lumière, ce que nous prenons pour la lumière, nous dit Sir Thomas Browne, n'est que l'ombre de Dieu, dans l'aveuglante clarté de qui les mots ne sont plus possibles[3]. Le dos de Dieu suffit à éblouir Moïse, qui dut attendre d'être retourné dans l'obscurité du Sinaï pour lire à son peuple les commandements de leur Seigneur. Saint Jean, avec une louable économie, a résumé la relation entre les lettres, la lumière et les ténèbres en une seule formule célèbre : "Au commencement était le Verbe."

La phrase de saint Jean décrit l'expérience du lecteur. Comme le savent tous ceux qui lisent dans une bibliothèque, les mots sur la page réclament la lumière. Ténèbres, mots et lumière forment un cercle vertueux. Les mots font naître la lumière et puis déplorent sa disparition. Dans la lumière nous lisons, dans l'obscurité nous parlons. Pour exhorter son père à ne pas se laisser mourir, Dylan Thomas assène au vieil homme des mots devenus célèbres : "Rage, rage contre la mort de la lumière[4]." Othello, lui aussi, à l'agonie, confond la lumière des bougies avec celle de la vie et les voit comme une seule et même chose : "Eteignons cette lumière, dit-il, et puis… éteignons celle-ci[5]." Les mots réclament de la lumière pour qu'on puisse les lire, mais la lumière semble s'opposer à la parole orale. Quand Thomas Jefferson introduisit la lampe Argand en Nouvelle-Angleterre au milieu du XVIIIe siècle, on observa que la conversation autour des tables jadis éclairées aux bougies devenait moins brillante, parce que ceux qui y avaient excellé se retiraient désormais dans leurs chambres pour lire[6]. "J'ai trop de lumière", dit le Bouddha, et il refuse de dire un mot de plus[7].

Dans un autre sens pratique, les mots créent la lumière. Le Mésopotamien qui souhaitait poursuivre sa lecture après la tombée de la nuit, le Romain qui avait l'intention de continuer l'étude de ses dossiers après dîner, le moine dans sa cellule et le savant dans son cabinet après les prières du soir, le courtisan se retirant dans sa chambre et la dame dans son boudoir, l'enfant caché sous les couvertures pour lire après le couvre-feu : tous se sont procuré la lumière dont ils avaient besoin pour éclairer leur tâche. Dans le Musée archéologique de Madrid, on peut voir une lampe à huile trouvée à Pompéi, à la lumière de laquelle Pline l'Ancien lisait peut-être son dernier livre avant de s'en aller mourir dans l'éruption de l'an 79. Quelque part à Stratford, Ontario, se trouve un chandelier solitaire qui date (assure son possesseur) du temps de Shakespeare ; il peut avoir un jour porté une chandelle dont la brève existence parut à Macbeth un reflet de la sienne. Les lampes qui ont guidé la lecture exilée de Dante à Ravenne et la lecture cloîtrée de Racine à Port-Royal, celle de Stendhal à Rome et celle de De Quincey à Londres, toutes étaient nées de mots les appelant d'entre les pages ; toutes étaient des lumières assistant à la naissance de la lumière.

Dans la lumière, nous lisons les inventions des autres ; dans l'obscurité, nous inventons nos histoires, à nous. Bien souvent, assis sous mes deux arbres avec des amis, j'ai décrit des livres qui ne furent jamais écrits. Nous avons bourré des bibliothèques de contes que nous ne nous sommes jamais sentis obligés de mettre sur papier ; "Imaginer l'argument d'un roman est une besogne heureuse, a un jour dit Borges. Aller jusqu'à l'écrire est une exagération[8]." Il aimait remplir la bibliothèque qu'il ne pouvait voir d'histoires qu'il ne se donnait jamais la peine d'écrire mais pour lesquelles, parfois, il daignait composer une préface, un résumé ou un commentaire. Dès sa jeunesse, disait-il, la conscience de la cécité qui le menaçait l'avait encouragé dans son habitude d'imaginer des ouvrages complexes qui n'existeraient jamais sous leur forme imprimée. Borges

avait hérité de son père le mal qui peu à peu, implacable-
ment, affaiblissait sa vue, et le médecin lui avait interdit
de lire sous une lumière insuffisante. Un jour, pendant un
voyage en train, il s'absorba dans la lecture d'un roman
policier au point de continuer à lire, page après page, dans
le crépuscule naissant. Peu avant son arrivée à destination, le train entra dans un tunnel. Quand il en ressortit,
Borges ne voyait plus rien qu'un brouillard coloré, ces
"ténèbres visibles" qui pour Milton étaient l'enfer. Dans
ces ténèbres, pendant le restant de sa vie, Borges s'est
rappelé ou a imaginé des histoires, reconstituant en esprit
la Bibliothèque nationale de Buenos Aires ou sa propre
bibliothèque, plus réduite, chez lui. Dans la lumière de la
première moitié de sa vie, il écrivait et lisait en silence ;
dans la pénombre de la seconde, il dictait et se faisait faire
la lecture.

En 1955, peu après le coup d'Etat militaire qui renversa
la dictature du général Perón, on offrit à Borges le poste de
directeur de la Bibliothèque nationale. L'idée venait de
Victoria Ocampo, la redoutable rédactrice de la revue *Sur*

Jorge Luis Borges à son bureau de la Bibliothèque nationale de Buenos Aires.

et l'amie de Borges depuis de nombreuses années. Borges trouva que c'était une "idée folle" de nommer un aveugle bibliothécaire et puis il se souvint que, si étrange que ce fût, deux des directeurs précédents avaient également été aveugles : José Mármol et Paul Groussac. Quand la possibilité de cette nomination fut présentée, la mère de Borges suggéra qu'ils aillent se promener du côté de la bibliothèque pour voir l'immeuble, mais Borges, pris de superstition, refusa. "Pas avant que j'aie le poste[9]", dit-il. Quelques jours plus tard, il l'avait. Pour célébrer l'occasion, il écrivit un poème sur "la merveilleuse ironie" de Dieu, qui lui avait fait don à la fois "des livres et de la nuit[10]".

Borges travailla pendant dix-huit ans à la Bibliothèque nationale, jusqu'à sa retraite, et il appréciait tellement sa fonction qu'il célébra là presque chacun de ses anniversaires. Dans son bureau lambrissé de bois, sous un haut plafond semé de fleurs de lys et d'étoiles peintes, il passait des heures assis à une petite table, le dos tourné à la pièce maîtresse de l'ameublement – une immense table de travail ronde, magnifique copie de celle qui avait appartenu au premier ministre de France, Georges Clemenceau, et que Borges trouvait trop ostentatoire. C'était là qu'il dictait ses poèmes et ses nouvelles, qu'il se faisait faire la lecture par des secrétaires obligeants, recevait amis, étudiants et journalistes, et organisait des séminaires d'étude de l'anglo-saxon. Le fastidieux travail bureaucratique de la bibliothèque, il le laissait à son assistant, le professeur José Edmundo Clemente.

Beaucoup des récits et essais publiés de Borges font état de livres qu'il a inventés sans se soucier de les écrire. Parmi eux, les nombreux romans fleur bleue d'Herbert Quain (personnage fictif d'une nouvelle aux allures d'essai), qui font varier un scénario unique en progression géométrique jusqu'à ce que le nombre de scénarios devienne infini ; le merveilleux roman policier, intitulé *The Approach to Al-Mu'tasim* (*L'Approche d'Almotasim*), de "l'avocat de

Bombay Mir Bahadur Ali", prétendument objet d'un article critique des très réels Philip Guedala et Cecil Roberts et publié à Londres par Victor Gollancz, très réel, lui aussi, avec un avant-propos de Dorothy L. Sayers sous le titre révisé de *The Conversation with the Man Called Al-Mu'tasim : a Game with Shifting Mirrors (La Conversation avec le nommé Almotasim : un jeu de miroirs en mouvement)* ; le onzième volume de la *Première encyclopédie de Tlön*, que reçoit Herbert Ashe, peu avant sa mort, dans un paquet scellé et recommandé expédié du Brésil ; *Les Ennemis*, pièce que Jaromir Hladik laisse inachevée mais qu'il peut achever mentalement en un long instant accordé par Dieu avant son exécution ; et le volume in-octavo au nombre infini de pages, marqué au dos des mots "Holy Writ" et "Bombay", que Borges eut entre les mains (nous dit-il) peu avant de se retirer de son poste de directeur de la Bibliothèque nationale[11].

Le géant Gargantua, créature de François Rabelais.

Collectionner des livres imaginaires est une occupation ancienne. En 1532 parut en France un livre signé par le chroniqueur apocryphe Alcofribas Nasier (anagramme de François Rabelais) et intitulé *Pantagruel, roy des Dipsodes, restitué à son naturel avec ses faictz et prouesses espoventables*[12]. Au chapitre VII, le jeune Pantagruel, ayant "fort bien" étudié à Orléans, décide d'aller visiter Paris et son université. Ce n'est pas, toutefois, cette savante institution mais l'abbaye de Saint-Victor qui retient son attention, car il y découvre une bibliothèque "fort magnicfique", pleine des livres les plus admirables. Le catalogue que Rabelais copie pour nous est long de cinq pages et comprend quelques merveilles telles que :

> *La Braguette du droit.*
> *La Grenade des vices.*
> *Le Moustardier de Pénitence.*
> *Le Tripier de bon pensement.*
> *La Croquignolle des curés.*
> *Les Lunettes des Romipetes.*
> *Le Chatfourré des procureurs.*
> *Apologie d'iceluy contre ceux qui disent que la mule du pape ne mange qu'à ses heures.*
> *Le Cul pelé des veuves.*
> *La Galimafrée des bigots.*
> *Le Tirepet des apothecaires.*
> *La Bedondaine des Présidens.*

Dans une lettre de recommandations envoyée d'Utopia à son fils, Gargantua encourage Pantagruel à faire bon usage de ses lectures, qui sont, selon lui, le moyen pour un mortel d'atteindre à l'immortalité. "Tout le monde est plein de gens savans, écrit-il, de précepteurs très doctes, de librairies très amples, et m'est advis que, ny au temps de Platon, ny de Cicéron, ny de Papinian, n'estoit telle commodité d'estude qu'on y veoit maintenant [...]. Je voy les brigans, les boureaulx, les avanturiers, les palefreniers de maintenant, plus doctes que les docteurs et prescheurs de mon temps." La bibliothèque que Rabelais invente est sans doute la première "bibliothèque imaginaire" de la littérature. Elle est (dans la tradition d'Erasme et de Thomas More, que Rabelais admirait beaucoup) une satire du monde savant et monastique mais, surtout, elle offre au lecteur le plaisir d'imaginer les arguments et les intrigues sous les titres bouffons. Dans une autre de ses abbayes, celle de Thélème, Rabelais a inscrit la devise *Fays ce que vouldras*. Sur sa bibliothèque de Saint-Victor, il aurait pu écrire *Lys ce que vouldras*. J'ai inscrit ces mots au-dessus de l'une des portes de la mienne.

Rabelais naquit en 1483 ou 1484 aux environs de Chinon, non loin de l'endroit où j'habite. Sa maison était appelée la Devinière, la maison du devin ; à l'origine, on l'appelait les Cravandières, d'après le mot *cravant*, qui signifie "oie sauvage" en dialecte tourangeau. Comme les oies étaient censées prédire l'avenir, on changea le nom de la maison en l'honneur du pouvoir magique de ces oiseaux[13]. La maison, le paysage qui l'entoure, la ville et les monuments, jusqu'à la mince tour de Marmande, datant du XIe siècle, qu'on aperçoit du bout de mon jardin, devinrent le décor de sa gigantesque saga. Le succès de *Pantagruel* (plus de quatre mille exemplaires vendus en quelques mois) décida Rabelais à poursuivre les aventures

La maison de Rabelais près de Chinon.

de ses géants. Deux ans plus tard, il publiait *La Vie très horrificque du grand Gargantua, père de Pantagruel*, et plusieurs autres livres de la saga. En 1543, l'Eglise interdit les livres de Rabelais et promulgua un édit officiel condamnant son œuvre.

Rabelais lisait le latin, le grec, l'italien, l'hébreu, l'arabe et plusieurs dialectes français ; il avait étudié la théologie, le droit, la médecine, l'architecture, la botanique, l'archéologie et l'astronomie ; il a enrichi la langue française de plus de huit cents mots et d'une quantité d'expressions, dont beaucoup sont encore en usage au Canada acadien[14]. Sa bibliothèque imaginaire est le fruit d'une intelligence trop active pour prendre le temps de noter ses réflexions, et son épopée est un pot-pourri d'épisodes qui permet au lecteur à peu près n'importe quel choix quant à l'ordre des séquences, la signification, le ton et même l'argument. Comme si, pour Rabelais, l'inventeur d'un récit n'était obligé d'apporter à son texte ni cohérence, ni logique, ni conclusion. Cette tâche-là (ainsi que Diderot allait le démontrer) incombe au lecteur, elle est la marque de sa liberté. Les anciennes bibliothèques scolastiques considéraient comme évidente la justesse des commentaires traditionnels des classiques ; Rabelais, de même que les autres humanistes, contestait la confusion entre autorité et intelligence. "Science sans conscience, dit Gargantua à son fils, n'est que ruine de l'âme."

L'historien Lucien Febvre, dans une étude des convictions religieuses au temps de Rabelais, a tenté de décrire l'écrivain dans l'optique du XVIᵉ siècle. "Rabelais, la personne morale ? Une manière de Tabarin avant la lettre, un pique-assiette, payant son écot en farces bruyantes, d'ailleurs s'ivrognant à plein bec et, le soir venu, écrivant des ordures. Ou bien un docte médecin, un savant humaniste nourrissant de beaux textes antiques et de curiosités ardentes sa prodigieuse mémoire ; bien mieux, un grand philosophe, célébré comme tel par un Théodore de Bèze, un

Louis Le Caron : le prince des philosophes au dire d'Etienne
Ducher ?" demande Febvre, et il conclut : "Nos arrière-
grands-pères étaient plus heureux que nous. Ils ne choisissaient pas entre les deux images. Ils accueillaient, tout à la
fois, la respectable et l'autre[15]."

Rabelais était capable de maintenir simultanément un
esprit interrogateur et la foi en ce qu'il considérait comme
la vérité établie. Il éprouvait le besoin d'examiner les asser-
tions des sots et de juger par lui-même de la pertinence des
idées reçues. Les livres qu'il avait étudiés, pleins de la
sagesse des anciens, doivent avoir été contrebalancés dans
son esprit par les questions laissées sans réponse et les traités jamais écrits. Sa bibliothèque personnelle de parchemin
et de papier avait pour point d'appui sa bibliothèque imaginaire de sujets d'étude et de réflexion oubliés ou négligés.
Nous savons quels livres (de vrais livres) il emmenait dans
sa "bibliothèque portable", un coffre qui l'accompagna
pendant ses vingt années de voyages en Europe. La liste
– qui le mettait en danger constant des foudres de l'Inquisition – comprenait les *Aphorismes* d'Hippocrate, les œuvres
de Platon, Sénèque et Lucien, l'*Eloge de la folie* d'Erasme
et l'*Utopia* de More, et même un dangereux ouvrage polonais récemment publié, le *De revolutionibus* de Copernic[16].
Les livres qu'il a inventés pour Pantagruel étaient la glose
irrévérencieuse mais implicite de ceux-là.

Le critique Mikhaïl Bakhtine a fait observer que les
livres imaginaires de Rabelais ont leurs antécédents dans
les liturgies parodiques et les évangiles comiques de siècles antérieurs. "La parodie médiévale, dit-il, a pour intention de ne décrire que les aspects négatifs ou imparfaits de
la religion, de l'organisation ecclésiastique et de la science
académique. Pour ces parodistes, tout, sans exception, est
humoristique ; le rire est aussi universel que le sérieux, et
il embrasse en leur entier l'univers, l'histoire, la société
et la conception du monde. Leur vision du monde est
générale[17]."

Le *Gargantua* de Rabelais eut au siècle suivant de nombreuses imitations. Celles qui atteignirent la plus grande popularité furent une série de catalogues de bibliothèques imaginaires publiés (en général en tant que satires politiques) en Angleterre durant la guerre civile, telles que la *Bibliotheca Parliamenti* de 1653, attribuée à Sir John Birkenhead, qui comprenait des titres aussi irrespectueux que *Theopœia, discours nous montrant, à nous autres mortels, que l'on peut compter Cromwell au nombre des Dieux puisqu'il a rejeté toute humanité*[18]. La même année, Sir Thomas Urquhart publiait la première traduction de *Gargantua et Pantagruel*, et le savant Sir Thomas Browne composait, à l'imitation de Rabelais, un pamphlet intitulé *Musaeum clausum, ou Bibliotheca abscondita : contenant des livres, antiquités, tableaux et raretés de diverses espèces remarquables, jamais ou rarements vus par aucun homme aujourd'hui vivant*. Dans ce "Musée clos ou Bibliothèque cachée" figure un grand nombre de volumes étranges et d'objets curieux : entre autres un poème inconnu écrit en grec par Ovide durant son exil à Tomes, une lettre de Cicéron décrivant l'Isle de Bretagne, une relation de la marche d'Hannibal de l'Espagne à l'Italie, un traité des rêves du roi Mithridate, la collection miraculeuse d'écrits en hébreu, en grec et en latin d'une fillette de huit ans, et une traduction espagnole de l'œuvre de Confucius. Parmi les tableaux représentant des "objets rares", Sir Thomas énumère "Un beau Morceau de Difformité exprimée dans un Visage remarquable" et "Un Eléphant danseur de corde avec un Nègre nain sur son dos[19]". L'intention manifeste est de railler les croyances populaires de l'époque, mais le résultat est un rien guindé et beaucoup moins humoristique que son modèle. Même des bibliothèques imaginaires peuvent être écrasées sous le prestige et la pompe de l'académisme.

Gravure sur bois de Gwen Raverat représentant Sir Thomas
Browne inspiré par la Mort.

Il y eut un cas où la bibliothèque proprement dite et les
titres des livres étaient également visibles, bien que les
livres représentés fussent imaginaires. A Gad's Hill (la
maison dont il rêvait quand il était enfant et qu'il réussit à
s'acheter douze ans avant sa mort, en 1870), Charles Dickens avait assemblé une importante collection. Une porte
dans le mur était dissimulée par un panneau garni de plusieurs rangées de faux dos de livres. Sur ces dos, Dickens
s'était amusé à inscrire les titres d'œuvres apocryphes en
tous genres : les tomes I à XIX du *Guide du sommeil
réparateur*, de Hansard, *Oysters*, de Shelley, *L'Art de la
guerre moderne*, par le général Tom Pouce (un nain de
cirque célèbre à l'époque victorienne), un manuel du
mariage par Socrate, dont tout le monde sait que la femme
portait culotte, et les dix volumes d'un *Catalogue des statues célébrant le duc de Wellington*[20].

Colette, dans un des livres de souvenirs avec lesquels
elle se plaisait à scandaliser ses lecteurs au cours des
années 1930 et 1940, raconte une histoire de catalogues

Charles Dickens dans sa bibliothèque à Gad's Hill.

imaginaires dressés par son ami Paul Masson – un ex-
magistrat colonial qui travaillait à la Bibliothèque nationale, un excentrique qui mit fin à sa vie au bord du Rhin,
en se bourrant le nez de coton imbibé d'éther et, après
avoir perdu conscience, en se noyant dans quelque trente
centimètres d'eau. Selon Colette, Masson venait la voir
dans sa villa du bord de mer et sortait de ses poches une
écritoire portative, un porte-plume réservoir et une petite
liasse de fiches vierges. "Qu'est-ce que tu fais, Paul ? lui
demanda-t-elle un jour. – Je travaille, répondit-il. Je travaille de mon métier. Je suis attaché au catalogue de la
Nationale, je relève des titres. – Oh... Tu peux faire cela
de mémoire ? – De mémoire ? Où serait le mérite ? Je fais
mieux. J'ai constaté que la Nationale est pauvre en
ouvrages latins et italiens du XVe siècle... En attendant que
la chance et l'érudition les comblent, j'inscris les titres
d'œuvres extrêmement intéressantes, qui auraient dû être
écrites... qu'au moins les titres sauvent le prestige du catalogue... – Mais... puisque les livres n'existent pas ? – Ah !

Portrait de Paul Masson.

dit-il, avec un geste frivole, je ne peux pas tout faire[21] !"

Les collections de livres imaginaires nous enchantent parce qu'elles nous offrent le plaisir de la création sans la peine de rechercher ni d'écrire. Mais elles sont perturbantes aussi, à double titre – d'abord parce qu'on ne peut pas prendre les livres en main, et ensuite parce qu'on ne peut pas les lire. Ces trésors prometteurs doivent rester interdits à tous les lecteurs. Chacun d'entre eux peut revendiquer le titre que donne Kipling au conte à jamais non écrit du jeune employé de banque Charlie Mears : *La Plus Belle Histoire du monde*[22]. Et pourtant la chasse à de tels livres imaginaires, même si elle est nécessairement vaine, reste attrayante. Quel amateur d'histoires d'épouvante n'a pas rêvé de tomber sur un exemplaire du *Necronomicon*[23], le manuel démoniaque inventé par H. P. Lovecraft dans sa ténébreuse mythologie de Cthulhu ? Selon Lovecraft, l'*Al Azif* (pour lui rendre son titre original) fut écrit par Abdul Alhazred à Damas vers 730. En 950, il fut traduit en grec sous le titre *Necronomicon* par Théodore Philétas, mais l'unique exemplaire fut brûlé par le patriarche Michel en 1050. En 1228, Olaus traduisit en latin l'original (aujourd'hui disparu)[24]. Un exemplaire de la traduction latine est en principe conservé dans la bibliothèque de la Miskatonic University à Arkham, "bien connue pour certains manuscrits et livres interdits accumulés peu à peu au cours des siècles et commencée à l'époque coloniale". Outre le *Necronomicon*, on trouve au nombre de ces ouvrages interdits "les *Unaussprechlichen Kulten* de von Junzt, le *Culte des goules*, du comte d'Erlette, le *De vermiis mysteriis*, de Ludvig Prinn, Le *R'lyeh Text*, les *Sept livres sibyllins de Hsan*, les *Chants de Dhol*, le

Liber ivoris, les *Celaeno Fragments* et de nombreux autres textes similaires, dont certains n'existent que sous forme de fragments éparpillés de par le monde[25]".

Toutes les bibliothèques imaginaires ne renferment pas des livres imaginaires. Celle que le barbier et le curé condamnent au feu dans la première partie de *Don Quichotte* ; la bibliothèque érudite de Mr Casaubon dans *Middlemarch*, de George Eliot : la bibliothèque langoureuse de Des Esseintes dans *A rebours*, d'Huysmans ; celle, monastique et meurtrière, du *Nom de la rose*, d'Umberto Eco… toutes celles-là sont de l'ordre du désir. Avec assez d'argent et de temps, ces bibliothèques de rêve pourraient avoir une réalité solide. Celle que le capitaine Nemo montre au professeur Aronnax dans *Vingt mille lieues sous les mers* (à l'exception de deux livres d'Aronnax en personne, dont l'un seulement porte un titre : *Les Grands Fonds sous-marins*) est la bibliothèque que n'importe quel Français riche et cultivé du milieu du XIXe siècle aurait pu posséder. "Parmi ces ouvrages, dit le professeur Aronnax, je remarquai les chefs-d'œuvre des maîtres anciens et modernes, c'est-à-dire tout ce que l'humanité a produit de plus beau dans l'histoire, la poésie, le roman et la science, depuis Homère jusqu'à Victor Hugo, depuis Xénophon jusqu'à Michelet, depuis Rabelais jusqu'à Mme Sand[26]." Tous livres réels.

Pas plus que leurs consœurs de bois et de papier, toutes les bibliothèques imaginaires ne sont composées uniquement de livres. Le trésor du capitaine Nemo est enrichi de deux autres collections, l'une de peintures et l'autre de "curiosités", selon la coutume des Européens cultivés de l'époque. La bibliothèque forestière du Duc, dans *Comme il vous plaira*, qui "révèle des voix dans les arbres, des livres dans les ruisseaux qui coulent, des sermons dans les pierres, et le bien en toute chose[27]", se passe de volumes de papier et d'encre. Pinocchio, au dix-neuvième chapitre du roman de Collodi, essaie d'imaginer ce qu'il pourrait

La bibliothèque du capitaine Nemo, illustration de la première édition de *Vingt mille lieues sous les mers*.

faire s'il avait mille écus et s'il était riche, et il rêve d'un beau palais avec une bibliothèque "pleine à craquer de fruits confits, de gâteaux, de *panettoni*, de biscuits aux amandes et de gaufres fourrées de crème[28]".

La distinction entre les bibliothèques dépourvues d'existence matérielle et celles qui renferment des livres et des papiers que l'on peut tenir entre les mains est parfois étrangement floue. Il en existe de véritables, garnies de livres réels, qui paraissent imaginaires parce qu'elles sont nées de ce que Coleridge appelait "la suspension volontaire d'incrédulité". On trouve dans leur nombre la bibliothèque du père Noël, dans les Archives provinciales d'Oulu, en Finlande, dont les autres possessions, plus conventionnelles, remontent au XVIe siècle. Depuis 1950, le "Service du courrier du père Noël" des postes finlandaises est chargé de répondre aux quelque six cent mille lettres reçues chaque année en provenance de plus de cent quatre-vingts pays. Jusqu'en 1996, on détruisait les lettres après y avoir répondu mais, depuis 1998, un accord passé entre les services postaux finlandais et les autorités provinciales a autorisé les Archives d'Oulu à sélectionner et à conserver un certain nombre des lettres reçues chaque année en décembre, envoyées principalement mais pas exclusivement par des enfants. Le choix d'Oulu s'explique parce que, selon la tradition finlandaise, le père Noël habite dans la Korvatunturi, ou montagne de l'Oreille, située dans cette région[29].

D'autres bibliothèques méritent d'être imaginaires pour des raisons plus fantaisistes, comme la Doulos Evangelical Library, logée à bord du plus ancien des paquebots transocéaniques, qui fait le tour du monde avec une cargaison d'un demi-million de livres et un équipage de trois cents personnes, et la minuscule bibliothèque de Geneytouse, dans le Sud-Ouest de la France, installée dans un cabanon de neuf mètres carrés, sans eau, sans chauffage et sans électricité et fondée par Etienne Dumont Saint-Priest, un fermier local passionné de littérature et de musique, qui avait longtemps rêvé d'offrir à son village un lieu où lire et échanger des livres.

Nos bibliothèques ne proviennent pas toutes de rêves, cependant ; il en est qui relèvent du cauchemar. Au printemps de 1945, un groupe de soldats américains de la

L'ex-libris d'Hitler.

101e division aéroportée découvrit, cachés dans une mine de sel près de Berchtesgaden, les restes de la bibliothèque d'Adolf Hitler, "fourrés n'importe comment dans des caisses à schnaps portant l'adresse de la chancellerie du Reich[30]". De cette collection monstrueuse, douze cents livres seulement, marqués de l'ex-libris du Führer ou de son nom, furent jugés dignes d'être conservés à la bibliothèque du Congrès à Washington, au troisième étage du Jefferson Building. Selon le journaliste Timothy W. Ryback, les historiens du Troisième Reich ont curieusement négligé ce butin de guerre. On a estimé la bibliothèque originale d'Hitler à seize mille volumes, dont environ sept mille concernaient l'histoire militaire, plus de mille étaient des essais sur les arts, près d'un millier des œuvres de fiction populaire, un bon nombre encore étaient des brochures de spiritualité chrétienne et quelques-uns des récits pornographiques. Une poignée seulement de romans classiques : *Les Voyages de Gulliver*, *Robinson Crusoé*, *La Case de l'oncle Tom* et *Don Quichotte*, ainsi que la plupart des histoires d'aventures de l'auteur préféré d'Hitler, Karl May. Parmi les volumes conservés à la bibliothèque du Congrès se trouvent un livre français de cuisine végétarienne dédicacé par son auteur, Maïa Charpentier, à "Monsieur Hitler, végétarien", et un traité de 1932 sur la guerre chimique expliquant les usages de l'acide prussique, qui devait être commercialisé sous le nom de Zyklon B. On imagine difficilement de composer, avec tant soit peu de hideuse exactitude, un portrait du possesseur de cette bibliothèque. Admettons qu'il y ait des bibliothèques que l'imagination condamne simplement à cause de la réputation de leur lecteur.

Nous prêtons aux bibliothèques les qualités de nos espoirs et de nos cauchemars ; nous croyons comprendre des bibliothèques évoquées d'entre les ombres ; nous pensons aux livres dont nous sentons qu'ils devraient exister pour notre plaisir, et nous entreprenons de les inventer, sans nous soucier d'éventuelles menaces d'inexactitude ou de sottise, sans craindre la crampe de l'écrivain ni la panne sèche, sans contrainte de temps ni d'espace. Les livres rêvés au cours des âges par des raconteurs aussi libres de toute gêne composent une bibliothèque bien plus vaste que celles qui résultent de l'invention de la presse à imprimer – sans doute parce que le domaine des livres imaginaires offre la possibilité qu'un livre, encore non écrit, échappe à toutes les maladresses et imperfections auxquelles nous nous savons condamnés. Dans l'obscurité, sous mes deux arbres, nous avons, mes amis et moi, ajouté sans vergogne aux catalogues d'Alexandrie de pleines étagères d'ouvrages parfaits qui disparaissaient au matin sans laisser de traces.

XIV

UNE IDENTITÉ

Ma bibliothèque était un duché assez vaste.

WILLIAM SHAKESPEARE,
La Tempête.

Je tiens la liste des livres qui me paraissent manquer dans ma bibliothèque et que j'espère acheter un jour, et aussi celle, plus rêvée qu'utile, des livres que j'aimerais avoir mais dont je ne sais même pas s'ils existent. Cette seconde liste comprend : *Une histoire universelle des fantômes*, *Une description de la vie dans les bibliothèques de la Grèce et de Rome*, un troisième roman policier de Dorothy Sayers complété par Jill Paton Walsh, un *Shakespeare* par Chesterton, un *Summary of Averroës on Aristotle*, un livre de cuisine littéraire tirant ses recettes de descriptions d'aliments dans des romans, une traduction de *La vie est un songe*, de Calderón, par Anne Michaels (dont le style, me semble-t-il, conviendrait admirablement à Calderón), une *Histoire du commérage*, les *Mémoires véridiques et non censurés d'une vie d'éditeur*, par Louise Dennys, une biographie de Borges bien documentée et bien écrite, un récit de ce qui s'est passé exactement pendant la captivité de Cervantès à Alger, un roman inédit de Joseph Conrad, le journal de la Milena de Kafka.

Nous pouvons imaginer les livres que nous aimerions lire, même s'ils n'ont pas été écrits, et nous pouvons imaginer des bibliothèques remplies des livres que nous aimerions posséder, même s'ils sont hors de notre portée, parce que nous aimons rêver d'une bibliothèque qui refléterait chacun de nos intérêts et chacun de nos penchants – une bibliothèque qui, dans sa variété et sa complexité, représenterait pleinement le lecteur que nous sommes. Il n'est donc pas déraisonnable de supposer que, de façon comparable, l'identité d'une société ou celle d'une nation peuvent être reflétées par une bibliothèque, par une assemblée de titres qui, pratiquement et symboliquement, nous servent de définition collective.

Pétrarque fut, sans doute, le premier à imaginer qu'une bibliothèque publique devait être fondée par l'Etat[1]. En 1326, après la mort de son père, il abandonna ses études de droit pour entrer dans l'Eglise, ce qui était un moyen de poursuivre une carrière littéraire, laquelle culmina en 1341, lorsqu'il fut consacré poète lauréat au Campidoglio de Rome. Durant les années suivantes, il partagea son temps entre l'Italie et le Sud de la France, à écrire et à collectionner des livres, et il acquit une réputation d'érudition inégalée. En 1353, las des chamailleries de la cour papale d'Avignon, Pétrarque s'installa pour quelque temps à Milan, puis à Padoue et finalement à Venise. Il y fut bien accueilli par le doge qui, en 1362, obtint pour lui un *palazzo* sur la Riva dei Schiavoni en échange du legs de sa bibliothèque désormais renommée[2]. Pétrarque accepta à condition que ses livres fussent "parfaitement conservés [...] dans un lieu choisi à cette intention, à l'abri du feu et de la pluie". Bien qu'il déclarât modestement que ses livres n'étaient ni bien nombreux ni très précieux, il exprima l'espoir que "cette glorieuse cité y ajoutera des livres aux frais du public, et aussi que des individus suivront cet exemple à titre privé... De cette façon, il serait possible d'établir aisément une grande et célèbre bibliothèque, égale à celles de l'Antiquité[3]." Son souhait fut largement réalisé. Au lieu d'une bibliothèque nationale, l'Italie a la fierté d'en posséder six dont deux (celles de Florence et de Rome) font ensemble office de bibliothèque centrale du pays.

En Grande-Bretagne, l'idée d'une bibliothèque nationale fut lente à s'imposer. Après la dispersion des bibliothèques consécutive à la dissolution des monastères sur l'ordre d'Henri VIII, le mathématicien et astrologue John Dee, possesseur d'une collection de livres remarquable, suggéra en 1556 à la reine Marie, fille d'Henri, de fonder une bibliothèque nationale qui pourrait rassembler les manuscrits et les livres "d'auteurs anciens". La proposition resta ignorée, bien qu'elle fût répétée durant le règne suivant, celui d'Elisabeth Iʳᵉ, par la Society of Antiquaries. Un troisième projet fut soumis à son successeur, Jacques Iᵉʳ, qui s'y montra favorable mais mourut avant qu'on pût l'appliquer. Son fils, Charles Iᵉʳ, ne s'intéressait pas à la question, en dépit du fait que des bibliothécaires royaux fussent régulièrement chargés, durant son règne, de s'occuper des incohérentes collections royales, sans plus de succès que d'enthousiasme.

Enfin, en 1694, sous le règne de Guillaume III, le savant Richard Bentley fut nommé conservateur des livres royaux. Choqué par l'état lamentable dans lequel il avait trouvé la bibliothèque, Bentley publia, trois ans plus tard, une "proposition pour construire une Bibliothèque royale et l'établir par un acte du Parlement", dans laquelle il suggérait la construction dans St James's Park d'un nouvel édifice spécifiquement destiné à abriter des livres et auquel le Parlement accorderait une rente annuelle. Bien que son insistance restât sans réponse, Bentley ne renonça jamais à son dévouement aux livres de la nation. En 1731, un incendie s'étant déclaré une nuit dans la Cotton Collection (qui contenait, outre les Evangiles de Lindisfarne déjà mentionnés, deux des plus anciens manuscrits du

Nouveau Testament, le Codex Sinaiticus de la moitié du IVe siècle et le Codex Alexandrinus du début du Ve), on put voir le bibliothécaire royal sortir en courant de sa maison, "en perruque et en chemise, avec le Codex Alexandrinus sous le bras[4]".

La proposition de Bentley eut pour effet qu'en 1739, le Parlement fit l'acquisition des livres et objets magnifiques laissés à sa mort par Sir Hans Sloane et, plus tard, en 1753, celle de Montagu House, à Bloomsbury, pour les y installer. La maison avait été conçue par un architecte marseillais dans le style dit français, après que la première Montagu House avait été détruite par un incendie en 1686, quelques années à peine après sa construction, et elle comptait un grand nombre de pièces où l'on pouvait exposer les trésors de Sloane ainsi que plusieurs arpents de beaux jardins où les visiteurs pouvaient se promener[5]. Quelques années plus tard, George II fit don de sa collection de livres à la bibliothèque – qui portait désormais le nom de British Museum. Le 15 janvier 1759, la British Library du musée ouvrit ses portes impressionnantes. A la demande du roi, son contenu fut déclaré accessible à tout public. "Bien que destinée principalement à l'usage de personnes instruites et studieuses, qu'elles soient étrangères ou nos concitoyennes, dans leurs recherches en divers domaines de la connaissance, étant néanmoins une institution nationale […] les avantages qu'elle offre doivent être rendus aussi généraux que possible." Pendant les premières années, la tâche principale des bibliothécaires ne consista pourtant pas à établir des catalogues ni à chercher de nouveaux titres, mais à guider les visiteurs dans les collections du musée[6].

Le héros de l'épopée de la British Library est l'Italien Antonio Panizzi, dont il a déjà été question à propos de la forme de la salle de lecture. Menacé d'arrestation en Italie en tant que membre des *carbonari* – société secrète opposée à l'autorité de Napoléon –, ce révolutionnaire de vingt-cinq ans s'était réfugié en Angleterre. Après avoir enseigné l'italien pendant une brève période, il fut nommé en 1831 assistant bibliothécaire au British Museum. Un an plus tard, il devenait citoyen britannique et changeait son prénom en Anthony.

Portrait de Sir Anthony Panizzi.

Tout comme son compatriote Pétrarque, Panizzi estimait que la fondation d'une bibliothèque nationale profitant à tout le monde incombait à l'Etat. "Je voudrais, écrit-il dans un rapport daté du 14 juillet 1836, qu'un étudiant pauvre ait, autant que l'homme le plus riche du royaume, la possibilité de satisfaire sa docte curiosité, de poursuivre ses recherches raisonnées et d'approfondir les questions les plus délicates dans le domaine des livres, et je tiens que le gouvernement doit lui prêter à cet effet l'assistance la plus libérale et la plus illimitée[7]." En 1856, Panizzi accéda au poste de bibliothécaire principal et, grâce à sa vive intelligence et à ses capacités administratives, il fit de l'institution l'un des plus grands centres culturels au monde[8].

Pour accomplir son dessein, Panizzi conçut le catalogue de la bibliothèque et entreprit sa réalisation ; il imposa l'application du *Copyright Act* de 1842, exigeant le dépôt à la bibliothèque d'un exemplaire de chaque livre imprimé en Grande-Bretagne ; il appuya avec succès une augmentation des subsides attribués par le gouvernement ; enfin, en insistant pour faire reconnaître aux bibliothécaires le statut de fonctionnaires, il améliora considérablement leurs conditions de travail, qui devaient avoir été infernales. Le biographe et essayiste Edmund Gosse, ami de Swinburne, de Stevenson et de Henry James, avait été employé dans la bibliothèque à la fin des années 1860 en tant que "ce qu'il y a de plus humble dans l'humanité, un petit assistant au département des Livres imprimés". Il a décrit son lieu de travail, peu avant les améliorations apportées par Panizzi, comme une cage surchauffée, "d'une singulière horreur, faite de barres d'acier [...], un endroit où l'on ne ferait vivre aujourd'hui nul être responsable, où les copistes du British Museum travaillaient emmurés dans une demi-obscurité[9]".

Panizzi (Gosse l'a décrit comme un "vieux petit Italien noiraud, assis au milieu des livres comme une araignée dans sa toile[10]") voulait que la bibliothèque du British Museum soit l'une des plus belles et des mieux gérées du monde mais, surtout, il voulait que son "tissu de livres" devienne la place forte de l'identité politique et culturelle britannique. Il définit sa vision dans les termes les plus clairs :

> 1° L'attention du conservateur de cette bibliothèque avant tout britannique devrait porter spécialement sur les œuvres britanniques et les œuvres en rapport avec l'Empire britannique, son histoire religieuse, politique et littéraire ainsi que scientifique, ses lois, institutions, descriptions, commerces, arts, etc. Plus une telle œuvre est rare et chère, plus les efforts raisonnables consentis afin de l'obtenir pour la bibliothèque devront être importants.
>
> 2° Jamais les éditions anciennes et rares, de même que les éditions critiques de classiques anciens, ne devraient être recherchées en vain dans cette collection ; non plus que ne devraient faire défaut les commentaires de qualité et les meilleures traductions.
>
> 3° En ce qui concerne la littérature, les arts et les sciences d'origine étrangère, la bibliothèque devrait en posséder les meilleures éditions de référence dans des buts critiques et utilitaires. Le public a, en outre, le droit de trouver dans sa bibliothèque nationale des œuvres étrangères volumineuses et coûteuses, telles que journaux littéraires, actes

de sociétés, grandes collections historiques ou autres, séries complètes de journaux et recueils de lois ainsi que leurs meilleures interprétations[11].

Panizzi voyait dans la bibliothèque nationale britannique un portrait de l'âme nationale. Les littératures et objets culturels étrangers devaient y être inclus (il avait posté dans ce but des agents en Allemagne et aux Etats-Unis), mais principalement dans un but de comparaison et de référence, ou pour compléter une collection. L'important, pour Panizzi, c'était que tous les aspects de la vie et de la pensée en Grande-Bretagne fussent représentés, de sorte que la bibliothèque devînt une vitrine de la nation. Il voyait clairement en quoi devait consister une bibliothèque nationale ; la manière dont il fallait s'en servir était moins évidente à ses yeux. Puisque même une bibliothèque nationale n'a qu'une capacité limitée d'accueillir des lecteurs, pareille institution devrait-elle ne constituer qu'un dernier recours ? Thomas Carlyle déplorait que n'importe quel Pierre, Paul ou Jean pût utiliser la bibliothèque à des fins dénuées du moindre rapport avec la connaissance et l'étude. "Je crois, écrivit-il, que plusieurs personnes en état d'imbécillité viennent lire au British Museum. On m'a informé de ce que plusieurs personnes en cet état viennent y passer le temps, envoyées par leurs amis[12]."

Panizzi voulait que la bibliothèque fût toujours accessible à tout "étudiant pauvre" désireux de satisfaire sa "docte curiosité". Pour des raisons pratiques, faudrait-il néanmoins qu'une bibliothèque nationale ne soit ouverte qu'à ces lecteurs (étudiants ou autres) n'ayant pas pu trouver dans d'autres bibliothèques publiques les livres dont ils ont besoin ? Devrait-elle offrir des services normaux au lecteur ordinaire, ou ne devrait-elle fonctionner qu'en tant qu'archives, en dernier ressort, étant en possession de ce qui, en raison de sa rareté, ne peut être plus largement distribué ? Jusqu'en 2004, la British Library ne délivrait de cartes de lecteur qu'à ceux qui pouvaient prouver qu'on ne pouvait trouver ailleurs les livres dont ils avaient besoin et, encore, seulement aux chercheurs qui pouvaient confirmer leur statut grâce à des lettres de références. En septembre 2005, un lecteur qui commentait le programme "d'accessibilité" éliminant cette obligation d'être un "chercheur" fit écho sans le savoir à la protestation de Carlyle : "Tous les jours, la bibliothèque est remplie, entre autres, de gens qui dorment, de lycéens qui font leurs devoirs, de jeunes espoirs en train d'écrire des scénarios de films – à vrai dire, de gens occupés à n'importe quoi sauf à consulter les livres de la bibliothèque[13]."

La fonction ultime d'une bibliothèque nationale reste en question. De nos jours, l'électronique peut ouvrir à la plupart des lecteurs une bibliothèque nationale à domicile et même assurer des services interbibliothèques ; non seulement l'espace de lecture s'étend bien au-delà des murs de la bibliothèque, mais les livres eux-mêmes se mêlent aux fonds d'autres établissements et les complètent. Par exemple, je souhaite consulter, à propos d'un sujet mythologique qui m'intrigue, un livre de Georges Kastner, *Les Sirènes*, publié à Paris en 1858. Je m'aperçois que la vaste bibliothèque municipale de Poitiers ne le possède pas. Le bibliothécaire me propose aimablement de rechercher la bibliothèque la plus proche susceptible d'en détenir un exemplaire et découvre (grâce au catalogage électronique) que l'unique exemplaire disponible en France se trouve à la Bibliothèque nationale. Compte tenu de sa rareté, on ne peut pas emprunter cet ouvrage, mais on peut le photocopier. La bibliothèque de Poitiers peut demander la fabrication d'un exemplaire complet, photocopié et relié, qui fera partie de ses collections, et que je pourrai donc emprunter. Le système, même s'il n'est pas parfait, me permet d'avoir accès à quelques-uns des livres les plus rares des collections nationales – et, au-delà, aux réserves d'autres pays que relient des accords interbibliothèques.

Etant donné que *Les Sirènes* est un livre qui échappe, vu son âge, à la réglementation du droit d'auteur, il aurait pu être scanné et intégré dans l'une ou l'autre bibliothèque virtuelle et j'aurais dès lors pu le charger et l'imprimer moi-même ou, moyennant finance, le faire imprimer par un serveur. Ce système apparemment nouveau fait écho à celui qu'avaient mis au point voici des siècles les universités médiévales, où un texte recommandé par un professeur pouvait être copié par les scribes qui tenaient boutique sous les murs de l'université et vendaient leurs services aux étudiants. Des manuscrits revus avec soin étaient prêtés à des "papetiers" qui, à un tarif ou moyennant une taxe définis, les faisaient copier, soit dans le but d'obtenir des textes à vendre pour leur compte, soit afin de les louer aux étudiants trop pauvres pour se faire faire des copies et obligés par conséquent de les exécuter eux-mêmes. On ne disposait pas du texte original *(exemplar)* sous forme d'un livre unique mais en sections *(peciae)* qu'il fallait rendre au papetier après les avoir copiées ; il pouvait alors les louer à nouveau. Lorsque les premières presses d'imprimerie apparurent, les autorités universitaires ne les considéraient guère que comme un moyen commode de produire des copies avec un peu plus de rapidité et d'exactitude[14].

Le Liban est un pays qui revendique au moins une douzaine de religions et de cultures différentes. Sa bibliothèque nationale est une acquisition récente, elle ne date que de 1921, quand le vicomte Philippe de Tarazi, historien et bibliophile libanais, fit don de son fonds à l'Etat avec l'exigence précise qu'il constitue "le cœur de ce qui devrait devenir la grande bibliothèque de Beyrouth". La donation de Tarazi comportait vingt mille volumes imprimés, un grand nombre de manuscrits précieux et les premières livraisons de la presse nationale. Trois ans plus tard, pour augmenter la collection, un décret gouvernemental imposa le système du dépôt légal (auquel était soumis tout livre imprimé dans le pays) et pourvut la bibliothèque de huit employés placés sous la juridiction du ministère de l'Education. Durant la guerre civile qui a ravagé le pays du milieu des années 1970 au milieu des années 1990, la Bibliothèque nationale fut à plusieurs reprises bombardée et pillée. En 1979, après quatre années de combats, le gouvernement ferma l'établissement et mit les manuscrits et documents rescapés en lieu sûr dans les chambres fortes des Archives nationales. Les livres modernes furent entreposés entre 1982 et 1983 dans un bâtiment distinct, mais celui-ci subit à son tour des bombardements massifs, et les livres épargnés par les bombes furent endommagés par la pluie et les insectes. Finalement, après la fin de la guerre et avec l'assistance d'un groupe d'experts de la Bibliothèque nationale de France, le projet de rétablir ce qui restait du fonds dans un nouveau bâtiment a été défini.

La visite des livres rescapés du Liban est une expérience mélancolique. Il paraît évident que le Liban a encore grand besoin d'aide pour désinfecter, restaurer, cataloguer et ranger ses collections. Les œuvres sont placées dans les pièces modernes d'un immeuble des douanes trop proche de la mer pour éviter l'humidité. Une poignée d'employés et de volontaires feuillettent les piles d'imprimés et disposent les livres sur les étagères ; un œil expert déterminera lesquels valent la peine d'être restaurés et lesquels il faut éliminer. Dans un autre bâtiment, un bibliothécaire spécialisé dans les textes anciens parcourt les manuscrits orientaux, dont certains datent du IXe siècle, afin d'évaluer la gravité de leur détérioration et marque chacun d'eux d'une étiquette de couleur, du rouge (le plus mauvais état) au blanc (ceux qui n'ont besoin que de réparations mineures). Mais il est évident que ni les employés ni les moyens financiers ne suffiront à cette tâche énorme.

Il y a pourtant un aspect encourageant. Un immeuble aujourd'hui vacant, qui abritait autrefois la faculté de droit de l'université du Liban à Beyrouth, vient d'être attribué à la nouvelle Bibliothèque nationale et devrait prochainement s'ouvrir au public. Dans le compte rendu du projet qu'elle a lu en mai 2004, le professeur Maud Stéphan-Hachem, conseillère du ministre de la Culture, a insisté sur l'occasion qu'offre la bibliothèque d'une réconciliation "avec une réalité plurielle", en reconstituant le tissu des tendances culturelles du Liban.

"Le projet de la Bibliothèque nationale du Liban a toujours été défendu, porté, soutenu par des intellectuels amoureux des livres, a-t-elle affirmé, mais chacun jusque-là se l'appropriait comme son projet propre, il y mettait ses rêves et sa vision personnelle d'une culture si disputée. [...] Voilà qu'il pouvait devenir un projet de société, un projet public dans lequel l'Etat tout entier devrait s'engager, notamment pour sa dimension éminemment politique. Car il ne saurait être réduit au sauvetage de livres, ou à la reconstruction d'une institution sur le modèle d'autres bibliothèques du monde. C'est un projet politique de réconciliation des Libanais avec leur mémoire et de reconnaissance des autres, concrètement, par des actes d'inventaire, d'enregistrement et de mise en valeur de leurs œuvres[15]."

Une bibliothèque peut-elle refléter une pluralité d'identités ? La mienne – installée dans un petit village français avec lequel elle n'entretient nul rapport visible et composée de bibliothèques partielles constituées en Argentine, en Angleterre, en Italie, en France, à Tahiti et au Canada au cours d'une existence vagabonde – témoigne d'une quantité d'identités différentes. Je suis, en un sens, l'unique citoyen de cette bibliothèque et je puis par conséquent

Les livres de la Bibliothèque nationale du Liban sommairement entreposés.

revendiquer une communauté d'attachements avec son contenu. Et pourtant nombre de mes amis ont eu l'impression que l'identité de cette bibliothèque de bric et de broc était au moins en partie la leur aussi. Il se peut que, de par sa nature kaléidoscopique, n'importe quelle bibliothèque, si personnelle soit-elle, offre à qui l'explore un reflet de ce qu'il cherche, une fascinante lueur d'intuition de ce que nous sommes en tant que lecteurs, un bref aperçu des aspects secrets de l'âme.

Les immigrants gravitent souvent vers les bibliothèques afin d'en savoir plus sur leur pays d'adoption, non seulement quant à son histoire et sa géographie, ses dates, ses cartes et ses poèmes nationaux, mais aussi à une compréhension générale de la façon dont le pays pense et s'organise, dont il divise et catalogue le monde – un monde qui comprend le passé de l'immigrant. La Queens' Public Library, à New York, est la bibliothèque la plus active des Etats-Unis, avec une rotation de plus de quinze millions de

livres et d'enregistrements audio et vidéo par an, principalement au service d'une population immigrée, puisque
près de la moitié des résidents de Queens parlent chez eux
une autre langue que l'anglais, et que plus d'un tiers sont
nés dans un pays étranger. Les bibliothécaires parlent russe,
hindi, chinois, coréen, gujarati et espagnol, et peuvent
expliquer à leurs nouveaux lecteurs comment obtenir un
permis de conduire, naviguer sur l'Internet et apprendre
l'anglais. Les titres les plus demandés sont les traductions
dans les langues des immigrants de romans populaires
américains[16]. La bibliothèque de Queens n'est sans doute
pas ce conservatoire culturel que Panizzi avait en tête pour
un pays, mais elle est devenue l'une de celles, nombreuses,
qui tendent un miroir au défi vertigineux des multiples
identités du pays et des temps.

XV

UNE DEMEURE

Au-delà de la bibliothèque nationale de n'importe quel
pays, il en existe une plus grande que toutes les autres,
parce qu'elle les contient sans exception : une bibliothèque
idéale aux dimensions inconcevables où sont rassemblés
tous les livres qui ont un jour été écrits et ceux qui n'existent qu'en tant que possibilités, ouvrages encore à venir.
Cette accumulation colossale surpasse toutes les collections de livres isolées et est néanmoins implicite dans chacun de leurs volumes. Dans mon édition de l'*Odyssée*,
"traduite en prose anglaise par T. E. Shaw" (plus connu
sous le nom de Lawrence d'Arabie), résonnent des échos
d'Alexandrie et des commentaires rigoureux d'Aristarque
ainsi que, plus près de nous, de la généreuse bibliothèque
d'*Odyssées* constituée par George Steiner à Genève et des
diverses éditions de poche d'Homère qu'un lecteur anonyme de Montevideo a envoyées au titre de sa participa-
tion à la reconstruction de la bibliothèque de Saravejo.
Chacun de ces lecteurs lit une *Odyssée* différente et leurs
lectures étendent les aventures d'Ulysse bien au-delà des
îles Fortunées, vers l'infini.

Pour moi, de toutes les aventures d'Ulysse, nulle n'est aussi émouvante que son retour chez lui. Les sirènes, les cyclopes, la sorcière et ses charmes sont de prodigieuses merveilles, mais les larmes du vieil homme à la vue du rivage bien-aimé et la mort du chien, le cœur brisé, aux pieds du maître bien-aimé me semblent plus vraies et plus frappantes que les merveilles. Les neuf dixièmes du poème consistent en surprises ; la fin est reconnaissance.

Qu'est-ce que ce retour ? On peut soutenir que nous avons deux façons possibles de percevoir le monde – comme une terre étrangère ou comme la nôtre – et que nos bibliothèques reflètent ces deux visions opposées. Lorsque, errant entre nos livres, nous prenons sur les étagères un volume au hasard et le feuilletons, ses pages nous surprennent par leurs différences d'avec notre expérience personnelle ou nous rassurent au contraire par leurs similitudes. L'avidité d'Agamemnon ou la douceur du lama de Kim me sont totalement étrangères ; les étonnements d'Alice ou la curiosité de Sindbad reflètent inlassablement mes propres émotions. Tout lecteur est soit un voyageur qui fait une pause ou quelqu'un qui rentre chez lui.

Il est tard, c'est la nuit. Il pleut à verse. Je ne peux pas dormir. J'erre dans ma bibliothèque, je prends un livre sur son rayon et je lis. Dans un lointain château aux murs écroulés, où les ombres étaient légion et où un vent glacial soufflait par les fentes des remparts et des fenêtres, vivait un comte d'un grand âge et de grand renom. C'était aux livres avant tout qu'il devait sa connaissance du monde et il savait sa place dans l'Histoire. Cet aristocrate affirmait avoir le droit d'être fier, car "dans nos veines coule le sang de bien des races courageuses qui ont combattu comme combat le lion, pour la souveraineté. Ici, dans le tourbillon des races européennes, la tribu ougrienne a apporté d'Islande son esprit belliqueux, héritage de Thor et d'Odin, dont les Vandales firent preuve avec tant de férocité sur les rivages de l'Europe, oui, et aussi de l'Asie et de l'Afrique, que les gens crurent à la venue des loups-garous eux-mêmes… Quand fut rachetée cette grande honte de ma nation, la honte du Cassova [Kosovo], quand les étendards du Valache et du Magyar s'étaient inclinés sous le Croissant, qui donc, sinon un homme de ma race, traversa le Danube et vainquit le Turc sur son propre terrain ? C'était un Dracula, en vérité[1] !"

Le fief du comte Dracula se trouve en Transylvanie. C'est là son *umbilicus mundi*, le nombril de son univers, le paysage qui alimente son imagination, sinon son corps puisque, plus le temps passe, plus il lui devient difficile de trouver du sang frais dans ses montagnes natales, et il est obligé de chercher à l'étranger sa nourriture terrestre. "J'aspire à parcourir les rues encombrées de votre imposante cité de

Miniature du XVIIe siècle représentant Vlad Dracul ou Vladislas Dracula, découverte récemment à la bibliothèque de l'Etat de Wurtemberg, en Allemagne.

Londres, dit le comte, à me sentir au cœur de la cohue de l'humanité, à en partager la vie, les transformations, la mort, et tout ce qui fait d'elle ce qu'elle est[2]." Mais où que le portent ses voyages, Dracula ne peut être totalement séparé de chez lui. Les livres sur ses étagères poussiéreuses racontent son antique histoire ; nulle autre bibliothèque n'a d'intérêt pour lui. Son château, avec sa bibliothèque ancestrale, est son seul port d'attache : il doit avoir toujours avec lui un coffre (ou un cercueil) rempli de sa terre natale, dans laquelle il est si profondément enraciné. Tel Antée, il lui faut toucher sa mère la Terre ou mourir.

Je remets le roman de Bram Stoker à sa place et je saisis un deuxième livre, quelques rangées plus haut. Il raconte l'histoire d'un autre voyageur, aux traits monstrueux de qui le livre fait allusion sans jamais vraiment les décrire. À l'instar du comte Dracula, ce voyageur est, lui aussi, un personnage solitaire, bien décidé à ce que nul ne soit son maître mais, contrairement au comte, il ne se targue pas d'origines aristocratiques. Il n'a ni patrie, ni racines, ni ancêtres. "Je n'avais pas d'argent, pas d'amis, aucun bien[3]", nous confie-t-il. Il erre par le monde tel un exilé de nulle part ; il est citoyen du cosmos parce qu'il n'est citoyen d'aucun lieu. "Je serai satisfait de souffrir seul, tant que dureront mes souffrances[4]", dit-il, résigné. Il s'instruit grâce aux livres, assemblant dans sa mémoire une bibliothèque curieuse et éclectique. Ses premières lectures sont indirectes : il écoute une famille de paysans lire, si peu plausible que ce soit, une méditation philosophique sur l'histoire universelle, *Les Ruines ou Méditations sur les révolutions des empires*, de Volney. "Grâce à cette œuvre, explique-t-il, j'acquis une connaissance élémentaire de l'histoire et un aperçu des divers empires existant à présent dans le monde ; elle me donna une idée des mœurs, des gouvernements et des religions des différentes nations de la Terre." Il se demande comment l'homme peut être à la fois "si puissant, si vertueux, si magnifique", et cependant "si vicieux et si bas". A cela, il n'a pas de réponse mais, s'il ne se sent pas de même nature que l'homme[5], il aime néanmoins l'humanité et souhaite appartenir au genre humain. Une valise égarée, pleine de vêtements et de livres, lui procure quelques autres lectures : le *Paradis perdu*, de Milton, les *Vies* de Plutarque et les *Souffrances du jeune Werther*, de Goethe. De *Werther*, il apprend "désespoir" et "mélancolie", de Plutarque "pensées élevées". Mais du *Paradis perdu* il s'émeut et s'émerveille. "En lisant, raconte-t-il, je faisais de nombreux rapprochements avec mes propres senti-ments et ma situation. Je me sentais proche, et cependant étrangement différent, des créatures dont je lisais les his-toires et croyais entendre les conversations. Je sympathi-sais avec elles et je les comprenais en partie, mais mon esprit n'était pas formé : je n'étais dépendant de personne, ni lié à personne[6]." En dépit des reflets de sa propre his-toire qu'il croit reconnaître dans celle d'Adam après la chute, ce lecteur étonné découvre qu'il a beau lire, les bibliothèques humaines ne tiennent pas compte de lui. Ignorant son désir de faire partie du public universel, le monde lâchera ses chiens sur ce citoyen du monde, le poursuivra de ses sarcasmes comme étranger à tous les sens du terme, créature exclue de toute société. Misérable, craint et haï, il provoquera la mort de son créateur et, fina-lement, le monstre du Dr Frankenstein se perdra à jamais dans les glaces du pôle Nord, dans cette page blanche gelée qu'on appelle Canada, ce lieu où sont relégués un si grand nombre des fantasmes universels.

Le monstre de Frankenstein est à la fois l'étranger absolu et le plus parfait des citoyens du monde : en tout, il est "autre", sa vue inspire l'horreur, et pourtant il est com-posé d'un assemblage de morceaux humains. Apprenant pour la première fois, tel un enfant, ce que sont la nature de l'univers et la sienne propre, il est le *lector virgo*, l'être doué de curiosité, prêt à se laisser instruire par la page ouverte, visiteur de la bibliothèque du monde qui n'apporte

Illustration de Chevalier pour l'édition de 1831 du *Franken-stein* de Mary Shelley.

avec lui ni préjugés ni expériences susceptibles de colorer ses lectures. Au moment d'entrer dans la cabane de l'ermite, le monstre prononce ces mots : "Pardonnez mon intrusion, je suis un voyageur et j'ai besoin d'un peu de repos." Voyageur pour qui n'existent ni frontières, ni nationalités, ni limitations de l'espace, parce qu'il n'est nulle part chez lui, le monstre doit demander pardon d'être entré dans un monde où il n'est pas venu de son plein gré, expulsé des ténèbres, selon les termes de l'Adam de Milton[7]. Je trouve cette expression, "Pardonnez mon intrusion", intolérablement émouvante.

Pour le monstre de Frankenstein, le monde tel que le décrivent les livres est monothématique ; tous les volumes proviennent de la même bibliothèque. Bien qu'il voyage d'un pays à l'autre – la Suisse, les Orcades, l'Allemagne, la Russie, l'Angleterre et les déserts de Tartarie –, ce ne sont pas les particularités qu'il remarque mais les caractères communs à ces sociétés. Pour lui, le monde est presque sans visage. Il demeure dans l'abstrait, même lorsque différents livres d'histoire lui font connaître des détails. "Je lisais que des hommes en charge des affaires publiques gouvernaient ou massacraient leurs semblables. Je sentais naître en moi un grand amour de la vertu et une violente aversion pour le vice, dans la mesure où je comprenais la signification de ces mots qui ne s'appliquaient pour moi qu'au plaisir et à la douleur[8]." Et pourtant ces leçons ne porteront pas de fruit. Des bibliothèques humaines, le monstre apprendra qu'elles ne contiennent pour lui que de la littérature étrangère.

Chez soi en un lieu unique et chez soi dans le monde entier : ces deux notions, on peut les ressentir comme négatives. Le comte Dracula ne se fie qu'à sa bibliothèque personnelle. Il s'enorgueillit de sa qualité de *boyard* et peut énumérer sur un ton sarcastique quantité de nationalités qui ne sont pas la sienne. Le monstre de Frankenstein, ne possédant pas de bibliothèque, cherche son reflet dans tous les livres qu'il rencontre et ne réussit jamais, toutefois, à reconnaître sa propre histoire dans ces pages "étrangères".

Et pourtant la possibilité d'une expérience plus vaste et plus profonde a toujours existé pour l'un comme pour l'autre. Sénèque, en écho aux notions des stoïques antérieures de quatre siècles, niait que les seuls livres valables pour nous fussent ceux de nos contemporains et de nos concitoyens. Selon Sénèque, nous pouvons choisir dans n'importe quelle bibliothèque les livres, quels qu'ils soient, que nous souhaitons dire nôtres ; tout lecteur, nous dit-il, peut inventer son passé personnel. Il avait observé que l'idée communément admise, selon laquelle nous n'avons pas le choix de nos parents, est en réalité une idée fausse ; il nous est possible de choisir nos ancêtres. "Voici des familles douées de nobles qualités, dit-il en désignant sa bibliothèque. Choisis celle à laquelle tu désires appartenir. Ton adoption t'en donnera non seulement le nom, mais aussi les biens, et tu n'auras pas à veiller sur ceux-ci dans un esprit de mesquinerie ou d'avarice : plus tu les partageras, plus grands ils seront. [...] C'est le seul moyen de prolonger ton existence mortelle, plutôt que de la transformer en immortalité." Qui comprend cela, dit Sénèque, "échappe aux limitations de l'humanité ; tous les âges sont à son service comme au service d'un dieu. Le temps a-t-il passé ? Il l'arrête par la mémoire. Est-il présent ? Il en fait usage. Est-il encore à venir ? Il anticipe. L'amalgame de tous les temps en un seul lui fait la vie longue[9]." Pour Sénèque, l'important n'était pas la notion de supériorité (Plutarque se gaussait de ceux qui considéraient la lune d'Athènes comme supérieure à celle de Corinthe[10]), mais celle de mise en commun, le partage entre tous les hommes d'une même raison animée par un même verbe divin. En conséquence, il élargissait le cercle de l'individu, lui faisant embrasser non seulement la famille et les amis, mais aussi les ennemis et les esclaves, ainsi que les barbares et autres étrangers et, enfin, l'humanité tout entière.

Quelques siècles plus tard, Dante devait s'appliquer à lui-même cette définition : "Comme le poisson a l'eau, j'ai le monde pour demeure[11]." Il ajoutait que bien qu'il aimât sa Florence natale au point de supporter d'exil pour son bien, il pouvait affirmer en vérité, après lecture de nombreux poètes et prosateurs, que la Terre ne manquait pas d'autres lieux plus nobles et plus beaux. La fermeté de sa foi en une bibliothèque cosmopolite permettait à Dante de revendiquer une identité nationale indépendante tout en voyant le monde comme son patrimoine et sa source première. Pour un lecteur cosmopolite, une patrie ne se situe pas dans l'espace, que fracturent les frontières politiques, mais dans le temps, qui ne connaît pas de frontières. Et c'est pourquoi Erasme, deux siècles après Dante, célébrait

Aldo Manuzio, le grand imprimeur vénitien qui avait, sous la forme de ses classiques in-octavo, procuré aux lecteurs une "bibliothèque sans murs[12]".

La bibliothèque cosmopolite occupe aussi le cœur de la culture juive. Pour les juifs, nés à l'intérieur d'une tradition orale, c'est paradoxalement le Livre – le verbe de Dieu révélé – qui constitue le centre de l'expérience intellectuelle et religieuse. La Bible est en soi une bibliothèque, la plus complète et la plus fiable qui soit, éternelle et universelle, enracinée dans le temps et possédant par conséquent une existence constante – passée, présente et future. Ses paroles ont plus de poids que les vaines disciplines de l'âge et du changement humain, de sorte que même après la destruction du second Temple, en l'an 70 de notre ère, les savants rabbinistes de la Diaspora discutaient dans leurs synagogues éparpillées, selon les instructions du Livre, des règles matérielles de conduite à observer dans un bâtiment qui n'avait plus d'existence matérielle[13]. Croire que la bibliothèque renferme une vérité plus vaste que celle du temps et du lieu où nous nous trouvons : telle est l'allégeance intellectuelle ou spirituelle que défendait Sénèque. Telle était aussi la conviction des philosophes arabes du Moyen Age, pour qui une bibliothèque existait à la fois dans le temps, où elle présentait "l'Antiquité grecque et l'arabe comme modèles culturels exemplaires", et dans l'espace, où "elle s'acharnait à réunir ce qui était dispersé et à rapprocher ce qui était éloigné", à "rendre visible l'invisible [...] ce souci de possession du monde[14]".

Jean-Jacques Rousseau se montrait ambivalent quant à ce sentiment œcuménique. Dans l'*Emile*, il soutenait qu'il fallait rayer de toutes les langues modernes les mots "patrie" et "citoyen". Mais il a dit aussi : "Défiez-vous de ces cosmopolites qui vont chercher loin dans leurs livres des devoirs qu'ils dédaignent de remplir autour d'eux. Tel philosophe

aime les Tartares, pour être dispensé d'aimer ses voisins[15]."
Vers le milieu du XVIIe siècle, le poète Thomas Traherne
avait écrit ce que nous pouvons lire aujourd'hui comme
une réponse à Rousseau avant la lettre, dans un manuscrit
resté inédit pendant deux cent cinquante ans, jusqu'à ce
qu'un collectionneur curieux le découvre par hasard chez
un bouquiniste londonien et l'achète pour quelques pence :
"Vous n'aurez jamais juste jouissance du monde, que la
mer elle-même ne coule dans vos veines, que vous ne
soyez vêtu des cieux et couronné d'étoiles, et ne vous per-
ceviez comme l'unique héritier du monde entier, et cela
d'autant plus qu'il s'y trouve des hommes qui tous en sont
autant que vous l'unique héritier[16]."

La notion d'un passé cosmopolite a existé chez nous
pendant de nombreux siècles, peut-être jusqu'aux pré-
raphaélites, qui ont introduit celle d'anachronisme, bar-
rière séparant ce qui appartenait à notre présent de ce qui
appartenait aux âges anciens. Pour Sir Thomas Browne ou
pour Erasme, Platon et Aristote étaient des collègues, des
interlocuteurs. Les idées platoniciennes et aristotéliciennes
se renouvelaient dans les réflexions de Montaigne et de
Pétrarque, et le dialogue a continué, de génération en
génération, non pas selon un déroulement vertical mais sur
un plan horizontal, suivant le même sentier circulaire vers
la connaissance. "Quel que fût pour nos ancêtres le sens
de la réalité, il perdure, caché dans tous les arts", dit l'empereur Auguste dans *La Mort de Virgile*, de Hermann Broch[17].

"En effet, comme s'il existait une Métempsycose, écrivit Sir Thomas Browne en 1642, et si l'âme d'un homme
passait en un autre, on trouve en vérité, après certaines
révolutions, des hommes et des esprits pareils à ceux qui
les ont d'abord engendrés. Pour nous revoir, nul besoin de
chercher l'année de Platon : un homme n'est pas seulement lui-même ; il y a eu bien des Diogènes, et autant de
Timons, bien que peu de ce nom : les hommes sont revé-
cus, le monde est aujourd'hui ce qu'il était en des âges

anciens. Il n'y avait personne alors, mais il y a eu quelqu'un depuis qui lui est équivalent et qui est, en quelque sorte, lui-même rendu à la vie[18]." Pour Browne, le passé est rendu contemporain par nos lectures et notre réflexion ; le passé est une étagère chargée de livres, ouverte à tous, source infinie de ce qui devient ensuite nôtre en une digne appropriation. Il n'y a pas ici de droit d'auteur, pas de frontières légales, pas de clôtures arborant des pancartes qui proclament : "Privé, entrée interdite." Plus proche de nous, le philosophe Richard Rorty tire de la vision cosmopolite qu'a Browne de l'histoire la conclusion que voici : "Tout ce que peut espérer un prophète ou un démiurge, c'est de dire une fois encore ce qui a déjà été dit souvent, mais de le dire un tout petit peu mieux[19]." Le passé est le pays natal du cosmopolite, la patrie universelle, une bibliothèque infinie. En lui (ainsi pensait Sir Thomas Browne) gît notre espoir d'un futur supportable.

A peu près à l'époque où Browne écrivait ces mots dans son *Religio Medici*, Gabriel Naudé se réjouissait, dans son *Advis pour dresser une bibliothèque*, des richesses que pouvait offrir un tel établissement : "Car s'il est possible d'avoir en ce monde quelque souverain bien, quelque félicité parfaite, je crois certainement qu'il n'y en a point qui soit plus à désirer que l'entretien & le divertissement fructueux & agréable que peut recevoir d'une telle Bibliothèque un homme docte, & qui n'est point tant curieux d'avoir des livres *ut illi coenationum ornamenta, quam ut studiorum instrumenta**, puisqu'il se peut à bon droit nommer au moyen d'icelle Cosmopolite ou habitant de tout le monde, qu'il peut tout savoir, tout voir, & ne rien ignorer, bref puisqu'il est maître absolu de ce contentement, qu'il le peut ménager à sa fantaisie, le prendre quand il veut, le quitter quand il lui plaît, l'entretenir tant que bon

---

* "Comme ornements des salles à manger que comme instruments d'étude". (N.d.T.)

lui semble, & que sans contredit, sans travail & sans peine il se peut instruire, & connoistre les particularités plus précises de *Tout ce qui est, qui fut & qui peut être / En terre, en mer, au plus caché des Cieux* [20]."

XVI

UNE CONCLUSION

> *Les livres sont ce que nous possédons de meilleur dans la vie, ils sont notre immortalité. Je regrette profondément de n'avoir jamais possédé ma propre bibliothèque.*
>
> VARLAM CHALAMOV,
> *Mes bibliothèques.*

Nous avons toujours désiré retenir plus de choses, et nous continuerons, à mon avis, à tisser des filets où attraper les mots avec l'espoir que, d'une manière ou d'une autre, du seul fait de l'abondance des paroles accumulées, dans un livre ou sur un écran, surgira un bruit, une phrase, une pensée bien exprimée qui aura le poids d'une réponse. Chaque technologie nouvelle offre des avantages par rapport aux précédentes, mais certains des attributs de celle qui précède lui font nécessairement défaut. La familiarité, qui certes engendre le mépris, engendre aussi une impression de sécurité ; ce qui n'est pas familier inspire la méfiance. Ma grand-mère, née dans la campagne russe à la fin du XIXe siècle, avait peur d'utiliser cette nouvelle invention appelée téléphone, qui venait d'apparaître dans son quartier à Buenos Aires, parce que, disait-elle, il ne lui permettait pas de voir le visage de son interlocuteur. "Ça me fait penser à des fantômes", expliquait-elle.

Le texte électronique qui n'a pas besoin de page peut accompagner en toute amitié la page qui n'a pas besoin d'électricité ; ils n'ont pas à s'exclure l'un l'autre afin de mieux nous servir. L'imagination humaine n'est pas monogame et n'a pas à l'être, et de nouveaux instruments voisineront bientôt avec les PowerBooks qui voisinent aujourd'hui avec nos livres dans la bibliothèque multimédia. Il y a une différence, toutefois. Si la bibliothèque d'Alexandrie était l'emblème de notre ambition d'omniscience, la Toile est l'emblème de notre ambition d'omniprésence ; la bibliothèque qui contenait tout est devenue la bibliothèque qui contient n'importe quoi. Alexandrie se voyait avec modestie comme le centre d'un cercle limité par le monde connaissable ; la Toile, telle la première définition de Dieu imaginée au XIIᵉ siècle[1], se voit comme un cercle dont le centre est partout et la circonférence nulle part.

Et pourtant le nouveau sentiment de l'infini engendré par l'Internet n'a pas affaibli l'ancien sentiment de l'infini qu'inspiraient les bibliothèques d'autrefois ; il n'a fait que lui prêter une sorte de tangible intangibilité. Il peut survenir une nouvelle technique de collecte d'informations à côté de laquelle l'Internet nous paraîtra habituel et familier dans son immensité, tels les immeubles vénérables qui logeaient autrefois les bibliothèques nationales de Paris et de Buenos Aires, de Beyrouth et de Salamanque, de Londres et de Séoul.

Les bibliothèques solides, de bois et de papier, comme les bibliothèques d'écrans vacillants et fantomatiques, font la preuve de l'endurance de notre foi en un ordre éternel et universel dont nous avons l'intuition ou une vague perception. Pendant l'insurrection tchèque contre les nazis en mai 1945, alors que les troupes russes entraient dans Prague, la bibliothécaire Elena Sikorskaïa, sœur de Vladimir Nabokov, se rendit compte que les officiers allemands qui à ce moment tentaient d'opérer leur retraite n'avaient pas retourné plusieurs des livres qu'ils avaient empruntés à la bibliothèque où elle travaillait. Elle et une collègue décidèrent de récupérer les volumes manquants et entreprirent une opération de sauvetage dans les rues encombrées par les camions russes victorieux. "Nous sommes arrivées chez un pilote allemand qui nous a rendu les livres très calmement, écrivit-elle à son frère quelques mois plus tard. Mais à ce moment on ne laissait plus personne traverser la grand-rue et il y avait partout des Allemands avec des mitraillettes[2]", déplorait-elle. En pleine confusion chaotique, il lui paraissait important que la pathétique aspiration à l'ordre de la bibliothèque fût, autant que possible, préservée.

Si séduisant que nous puissions trouver le rêve d'un univers connaissable fait de papier et d'un cosmos chargé de sens et fait de mots, une bibliothèque, même si elle est colossale dans ses proportions ou ambitieuse et illimitée dans son champ d'activité, ne peut jamais nous offrir un monde "réel", au sens où le monde quotidien est réel avec ses peines et ses bonheurs. Ce qu'elle nous offre, c'est une image négociable de ce monde réel qui (selon l'expression de Jean Roudaut) peut encore être "tenu pour pensable[3]", ainsi que la *possibilité* d'une expérience, d'une connaissance ou du souvenir d'une chose dont un conte a suscité l'intuition ou qu'une réflexion poétique ou philosophique a permis de deviner.

Saint Jean, dans un moment de confusion, nous dit de ne pas aimer le monde ni ce qui est dans le monde "car tout ce qui est dans le monde, la concupiscence de la chair, la concupiscence des yeux, et l'orgueil de la vie, ne vient point du Père, mais du monde[4]". Une telle injonction est, au mieux, un paradoxe. Notre humble et étonnant héritage est le monde et seulement le monde, dont nous pouvons constamment éprouver (et prouver) l'existence en nous racontant des histoires à son propos. Le soupçon que nous sommes, nous et le monde, faits à l'image de quelque chose de merveilleusement et chaotiquement cohérent, très au-delà de notre atteinte, et dont nous aussi faisons partie ; l'espoir que notre cosmos explosé et nous, sa poussière d'étoiles, possédions une signification et une méthode ineffables ; le bonheur de reprendre le récit de l'ancienne métaphore du monde comme un livre que nous lisons et dans lequel nous sommes lus, nous aussi ; la notion que ce que nous pouvons connaître de la réalité est un imaginaire fait de langage : tout cela trouve sa manifestation matérielle dans cet autoportrait que nous appelons une bibliothèque. Et l'amour que nous lui portons, et notre appétit d'en voir davantage, et notre orgueil devant ses accomplissements lorsque nous passons entre ses rayons chargés de livres prometteurs de toujours plus de délices sont parmi les plus heureuses, les plus émouvantes des preuves attestant que nous possédons, en dépit des misères et des chagrins de cette vie, une foi plus intime, consolatrice, rédemptrice peut-être, en l'existence d'une méthode derrière la folie qu'une divinité jalouse pourrait souhaiter nous infliger.

Dans son roman *La Fleur bleue*, Penelope Fitzgerald a dit : "Si un roman commence par une découverte, il doit se terminer par une recherche[5]." L'histoire de ma bibliothèque commence assurément par des découvertes : découverte des livres, découverte d'un endroit où les loger, découverte du calme qui règne dans cet espace éclairé sous l'obscurité du dehors. Mais s'il faut que l'histoire se termine par une recherche, la question doit être : que chercher ? Northrop Frye a dit un jour que s'il avait été présent lors de la naissance du Christ, il ne croyait pas qu'il aurait entendu les anges chanter. "La raison pour laquelle je pense ainsi, c'est que je ne les entends pas maintenant, or il n'y a aucune raison de supposer qu'ils se sont tus[6]." Par conséquent, je ne suis pas à la recherche d'une quelconque révélation, puisque tout ce qui m'est dit est nécessairement limité à ce que je suis capable d'entendre et de comprendre.

Ni d'une connaissance allant au-delà de ce que, en quelque manière secrète, je sais déjà. Ni d'une illumination, à laquelle je ne puis raisonnablement aspirer. Ni de l'expérience, puisqu'en fin de compte je ne peux prendre conscience que de ce qui est déjà en moi. Qu'est-ce, alors, que je cherche, à la fin de l'histoire de ma bibliothèque ?

Une consolation, peut-être. Peut-être une consolation.

NOTES

AVANT-PROPOS (p. 13 à p. 17)

1. Robert Louis Stevenson, "Pulvis et Umbra", II, in *Across the Plains* (Chatto & Windus, Londres, 1892).
2. Northrop Frye, "Notebook", 3 : 128, in *Northrop Frye Unbuttoned : Wit and Wisdom from the Notebooks and Diaries*, selected by Robert D. Denham (Anansi, Toronto, 2004).
3. Pétrarque, "On His Own Ignorance and That of Many Others", in *Invectives*, éd. David Marsh (Harvard University Press, Cambridge, MA, et Londres, 2003).

I. UN MYTHE (p. 19 à p. 44)

1. M. le comte de Mondion, "Mondion, le château – la paroisse, 1096-1908", in *Bulletins de la Société des antiquaires de l'Ouest* (Poitiers, deuxième trimestre 1909).
2. R. L. Stevenson (en collaboration avec Mrs Stevenson), "The Dynamiter", in *More New Arabian Nights* (Longman, Dreen & Co., Londres, 1885).
3. Walter Benjamin, "Unpacking My Library", in *Illuminations*, éd. Hannah Arendt, trad. Harry Zohn (Harcourt Brace & World, New York, 1968).
4. Lucain, *The Civil War (Pharsalia)*, éd. J. D. Duff, IX : 973 (Harvard University Press, Cambridge, MA ; William Heinemann, Londres, 1988).
5. *Essais de Montaigne*, éd. Amaury-Duval (Chassériau, Paris, 1820).
6. *Ibid.*
7. Samuel Taylor Coleridge, *Literary Remains*, II : 206, éd. Henry Nelson Coleridge (Harper, New York, 1853).
8. Virginia Woolf, "Hours in a Library", in *The Essays of Virginia Woolf*, vol. II, 1912-1918, éd. Andrew McNeillie (The Hogarth Press, Londres, 1987).

9. Genèse, XI, 5-7.

10. Louis Ginzberg, *The Legends of the Jews*, vol. I (Johns Hopkins University Press, Baltimore et Londres, 1998).

11. Strabon, *Géographie*, livre XIII, cité par Luciano Canfora dans "Aristote, «fondateur» de la bibliothèque d'Alexandrie", in *La Nouvelle Bibliothèque d'Alexandrie*, ouvrage publié sous la direction de Fabrice Pataut (Buchet-Chastel, Paris, 2003).

12. Pline l'Ancien, *Natural History* traduit et présenté par John Healy (Penguin, Londres, 1991), livre XII, 69-70.

13. Luciano Canfora, *La biblioteca scomparsa* (Sellerio Editore, Palerme, 1987).

14. Charles A. Goodrum et Helen W. Dalrymple, *Guide to the Library of Congress*, édition revue (Library of Congress, Washington, 1988).

15. Christoph Kapeller, "L'architecture de la nouvelle bibliothèque d'Alexandrie", *in* Pataut, *La Nouvelle Bibliothèque d'Alexandrie*.

16. Hipólito Escolar Sobrino, *La biblioteca de Alejandría* (Gredos, Madrid, 2001).

17. Mustafa el-Abbadi, *La antigua biblioteca de Alejandría : vida y destino*, trad. José Luis García-Villalba Sotos (Unesco, Madrid, 1994).

18. Strabon, *Géographie*, livre XVII.

19. Franz Kafka, *Die Erzählungen : Originalfassung* (S. Fischer Verlag, Francfort-sur-le-Main, 2000).

20. Cf. saint Augustin, *The City of God*, trad. Henry Bettenson, livre XXI : 9 (Penguin, Harmondsworth, Middlesex, 1984).

21. Escolar Sobrino, *La biblioteca de Alejandría*.

22. Cité par Canfora dans *La biblioteca scomparsa*.

23. Geo. Haven Putnam, A. M., *Books and Their Makers During the Middle Ages*, vol. I (reprint) (Hillary House, New York, 1962).

24. Stéphane Mallarmé, *in* "Réponses à des enquêtes, sur l'évolution littéraire", in *Proses diverses* (Gallimard, Paris, 1869).

25. Joseph Brodsky, "In a Room and a Half", in *Less Than One* (Farrar, Straus & Giroux, New York, 1986).

26. J'ai commenté ce projet dans le chapitre intitulé "Peter Eisenman : L'image mémoire", in *Le Livre d'images* (Actes Sud/Leméac, Arles et Montréal, 2001).

27. Cité par Escolar Sobrino dans *La biblioteca de Alejandría*.

28. Cité par Roberto Calasso dans *I quarantanove gradini* (Adelphi, Milan, 1991).

29. D'après Canfora, *La biblioteca scomparsa*.

30. *"Polvo serán, mas polvo enamorado"*, Francisco de Quevedo, *in* "Amor constante meas allá de la muerte", in *Antología poética* (sélection et postface de Jorge Luis Borges) (Alianza Editorial, Madrid, 1982).

II. UN ORDRE (p. 45 à p. 71)

1. Pepys a légué au Magdalene College, Cambridge, exactement trois mille volumes numérotés du plus petit au plus grand.

2. Pline le Jeune, *Letters I-X*, éd. R. A. B. Mynors, II : 17 : 8 (Oxford University Press, Oxford, 1963).

3. Michel Melot, *La Sagesse du bibliothécaire* (L'Œil neuf, Paris, 2004).

4. Georges Perec, *Penser/Classer* (Hachette, Paris, 1985).

5. Benjamin, "Unpacking My Library".

6. John Wells, *Rude Words : A Discursive History of the London Library* (Macmillan, Londres, 1991).

7. Terry Belanger, *Lunacy and the Arrangement of Books* (Oak Knoll Books, New Castle, DE, 1985).

8. G. K. Chesterton, "Lunacy and Letters", in *On Lying in Bed and Other Essays*, sélection d'Alberto Manguel (Bayeux Arts, Calgary, 2000).

9. Jean-Pierre Drège, *Les Bibliothèques en Chine au temps des manuscrits* (Ecole française d'Extrême-Orient, Paris, 1991).

10. W. F. Mayers, "Bibliography of the Chinese Imperial Collection of Literature", *China Review*, vol. VI, n° 4 (Londres, 1879).

11. Michel Foucault, *Les Mots et les Choses* (Gallimard, Paris, 1966). Foucault considère ce genre de liste éclectique comme une "distorsion du classement qui nous empêche de le penser".

12. Wolfgang Bauer, "L'encyclopédie en Chine", *Cahiers d'histoire mondiale*, vol. IX, n° 3 (Paris, 1966).

13. Sergei A. Shuiskii, "Khalikan", in *Dictionary of the Middle Ages*, éd. Joseph R. Strayer, vol. VII (Charles Scribner's Sons, New York, 1986).

14. El-Abbadi, *La antigua biblioteca de Alejandría*.

15. Dorothy May Norris, *A History of Cataloguing and Cataloguing Methods : 1100-1850, with an Introductory Survey of Ancient Times* (Grafton & Co., Londres, 1939).

16. Houari Touati, *L'Armoire à sagesse : bibliothèques et collections en Islam* (Aubier, Paris, 2003).

17. Diogène Laërce, *Lives of Eminent Philosophers*, trad. R. D. Hicks, vol. I : 57 (Harvard University Press, Cambridge, MA, et Londres, 1972).

18. Youssef Eche, *Les Bibliothèques arabes publiques et semi-publiques en Mésopotamie, en Syrie et en Egypte au Moyen Age* (Institut français de Damas, Damas, 1967).

19. Touati, *L'Armoire à sagesse*.

20. Bayard Dodge, *The Fihrist of Al-Nadim : A Tenth-Century Survey of Muslim Culture* (Columbia University Press, New York, 1970).

21. D. Mallet, "La bibliothèque d'Avicenne", in *Studia islamica*, vol. LXXXIII, 1996. Cité par Touati dans *L'Armoire à sagesse*.

22. Suétone, "Julius Caesar", in *The Twelve Caesars*, trad. Robert Graves, éd. revue (Penguin, Londres, 1989).

23. Lionel Casson, *Libraries in the Ancient World* (Yale University Press, New Haven et Londres, 2001).

24. T. Birt, *Die Buchrolle in der Kunst* (Leipzig, 1907).

25. Samuel Pepys, *The Diary of Samuel Pepys, M.A. F.R.S.*, éd. Henry B. Wheatley F.S.A. (19 décembre, 1666) (George Bell & Sons, Londres, 1899).

26. Melvil Dewey, "Decimal Classification Beginning", in *Library Journal*, 45 (2/15/20). Cité par Wayne A. Wiegand dans *Irrepressible Reformer : A Biography of Melvil Dewey* (American Library Association, Chicago et Londres, 1996).

27. La dernière révision du système de Dewey, la XXIᵉ édition, en 1998, a modifié certaines de ces classifications, de sorte qu'à présent, si le 200 est encore attribué à la religion et le 260 à la théologie chrétienne, le 264 est réservé au culte public et on peut trouver Dieu sous trois entêtes différents : 211 (Concepts), 212 (Existence et attributs), et 231 (Trinité et Nature divine). Cf. Lois Mai Chan, John P. Comaromi et Mohinder P. Satija, *Classification décimale de Dewey : guide pratique* (ASTED, Montréal, 1995).

28. Dewey, journal de ses lectures, cité par Wiegand dans *Irrepressible Reformer*.

29. Wiegand, *Irrepressible Reformer*.

30. Charles Dickens, *Our Mutual Friend*.

31. Dewey, journal de ses lectures, cité par Wiegand dans *Irrepressible Reformer*.

32. L'habitude espagnole de donner priorité au patronyme du père, par exemple García, ne s'applique pas si l'auteur est connu sous son deuxième patronyme.

33. Henry Green, *Pack My Bag : A Self-Portrait* (The Hogarth Press, Londres, 1940).

III. UN ESPACE (p. 73 à p. 97)

1. Jules Verne, *Vingt mille lieues sous les mers* (Hetzel, Paris, 1870). Georges Perec cite ce même passage, dans un contexte comparable, dans *Penser/Classer*. Je remercie Cyril de Pins de me l'avoir fait remarquer.

2. Belanger, *Lunacy and the Arrangement of Books*.

3. A. N. L. Munby, *Some Caricatures of Book-Collectors : An Essay* (édition privée, Londres, 1948) ; cité par Belanger dans *Lunacy and the Arrangement of Books*.

4. Lewis Carroll, *Sylvie and Bruno* (1889), in *The Complete Works of Lewis Carroll* (The Nonesuch Press, Londres, 1922).

5. Emanuele Tesauro, *Il cannocchiale aristotelico* (1670) (Editrice artistica Piemontese, Savigliano, 2000).

6. Anthony Grafton, "Une bibliothèque humaniste : Ferrare", dans *Le Pouvoir des bibliothèques : la mémoire des livres en Occident*, sous la direction de Marc Baratin et Christian Jacob (Albin Michel, Paris, 1996).

7. Cité par Grafton dans "Une bibliothèque humaniste : Ferrare".

8. *Ibid.*

9. Robert D. McFadden, "Recluse Buried by Paper Avalanche", in *The International Herald Tribune* (Paris, 31 décembre 2003).

10. Cf. Nicholson Baker, "The Author vs. the Library", in *The New Yorker* (New York, 14 octobre 1996).

11. Goodrum & Dalrymple, *Guide to the Library of Congress*.

12. Nicholson Baker, *Double Fold : Libraries and the Assault on Paper* (Random House, New York, 2001).

13. Cité par Baker dans *Double Fold*, p. 257.

14. Robin McKie et Vanessa Thorpe, "Digital *Domesday Book*", in *The Observer* (Londres, 3 mars 2002).

15. Katie Hafner, "Memories on Computers May Be Lost to Time", in *The International Herald Tribune* (Paris, 28 novembre 2004).

16. Robert F. Worth, "Collecting the World's Books Online", in *The International Herald Tribune* (Paris, 1er-2 mars 2003).

17. *The New York Times* (14 décembre 2004).

18. Genèse, XI, 1-9.

19. Marshall McLuhan, *Understanding Media*, I : 1 (McGraw-Hill, New York, 1964).

20. Oliver Wendell Holmes, *The Poet at the Breakfast-Table* (Dent, Londres, 1872).

21. Gabriel Naudé, *Advis pour dresser une bibliothèque, seconde édition revue corrigée & augmentée* (chez Rolet le Duc, à Paris, 1644).

22. Marie-Catherine Rey, "Figurer l'être des hommes", in *Visions du futur : une histoire des peurs et des espoirs de l'humanité* (Réunion des Musées nationaux, Paris, 2000).

23. Cité par P. N. Furbank dans *Diderot* (Martin Secker & Warburg, Londres, 1992).

24. Jean-François Marmontel, *Mémoires*, cité par Furbank dans *Diderot*.

25. Denis Diderot, article "Encyclopédie" de D. Diderot et Jean d'Alembert, *Encyclopédie, ou Dictionnaire raisonné des sciences, des arts et des métiers* (Paris, 1751-1772).

26. Guillaume Grivel, *L'Isle inconnue, ou Mémoires du chevalier de Gastines. Recueillis et publiés par M. Grivel, des académies de Dijon, de La Rochelle, de Rouen, de la Société philosophique de Philadelphie etc.* (Moutard, Paris, 1783-1787).

27. Cité par Furbank, *Diderot*.

28. *Ibid.*

29. Rebecca Solnit, *Motion Studies : Time, Space and Eadweard Muybridge* (Bloomsbury, Londres, 2003).

30. Sénèque, *The Stoic Philosophy of Seneca : Essays and Letters*, traduit et présenté par Moses Hadas (Doubleday Anchor, Garden City, NY, 1958).

31. Gustave Flaubert, *Bouvard et Pécuchet* (Mercure de France, Paris, 1923).

32. Jorge Luis Borges, "La biblioteca total", parue dans *Sur* (Buenos Aires, août 1939), et devenue plus tard "La biblioteca de Babel", dans *Ficciones* (Sur, Buenos Aires, 1944).

33. *Idem, El congreso* (El Archibrazo, Buenos Aires, 1971).

IV. UN POUVOIR (p. 99 à p. 113)

1. Muhammad b. 'Abd al-Rahman al-'Uthmani, *Idah al-ta'rif bi-ba'd fada'il al-'ilm al-sharif*, Princeton University Library, Yahuda Ms. No. 4293, cité par Jonathan Berkey dans *The Transmission of Knowledge in Medieval Cairo : A Social History of Islamic Education* (Princeton University Press, Princeton, NJ, 1992).

2. Cité par Hipólito Escolar dans *Historia de las bibliotecas* (Fundación Germán Sánchez Ruipérez, Madrid, 1985).

3. Fritz Milkau, *Handbuch der Bibliothekswissenschaft*, éd. Georg Leyh (G. Harrassowitz, Wiesbaden, 1952).

4. Emile Zola, *L'Assommoir*.

5. Valéry Giscard d'Estaing, *Le Passage* (Laffont, Paris, 1994).

6. Juan Domingo Perón, "Discurso del Presidente de la Nación Argentina General Juan Perón pronunciado en la Academia Argentina de Letras con motivo del Día de la Raza y como homenaje en memoria ded Don Miguel de Cervantes Saavedra en el cuarto centenario de su nacimiento" (Buenos Aires, 12 octobre 1947).

7. Casson, *Libraries in the Ancient World.*

8. Andrew Carnegie, *The Gospel of Wealth and Other Timely Essays*, éd. Edward C. Kirkland (Harvard University Press, Cambridge, MA, 1962).

9. *Long Overdue : A Library Reader*, éd. Alan Taylor (The Library Association Publishing and Mainstream Publishing Company, Londres et Edimbourg, 1993).

10. Thomas Carlyle, lettre datée du 18 mai 1832, dans *The Letters of Thomas Carlyle*, éd. Charles Eliot Norton (Macmillan, Londres, 1888).

11. Joseph Frazier Wall, *Andrew Carnegie* (Oxford University Press, Oxford et New York, 1970).

12. Cité par John K. Winkler dans *Incredible Carnegie* (Vanguard Press, New York, 1931).

13. Thomas Morrison, "Rights of Land", manuscrit inédit cité par Peter Krass dans *Carnegie* (John Wiley & Sons, Hoboken, NJ, 2002).
14. Cité par Wall dans *Andrew Carnegie*.
15. Krass, *Carnegie*.
16. Andrew Carnegie, discours prononcé à Grangemouth, en Ecosse, en septembre 1887, cité par Burton J. Hendrick dans *The Life of Andrew Carnegie* (Doubleday, Doran, Garden City, NY, 1932).
17. Cité par Krass dans *Carnegie*.
18. Cité par Winkler dans *Incredible Carnegie*.
19. Krass, *Carnegie*.
20. Cité par George S. Bobinski dans *Carnegie Libraries* (American Library Association, Chicago, 1969).
21. Krass, *Carnegie*.
22. Andrew Carnegie, *Round the World* (Charles Scribner's Sons, New York, 1884).
23. John Updike, "I Was a Teen-Age Library User", in *Odd Jobs* (André Deutsch, Londres, 1992).
24. Eudora Welty, *One Writer's Beginnings* (Harvard University Press, Cambridge, MA, et Londres, 1984).
25. H. L. Mencken, *Prejudices : Fourth Series* (Alfred A. Knopf, New York, 1924).
26. Cité par Bobinski dans *Carnegie Libraries*.

V. UNE OMBRE (p. 115 à p. 135)

1. Archibald MacLeish, "Of the Librarian's Profession", in *A Time to Speak* (Faber, Londres, 1941).
2. Georges Roux, *Ancient Iraq*, 3ᵉ éd. (George Allen & Unwin, Londres, 1964).
3. David Diringer, *The Book before Printing* (Dover, New York, 1982).
4. Casson, *Libraries in the Ancient World*.
5. Escolar, *Historia de las bibliotecas*.
6. Jean Bottéro, *Mésopotamie. L'écriture, la raison et les dieux* (Gallimard, Paris, 1987).
7. Casson, *Libraries in the Ancient World*.
8. Il fut aussi l'auteur renommé d'un traité sur les prostituées de l'Attique.
9. Escolar, *Historia de las bibliotecas*.
10. Primo Levi, *The Periodic Table*, trad. Raymond Rosenthal (Schocken, New York, 1984).
11. Brodsky, "To Please a Shadow", in *Less Than One*.
12. Eduardo Anguita et Martín Caparrós, *La voluntad : una historia de la militancia revolucionaria en la Argentina 1973-1976*, vol. II (Norma, Buenos Aires, 1998).

13. Varlam Chalamov, *Mes bibliothèques*, trad. Sophie Benech (Interférences, Paris, 1988).

14. "Tiene hijos que lo vieron quemar sus libros", *in* Germán García, *La fortuna* (Ediciones de la Flor, Buenos Aires, 2004).

15. Elisabeth Rosenthal, "Don't Count the Pope among Harry Potter Fans", in *The International Herald Tribune* (Paris, 16-17 juillet 2005).

16. William Blake, "The Everlasting Gospel" a.I.13 in *The Complete Poems*, éd. Alicia Ostriker (Penguin, Harmondsworth, Middlesex, 1977).

17. Luciano Canfora, *La Bibliothèque du patriarche : Photius censuré dans la France de Mazarin*, trad. Luigi-Alberto Sanchi (Les Belles Lettres, Paris, 2003).

18. Cf. Leo Löwenthal, "Calibans Erbe", in *Schriften IV* (Suhrkamp Verlag, Francfort-sur-le-Main, 1984).

19. On trouve la même histoire chez Ibn Khaldoun, historien tunisien du XIVe siècle, mais appliquée à la conquête islamique de la Perse. Selon sa version, quand le général Sa'd ben Waqqas prit possession du royaume conquis, il demanda à Omar ibn al-Kattab s'il devait distribuer ce butin aux fidèles. "Jetez-les à l'eau ! répondit Omar. S'ils sont un guide vers la vérité, Dieu nous en a déjà donné un meilleur. Et s'ils ne contiennent que des mensonges, Dieu veut que nous nous en débarrassions." C'est ainsi, conclut Ibn Khaldoun, que nous avons perdu toute connaissance des Perses. D'après Ibn Khaldoun, *Al-Muqaddima : Discours sur l'histoire universelle* (Sindbad, Paris, 1967-1968).

20. Merci à Irving Wardle qui m'a suggéré ce poème d'A. D. Hope, in *Collected Poems 1930-1970* (Angus & Robertson, Sydney,1972).

21. William H. Prescott, *History of the Conquest of Mexico and History of the Conquest of Peru* (orig. 1843-1847) (Random House, Modern Library, New York, 1986).

22. Jacques Lafaye, *Albores de la imprenta : el libro en España y Portugal y sus posesiones de ultramar (siglos XV-XVI)* (Fondo de Cultura Económica, Mexico, 2002). Un *maravedi* valait quatorze shillings.

23. Richard E. Greenleaf, *Zumárraga y la Inquisición mexicana 1536-1543*, trad. Victor Villela (Fondo de Cultura Económica, Mexico, 1998).

24. Cf. Miguel León Portilla, *El reverso de la conquista* (Editorial Joaquín Motiz, Mexico, 1964).

25. Diego Durán, *Historia de las Indias de Nueva España y Islas de la Tierra Firme*, I : Introduction, cité par Tzvetan Todorov dans *La Conquête de l'Amérique* (Paris, Seuil, 1982).

26. Tacite, *Annales*.

27. Eche, *Les Bibliothèques arabes publiques et semi-publiques en Mésopotamie*.

28. Un grand nombre des livres du fonds Corvin en réchappèrent parce qu'ils se trouvaient dans le palais royal de Buda, que les Turcs jugèrent

inconvenant d'incendier. Cf. Csaba Csapodi et Klára Csapodi-Gárdonyi, *Bibliotheca Corviniana* (Magyar Helikon, Budapest, 1967).

29. Johannes Pedersen, *Den Arabiske Bog* (Gyldendal, Copenhague, 1946).

30. *Le Monde* (Paris, 4 septembre 1995).

31. Lawrence Donegan, "Anger as CIA Homes in on New Target : Library Users", in *The Observer* (Londres, 16 mars 2003).

32. Richard F. Tomasson, *Iceland : The First New Society* (University of Minnesota Press, Minneapolis, 1980).

33. Joseph Kahn, "Yahoo Helped Chinese to Prosecute Journalist", in *The International Herald Tribune* (Paris, 8 septembre 2005).

34. Tom Stoppard, *The Invention of Love*, acte I (Faber & Faber, Londres et Boston, 1997).

VI. UNE FORME (p. 137 à p. 165)

1. Sénèque, *The Stoic Philosophy of Seneca*.

2. Melot, *La Sagesse du bibliothécaire*.

3. Angelo Paredi, *A History of the Ambrosiana*, trad. Constance et Ralph McInerny (University Press of Notre-Dame, Notre-Dame, IN, 1983).

4. Johannes Duft, *The Abbey Library of Saint Gall* (Verlag am Klosterhof, Saint-Gall, 1990).

5. Simone Balayé, *La Bibliothèque nationale des origines à 1800* (Droz, Genève, 1988).

6. Objection soulevée par le comte Léon de Laborde, cité par Bruno Blasselle et Jacqueline Melet-Sanson dans *La Bibliothèque nationale, mémoire de l'avenir* (Gallimard, Paris, 1991).

7. Blasselle et Melet-Sanson, *La Bibliothèque nationale*.

8. P. R. Harris, *The Reading Room* (The British Library, Londres, 1986).

9. *Ibid.*

10. William E. Wallace, *Michelangelo at San Lorenzo : The Genius as Entrepreneur* (Cambridge University Press, Cambridge et New York, 1994).

11. H. M. Vaughan, *The Medici Popes, Leo X and Clement VII* (Macmillan, Londres, 1908).

12. *Rime e lettere di Michelangelo*, éd. P. Mastrocola (UTET, Turin, 1992).

13. Cité par Wallace dans *Michelangelo at San Lorenzo*.

14. *"Quand' avvien c' alcun legno non difenda / il proprio umor fuor del terrestre loco, / non può far c' al gran caldo assai o poco / non si secchi o non s' arda o non s' accenda. // Così l cor, tolto da chi mai mel renda, / vissuto in pianto e nutrito di foco, / o ch' è fuor del suo proprio albergo e loco, / qual mal fie che per morte non l' offenda ?"*, in Michelangelo Buonarroti, *Rime*, éd. E. N. Girardi (Laterza, Bari, 1960).

15. Giorgio Vasari, "Michelangelo Buonarroti", in *Lives of the Artists*, vol. I, trad. George Bull (Penguin, Harmondsworth, Middlesex, 1987).
16. Georges Roux, *Ancient Iraq*.
17. Casson, *Libraries in the Ancient World*.
18. Cf. Kenneth Clark, "The Young Michelangelo", *in* J. H. Plumb, *The Horizon Book of the Renaissance* (Collins, Londres, 1961).
19. Luca Pacioli, *Divine Proportion* (Abaris, New York, 2005).

VII. LE HASARD (p. 167 à p. 179)

1. Henry James, "The Figure in the Carpet", in *Embarrassments* (William Heinemann, Londres, 1896).
2. Robert Louis Stevenson, "Travel", in *A Child's Garden of Verses* (The Bodley Head, Londres, 1896).
3. Théodore Monod, *Méharées* (Actes Sud, Arles, 1989).
4. A. M. Tolba, *Villes de sable : les cités bibliothèques du désert mauritanien* (Hazan, Paris, 1999).
5. Pausanias, *Guide to Greece*, trad. Peter Levi (Penguin, Harmondsworth, Middlesex, 1971), vol. II, VI : 6.
6. Jacques Giès et Monique Cohen, "Introduction" à *Sérinde, terre de Bouddha* (Réunion des Musées nationaux, Paris, 1995).
7. Susan Whitfield et Ursula Sims-Williams (éd.), *The Silk Road : Trade, Travel, War and Faith* (British Library, Londres, 2004).
8. Pièces représentées dans Giès et Cohen, *Sérinde, terre de Bouddha*, et dans Whitfield et Sims-Williams, *The Silk Road*.
9. Liu Jung-en (éd.), introduction à *Six Yuan Plays* (Penguin, Harmondsworth, Middlesex, 1972).
10. Mark Aurel Stein, *Serindia*, vol. I (Oxford University Press, Oxford, 1921).
11. Cité par Whitfield and Sims-Williams dans *The Silk Road*.

VIII. CABINET DE TRAVAIL (p. 181 à p. 195)

1. Battista Guarino, "A Program of Teaching and Learning", in *Humanist Educational Treatises*, édité et traduit par Craig W. Kallendorf (Harvard University Press, Cambridge, MA, et Londres, 2002).
2. Dora Thornton, *The Scholar in His Study : Ownership and Experience in Renaissance Italy* (Yale University Press, New Haven et Londres, 1997).
3. Jakob Burckhardt, *The Civilization of the Renaissance in Italy*, trad. S. G. C. Middlemore (Londres, 1878).

4. Cicéron, "Cicero to Atticus, April 59", in *Selected Letters*, trad. D. R. Shackelton Bailey (Penguin, Londres, 1986).

5. "Cicero to Atticus, 10 March 45", *ibid.*

6. Virginia Woolf, *A Room of One's Own* (The Hogarth Press, Londres, 1929).

7. N. Sanz et Ruiz de la Peña, *La Casa de Cervantes en Valladolid* (Fundaciones Vega-Inclán, Valladolid, 1993).

8. Miguel de Cervantes Saavedra, *El ingenioso hidalgo Don Quijote de la Mancha*, éd. Celina S. de Cortazar et Isaías Lerner (EUDEBA, Buenos Aires, 1969) ; I : VI.

9. Jorge Luis Borges, "Poema de los dones", in *El hacedor* (Emecé, Buenos Aires, 1960).

10. Jorge Luis Borges, "Autobiographical Notes", in *The New Yorker* (New York, 19 septembre 1970).

11. Borges, "Al iniciar el estudio de la gramática anglosajona", in *El hacedor*.

12. Sénèque, *The Stoic Philosophy of Seneca*.

13. William Blake, "Milton", Pl. 35, 42-45 in *The Complete Poems*, éd. Alicia Ostriker (Penguin, Harmondsworth, Middlesex, 1977).

14. Badr al-Din Muhammed ibn Jama'a, *Tadhkirat al-sami'*, cité par Berkey dans *The Transmission of Knowledge in Medieval Cairo*.

15. Nasir al-Din Tusi, *Risala*, *ibid.*

16. Cité par Robert Irwin dans *Night & Horses & the Desert : An Anthology of Classical Arabic Literature* (Allen Lane/The Penguin Press, Londres, 1999).

17. Niccolò Machiavelli, *The Literary Works of Machiavelli*, éd. John Hale (Oxford University Press, Oxford, 1961).

IX. UNE INTELLIGENCE (p. 197 à p. 219)

1. Philippe Ariès, *Essais sur l'histoire de la mort en Occident : du Moyen Age à nos jours* (Points Seuil, Paris, 1977).

2. Apocalypse de saint Jean, XX, 12.

3. Cf. Berkey, *The Transmission of Knowledge in Medieval Cairo*.

4. Toni Cassirer, *Mein Leben mit Ernst Cassirer*, Hildesheim, 1981, cité par Salvatore Settis, "Warburg *continuatus*", in *Le Pouvoir des bibliothèques : la mémoire des livres en Occident*, éd. Marc Baratin et Christian Jacob (Albin Michel, Paris, 1996).

5. Ernst Cassirer, "Der Begriff der symbolischen Form im Aufbau der Geisteswissenschaften", in *Vorträge der Bibliothek Warburg*, I, 1921-1922 (Leipzig et Berlin, 1923).

6. *"Ein kleiner Herr mit schwarzen Schnurrbart der manchmal Dialektgeschichten erzählt"*, cité par Ernst Gombrich dans *Aby Warburg : An*

Intellectual Biography (The Warburg Institute, University of London, Londres, 1970).

7. *"Dadurch offenbar das Mittel gefunden, mich von einer erschüttern-den Gegenwart, die mich wehrlos machte, abzuziehen. […] Die Schmerzempfindung reagierte sich ab in der Fantasie des Romantisch-Grausamen. Ich machte da die Schutzimpfung gegen das aktiv Grau-same durch…"*, in Aby Warburg, *Notes for Lecture on Serpent Ritual*, 1923, p. 16-18, cité par Gombrich, *Aby Warburg*.

8. Ron Chernow, *The Warburgs* (Random House, New York, 1993).

9. Johann Wolfgang von Goethe, *Dichtung und Wahrheit*, II : 8, in *Goethes Werke*, Band IX, Autobiographische Schriften I, éd. Liselotte Blumenthal (Verlag C. H. Beck, Munich, 1994).

10. Ernst Cassirer, "Der Begriff der symbolischen Form im Aufbau der Geisteswissenschaften".

11. Cf. Gombrich, *Aby Warburg*.

12. *"Das Gedächtnis als organisierte Materie"*, in Ewald Hering, *Über das Gedächtnis als eine allgemeine Funktion der organisierten Materie* (lecture, Akademie der Wissenschaften in Vienna, 30 mai 1870), 3e éd. (Leipzig, 1921).

13. L'histoire de la controverse est racontée par Salvatore Settis in "Warburg *continuatus*", in *Quaderni storici*, 58/a XX, n° 1 (avril 1985).

14. Fritz Saxl, "The History of Warburg's Library (1886-1944)", appen-dice à Gombrich, *Aby Warburg*.

15. *"Aalsuppenstil"*, rapporté par Gombrich dans *Aby Warburg*.

16. Richard Semon, *Die Mneme als erhaltendes Princip im Wechsel des organischen Geschehens*, 2e éd. (W. Engelman, Leipzig, 1908).

17. *"Gespenstergeschichte für ganz Erwachsene."* Aby Warburg, *Grundbegriffe*, I, p. 3, cité par Gombrich dans *Aby Warburg*.

18. *"Das Nachleben der Antike"*, cité par Gombrich dans *Aby Warburg*.

19. *"Wie ein Seismograph hatten seine empfindlichen Nerven die unter-irdischen Erschütterungen schon dann verzeichnet, als andere sie noch völlig überhörten."* Carl Georg Heise, in *Persönliche Erinnerungen an Aby Warburg* (Gesellschaft der Bücherfreunde, Hambourg, 1959).

20. *"Du lebst und tust mir nichts."*

21. *"Die Wiederbelebung der dämonischen Antike vollzieht sich dabei, wie wir sahen, durch eine Art polarer Funktion des einfühlenden Bild-gedächtnisses. Wir sind im Zeitalter des Faust, wo sich der moderne Wissenschaftler – zwischen magischer Praktik und kosmologischer Mathematik – den Denkraum des Besonnenheit zwischen sich und dem Objekt zu erringen versuchte."* Aby Warburg, *Gesamelte Schrifte*, II : 534, cité par Gombrich dans *Aby Warburg*.

22. Merci au professeur W. F. Blisset pour cette information.

23. *"Warum das Schicksal den schöpferischen Menschen in die Region der ewigen Unruhe verweist, ihm überlassend ob er seine Bildung im*

Inferno, Purgatorio oder Paradiso findet." Aby Warburg, in *Schlussübung*, Notebook 1927-1928, p. 68-69, cité par Gombrich dans *Aby Warburg*.

24. Aby Warburg, *Le Rituel du serpent : récit d'un voyage en pays pueblo*, introduction de Joseph Leo Koerner, texte de Fritz Saxl et de Benedetta Cestelli Guidi, trad. Sibylle Muller, Philip Guiton et Diane H. Bodart (Macula, Paris, 2003).

25. *"Die Bilder und Worte sollen für die Nachkommenden eine Hilfe sein bei dem Versuch der Selbstbesinnung zur Abwehr der Tragik der Gespanntheit zwischen triebhafter Magie und auseinandersetzender Logik. Die Konfession eines (unheilbaren) Schizoiden, den Seelenärtzen ins Archiv gegeben."* Aby Warburg, *Note 7*, cité par Gombrich dans *Aby Warburg*.

26. *"Annahme des Kunstwerkes als etwas in Richtung auf den Zuschauer feindlich Bewegtes."* Aby Warburg, *Fragmente* (27 août 1890).

X. UNE ÎLE (p. 221 à p. 240)

1. Cf. William V. Harris, *Ancient Literacy* (Harvard University Press, Cambridge, MA, et Londres, 1989).

2. W. Jaeger, *Aristotle*, trad. R. Robinson (Clarendon Press, Oxford, 1948).

3. Platon, "Phaedrus", trad. R. Hackforth, in *The Collected Dialogues* (Princeton University Press, Princeton, NJ, 1961).

4. *"They read your will : they choose it to be theirs : they cherish it. They read it without cease and what they read never passes away. For it is your own unchanging purpose that they read, choosing to make it their own and cherishing it for themselves."* Saint Augustin, *Confessions*, traduit et présenté par R. S. Pine-Coffin (Penguin, Harmondsworth, Middlesex, 1961), livre XIII, 15.

5. Johann Wolfgang von Goethe, *Maximen und Reflexionen*, n° 838 in *Goethes Werke*, éd. Hans Joachim Schrimpf (Verlag C. H. Beck, Munich, 1981), vol. XII.

6. L'Ecclésiaste, XII, 12.

7. Adolfo Bioy Casares, "Libros y amistad", in *La otra aventura* (Galerna, Buenos Aires, 1968).

8. Walter Benjamin, *The Arcades Project*, trad. Howard Eiland et Kevin McLaughlin (Harvard University Press, Londres, 1999).

9. Nicolas de Cuse, *"De docta ignorantia"*, in *Selected Spiritual Writings*, traduit et présenté par H. Lawrence Bond (Paulist Press, New York, 2005).

10. Julie Flaherty, "New Testament on a Chip", in *The New York Times* (New York, 23 juin 2003).

11. Annoncé au journal du soir de la BBC le 26 mai 2003.

12. Bède le Vénérable, *The Ecclesiastical History of the English Nation*, livre II, chapitre XIII, in *Opera Historica*, vol. I, éd. J. E. King (Harvard University Press et William Heinemann Ltd, Cambridge, MA, et Londres, 1971).

13. Bill Gates, *The Road Ahead* (Penguin, New York, 1996).

14. Walter Benjamin, *Schriften*, édition dirigée et présentée par Hannah Arendt (Suhrkamp Verlag, Francfort-sur-le-Main, 1955).

15. *The International Herald Tribune* (Paris, 18 janvier 1999).

16. Will Eisner, interview sur France-Info, diffusée le 19 décembre 2004.

17. Paul Duguid, "PG Tips", in *The Times Literary Supplement* (Londres, 11 juin 2004).

18. Garrick Mallery, *Picture Writing of the American Indians* (Washington, 1893).

19. "Mucho más que libros", in *Semana* (Bogotá, 4 juin 2001).

20. Interview personnelle, Bogotá, 25 mai 2001.

XI. LA SURVIE (p. 241 à p. 257)

1. Philip Friedman, *Roads to Extinction : Essays on the Holocaust*, éd. Ada June Friedman (The Jewish Publication Society of America, New York et Philadelphie, 1980).

2. Tuvia Borzykowski, *Ben kirot noflim*, trad. Mosheh Basok (Ha-Kibbuts ha-Meuhad, Tel-Aviv, 1964).

3. William L. Shirer, *The Rise and Fall of the Third Reich : A History of Nazi Germany* (Simon and Schuster, New York, 1960).

4. Cité dans Friedman, "The Fate of the Jewish Book", in *Roads to Extinction*.

5. Donald E. Collins et Herbert P. Rothfeder, "The Einsatzstab Reichsleiter Rosenberg and the Looting of Jewish and Masonic Libraries During World War II", in *Journal of Library History* 18, 1983.

6. Fondée par le gendre en exil de Samuel Fischer, le célèbre éditeur allemand.

7. Cité dans Friedman, "The Fate of the Jewish Book", in *Roads to Extinction*.

8. Nili Keren, "The Family Camp", in *Anatomy of the Auschwitz Death Camp*, éd. Yisrael Gutman et Michael Birnbaum (Indiana University Press, Bloomington, IN, 1994), cité par David Shavit, dans *Hunger for the Printed Word : Books and Libraries in the Jewish Ghettos of Nazi-Occupied Europe* (McFarland & Co., Jefferson, NC, et Londres, 1997).

9. Shavit, *Hunger for the Printed Word*.

10. *"Mensh, oyf tsu shraybn geshikhte darf men hobn a kop un nisht keyn tukhes"* , cité par Yitzhak Zuckerman dans "Antek", in *A Surplus of Memory : Chronicle of the Warsaw Ghetto Uprising*, édité et traduit par Barbara Harshav (University of California Press, Berkeley et Los Angeles, 1993).

11. Cité par Shavit dans *Hunger for the Printed Word*.

12. Deborah Dwork, *Children with a Star : Jewish Youth in Nazi Europe* (Yale University Press, New Haven, CT, 1991).

13. Moshe Kligsberg, "Die yidishe yugent-bavegnung in Polyn tsvishn beyde vel-milkhumes (a sotsyologishe shtudie)", in *Studies in Polish Jewry 1919-1939*, éd. Joshua A. Fishman (YIVO Institute for Jewish Research, New York, 1974).

14. Graham Greene, *The Heart of the Matter* (Heinemann, Londres, 1948).

15. Journal de Johann Paul Kremer (2 septembre 1942), éd. Kazimierz Smolen, in *KL Auschwitz Seen by the SS*, 2e édition (Pswiecim, 1978), cité par Martin Gilbert dans *The Holocaust* (William Collins, Londres, 1986).

16. Martin Buber, *Die Erzählungen der Chassidim* (Manesse Verlag, Francfort-sur-le-Main, 1949).

17. Victor Hugo, *"Inferi"* , in *La Légende des siècles* (Paris, 1883).

18. Romain Gary, *La Danse de Gengis Cohn* (Gallimard, Paris, 1967).

19. *Nunca Más : A Report by Argentina's National Commission on Disappeared People* (Faber & Faber et Index on Censorship, Londres et Boston, 1986).

20. Amin Maalouf, *Les Croisades vues par les Arabes* (Jean-Claude Lattès, Paris, 1983).

21. Carole Hillenbrand, *The Crusades : Islamic Perspectives* (Routledge, New York, 2000).

22. Dante, *Inferno*, XXXIV, 129-132.

23. Cité dans Gilbert, *The Holocaust*.

XII. L'OUBLI (p. 259 à p. 273)

1. Virgile, *Eclogues, Georgics, Aeneid I-VI*, édité et traduit par H. Rushton Fairclough (Harvard University Press, Cambridge, MA, et Londres, 1974).

2. Robert Musil, *Der Mann ohne Eigenschaften* (Ernst Rowohlt, Berlin, 1930).

3. Flann O'Brien, "Buchhandlung", in *The Best of Myles* (Picador, Londres, 1974).

4. Edward Gibbon, *The History of the Decline and Fall of the Roman Empire*, édité, présenté et annoté par David Womersley (Allen Lane/The Penguin Press, Londres, 1994), vol. I, chap. VII.

5. Harald Weinrich, *Lethe. Kunst und Kritik des Vergessens* (C. H. Beck'sche Verlagsbuchhandlung, Munich, 1997).

6. "Shah Muhammad, libraire", in *Le Monde* (Paris, 28 novembre 2001). Chose curieuse, un an après la parution de cet article, la journaliste norvégienne Åsne Seierstad a publié un récit de la vie d'un libraire afghan sous le titre : *Le Libraire de Kaboul*. Le héros de Seierstad s'appelle Sultan Khan, mais un grand nombre d'incidents et de citations sont les mêmes.

7. Andrew Murray, avant-propos à *Presbyterians and the Negro : A History* (Presbyterian Historical Society, Philadelphie, 1966).

8. Booker T. Washington, *Up from Slavery* (1901).

9. Janet Duitsman Cornelius, *"When I Can Read My Title Clear" : Literacy, Slavery, and Religion in the Antebellum South* (University of South Carolina Press, Columbia, SC, 1991).

10. Eliza Atkins Gleason, *The Southern Negro and the Public Library* (University of Chicago Press, Chicago, 1941).

11. James Baldwin, *Go Tell It on the Mountain* (Alfred A. Knopf, New York, 1953).

12. Nina Berberova, *La Disparition de la bibliothèque Tourgueniev* (Actes Sud, Arles, 1999).

13. Entretien avec le Dr Irene Kupferschmitt, Montréal, 3 mai 2004. Inédit.

14. Robert Fisk, "Library Books, Letters and Priceless Documents Are Set Ablaze", in *The Independent* (Londres, 15 avril 2003).

15. Irwin, *Night & Horses & the Desert*.

16. Jabbar Yassin Hussin, *Le Lecteur de Bagdad* (Atelier du Gué, Villelongue d'Aude, 2000).

17. Johannes Pedersen, *Den Arabiske Bog*.

18. Milbry Polk et Angela M. H. Schuster (éd.), *The Looting of the Iraq Museum, Baghdad : The Lost Legacy of Ancient Mesopotamia* (Harry N. Abrams, New York, 2005).

19. Luciano Canfora, *Il copista come autore* (Sellerio editore, Palerme, 2002).

20. Jean Bottéro, *Mésopotamie*.

XIII. L'IMAGINATION (p. 275 à p. 295)

1. Henry Fielding, *Amelia*, I : 10 (1752), vol. VI et VII de *The Complete Works of Henry Fielding, Esq.* (William Heinemann, Londres, 1903).

2. Ginzberg, *The Legends of the Jews*, vol. I, p. 5.

3. *"The sun itself is but the dark simulacrum, and light but the shadow of God."* Sir Thomas Browne, *The Garden of Cyrus*, II.

4. Dylan Thomas, "Do Not Go Gentle into That Good Night", in *Collected Poems 1934-1952* (Dent, Londres, 1952).

5. Shakespeare, *Othello*, V, II.

6. Van Wyck Brooks, *The Flowering of New England : 1815-1865* (E. P. Dutton & Co., New York, 1936).

7. Christmas Humphreys, *Buddhism* (Penguin, Harmondsworth, Middlesex, 1951).

8. Au cours d'une conversation avec l'auteur.

9. Borges, "Autobiographical Notes", in *The New Yorker*.

10. *Idem*, "Poema de los dones", in *El hacedor*.

11. *Idem*, "Examen de la obra de Herbert Quain", "El acercamiento a Almostásim", "Tlön, Uqbar, Orbis Tertius", in *El jardín de senderos que se bifurcan* (Sur, Buenos Aires, 1941) ; "El milagro secreto", in *Ficciones* ; "El libro de arena", in *El libro de arena* (Emecé, Buenos Aires, 1975).

12. François Rabelais, *Gargantua and Pantagruel*, trad. Sir Thomas Urquhart et Pierre Le Motteux (1693-1694), introduction de Terence Cave (Alfred A. Knopf, New York et Toronto, 1994) / *Pantagruel, roi des Dipsodes*, in Rabelais, *Œuvres complètes* ("Bibliothèque de la Pléiade", Gallimard, Paris, 1955).

13. Henri Lefebvre, *Rabelais* (Editeurs français réunis, Paris, 1955).

14. Antonine Maillet, *Rabelais et les traditions populaires en Acadie* (Les Presses de l'université de Laval, Laval, 1971).

15. Lucien Febvre, *Le Problème de l'incroyance au XVIe siècle : la religion de Rabelais* (Albin Michel, Paris, 1942).

16. Jean Plattard, *La Vie et l' œuvre de Rabelais* (Boivin, Paris, 1930).

17. Mijail Bajtin, *La cultura popular en la edad media y en el Renacimiento : el contexto de François Rabelais*, trad. Julio Forcat et César Conroy (Alianza Editorial, Madrid, 1987).

18. Edwin H. Carpenter, Jr., *Some Libraries We Have Not Visited : A Paper Read at the Rounce & Coffin Club, August 26, 1947* (Ampersand Press, Pasadena, CA, 1947).

19. Sir Thomas Browne, "Tract XIII", in *Certain Miscellany Tracts* (Londres, 1684).

20. Carpenter, *Some Libraries We Have Not Visited*.

21. Colette, *Mes apprentissages* (Ferenczi et fils, Paris, 1936).

22. Rudyard Kipling, "The Finest Story in the World", in *Many Inventions* (Macmillan & Co., Londres, 1893).

23. Le *Necronomicon* est mentionné pour la première fois dans un récit de Lovecraft datant de 1922, "The Hound" ; l'endroit où s'en trouve un exemplaire est décrit dans "The Festival" (1923). Ces deux récits font partie des *Tales of the Cthulhu Mythos*, de H. P. Lovecraft and Others (Arkham House, Sauk City, 1969).

24. H. P. Lovecraft, *A History of the Necronomicon* (Rebel Press, Oakman, AL, 1938).

25. H. P. Lovecraft et August Derleth, "The Shadow Out of Space", in *The Shuttered Room* (Victor Gollancz, Londres, 1968).

26. Jules Verne, *Vingt mille lieues sous les mers*.

27. Shakespeare, *As You Like It*, II, I.

28. Carlo Collodi, *Le aventure di Pinocchio*, éd. Ornella Castellani Pollidori (Fondazione nazionale Carlo Collodi, Pescia, 1983).

29. Renseignements fournis par Mme Vuokko Joki, conservatrice des Archives provinciales d'Oulu.

30. Timothy W. Ryback, "Hitler's Forgotten Library : The Man, His Books and His Search for God", in *The Atlantic Monthly* (mai 2003).

XIV. UNE IDENTITÉ (p. 297 à p. 311)

1. Idée avancée par K. W. Humphreys dans ses magnifiques conférences Panizzi. Cf. K. W. Humphreys, *A National Library in Theory and in Practice* (The British Library, Londres, 1987), que j'ai suivi de près pour ce chapitre.

2. U. Dotti, *Vita di Petrarca* (Laterza, Rome et Bari, 1987).

3. Cité par Humphreys dans *A National Library in Theory and in Practice*.

4. *Ibid.*

5. Harris, *The Reading Room*.

6. Cité par Humphreys dans *A National Library in Theory and in Practice*.

7. *Report from the Select Committee on the British Museum together with the Minutes of Evidence, appendix and index* (Chambre des communes, Londres, 14 juillet 1836), cité par Humphreys dans *A National Library in Theory and in Practice*.

8. Edward Miller, *Prince of Librarians : The Life and Times of Antonio Panizzi* (The British Library Publications, Londres, 1988).

9. Edmund Gosse, "A First Sight of Tennyson", in *Portraits and Sketches* (William Heinemann, Londres, 1912).

10. Cité par Ann Thwaite dans *Edmund Gosse : A Literary Landscape* (Martin Secker and Warburg, Londres, 1984).

11. Cité par Humphreys dans *A National Library in Theory and in Practice*.

12. Cité par Harris dans *The Reading Room*.

13. Judith Flanders, "The British Library's Action Plan", in *The Times Literary Supplement* (Londres, 2 septembre 2005).

14. Lucien Febvre et Henri-Jean Martin, *L'Apparition du livre* (Albin Michel, Paris, 1958).

15. Maud Stéphan-Hachem, "La Bibliothèque nationale du Liban, entre les aléas de l'histoire et l'acharnement de quelques-uns" (*Bulletin des bibliothèques de France*, ENSSIB, Paris, janvier 2005).

16. Blaine Harden, "For Immigrants, US Still Starts at a Library", in *The International Herald Tribune* (Paris, 29 avril 1998).

XV. UNE DEMEURE (p. 313 à p. 326)

1. Bram Stoker, *Dracula*, introduction, notes et bibliographie de Leonard Wolf (Clarkson Potter, New York, 1975), chap. III.
2. *Ibid.*, chap. II.
3. Mary Shelley, *Frankenstein*, introduction et notes de Leonard Wolf (Clarkson Potter, New York, 1977), vol. II, chap. IV.
4. *Ibid.*, vol. III, chap. VII.
5. *Ibid.*, vol. II, chap. IV.
6. *Ibid.*, chap. VI.
7. *"Did I request thee, Maker, from my clay / To mould me man ? Did I solicit thee / From darkness to promote me ?"* : ces mots extraits de *Paradise Lost*, livre III, figuraient en épigraphe sur la page-titre du premier volume de *Frankenstein*. Leonard Wolf, annotateur du roman de Mary Shelley, commente ainsi les mots touchants et parfaits du monstre : "En tant qu'épigraphe (ou épitaphe) pour l'humanité, «Pardonnez mon intrusion» est inégalable."
8. Shelley, *Frankenstein*, vol. II, chap. VII.
9. Sénèque, "On the Shortness of Life", in *The Stoic Philosophy of Seneca*.
10. Plutarque, *Moralia*, vol. IV, édité et traduit par Frank Cole Babbitt (Harvard University Press et William Heinemann Ltd, Cambridge, MA, et Londres, 1972).
11. Dante, *De vulgari eloquentia*, introduction, traduction et notes de Vittorio Coletti (Garzanti, Milan, 1991).
12. Erasmus von Rotterdam, "Adagen" *(Festina lente)*, in *Ausgewählte Schriften*, éd. W. Welzig (Wissenschaftliche Buchgesellschaft, Darmstadt, 1967-1969), II : i : 1.
13. Steven Wilson, *Related Strangers : Jewish-Christian Relations, 70 to 170 CE* (Fortress Press, Philadelphie, 1995).
14. Touati, *L'Armoire à sagesse*.
15. Jean-Jacques Rousseau, *Emile ou De l'éducation*, livre I.
16. Thomas Traherne, *Centuries of Meditations* (Londres, 1908), I : 29.
17. Hermann Broch, *Der Tod des Vergil* (1945).
18. Sir Thomas Browne, *Religio Medici*, édité et présenté par Geoffrey Keynes (Thomas Nelson & Sons, Londres, 1940), I : 6.
19. Richard Rorty, "The Inspirational Value of Great Works of Literature", in *Raritan*, vol. 16, n° 1 (New Brunswick, NJ, 1996).
20. Naudé, *Advis pour dresser une bibliothèque*.

XVI. UNE CONCLUSION (p. 327 à p. 333)

1. *El libro de los veinticuatro filósofos*, éd. Paolo Lucentini, trad. Cristina Serna et Jaume Pòrtulas (Siruela, Madrid, 2000).

2. L'auteur remercie Edgardo Cozarinsky pour ce renseignement. Vladimir Nabokov/Elena Sikorskaïa, *Nostalgia*, lettre du 9 octobre 1945 (Rosellina Archinto, Milan, 1989).

3. "La présence de la bibliothèque est le signe que l'univers est encore tenu pour pensable." Jean Roudaut, *Les Dents de Bérénice : essai sur la représentation et l'évocation des bibliothèques* (Deyrolle éditeur, Paris, 1996).

4. Première épître de saint Jean, II, 16.

5. Penelope Fitzgerald, *The Blue Flower* (HarperCollins, Londres, 1995).

6. Northrop Frye, *Notebooks*.

INDEX

Les numéros de page en italique se réfèrent à des illustrations. Les bibliothèques publiques ou privées sont regroupées sous l'entrée "bibliothèque".

REMERCIEMENTS

Ceux qui lisent, ceux qui nous parlent de ce qu'ils lisent,
Ceux qui tournent les pages bruissantes de leurs livres,
Ceux qui ont le pouvoir sur l'encre rouge et noire, et sur les images,
Ceux-là nous dirigent, nous guident, nous montrent le chemin.

Codex aztèque de 1524,
Archives du Vatican.

Pendant que j'écrivais ce livre, j'ai contracté de nombreuses dettes. En suivant l'ordre alphabétique qu'affectionnent les bibliothécaires, j'adresse mes remerciements

à mes amis et collègues Enis Batur, Anders Björnsson, Antoine Boulad, Roberto Calasso, Juan Gustavo Cobo Borda, Viviane Flament, Dieter Hein, Chris Herschdorfer, Patricia Jaunet, Marie Korey, Richard et Marie Landon, Lilia Moritz Schwarcz, Hubert Nyssen, Felicidad Orquín, Lucie Pabel et Gottwald Pankow, Dominique Papon, Fabrice Pataut, Arturo Ramoneda, Sylviane Sambord, Alberto Ruy Sánchez, Maud Stéphan-Hachem, Jean-Luc Terradillos ;

aux responsables de la London Library et de la bibliothèque de Poitiers, ainsi qu'à Anne-Catherine Sutermeister et Silvia Kimmeier, de la bibliothèque cantonale et universitaire de Lausanne ;

à mes agents, Guillermo Schavelzon à Barcelone, Ruth Weibel à Zurich, Bruce Westwood et Nicole Winstanley, et à toute l'équipe des Westwood Creative Artists à Toronto ;

à Gena Correl, dont la lecture critique, implacable et méticuleuse a débarrassé le livre d'un nombre important d'erreurs et de fatuités ;

à mes éditeurs, Roselina Arquinto, Hans-Jürgen Balmes, Valeria Ciompi, Carmen Criado, Haye Koningsveld, Luiz Schwarcz, Marie-Catherine Vacher et, surtout, bousculant les règles de l'alphabet, à Louise Dennys.

Enfin, je tiens à exprimer ma profonde reconnaissance à la S. Fischer Stiftung, à Berlin, et à la Simon Guggenheim Foundation, à New York, pour l'aide financière qu'elles m'ont prodiguée au cours des dernières années, sans laquelle ce livre se languirait très certainement encore dans les limbes du futur.

CRÉDITS PHOTOGRAPHIQUES

p. 9 Inscription, collection de l'auteur ; p. 21 Vitrail, collection de l'auteur ; p. 22, *en haut* La bibliothèque du Presbytère, collection de l'auteur ; *en bas* La bibliothèque du Colegio Nacional de Buenos Aires, collection de l'auteur ; p. 24 Bibliothèque de Sissinghurst, collection de l'auteur ; p. 25 Palais de l'impératrice Cixi, www.downtheroad.org The Ongoing Global Bicycle Adventure ; p. 28 La tour de Montaigne, ph. Michael Sympson ; p. 32 Nouvelle bibliothèque d'Alexandrie ; p. 34 La tour de Babel, © The British Library, Egerton, 1894 ; p. 48 Bibliothèque de Pepys, avec l'aimable autorisation de www.furniturestyles.net/european/english/misc/oak-bookcase.pepys.jpg ; p. 55 *Literatura de cordel*, collection de l'auteur ; p. 56 *Yongle Dadian*, © Wason Collection on East Asia, Cornell University ; p. 65 Casier à rouleaux, collection de l'auteur ; p. 67 Melvil Dewey, © 2003, Encyclopedia of Library and Information Science, Winifred B. Linderman, reproduit avec l'autorisation de Routledge/Taylor & Francis Group, LLC ; p. 79 Escabeau de John King, Percy D. Macquoid, *Dictionary of English Furniture* (Wappingers' Falls, NY, 2000), p. 390 ; p. 81 L'appartement de Patrice Moore, avec l'aimable autorisation de www.gothamist.com/archives/2004/01/06/ disposophobia.php ; p. 82 Bibliothèque du Congrès, Jim Higgins, bibliothèque du Congrès ; p. 85 *Domesday Book*, The National Archives, réf. E31/1, E31/2 ; p. 90, *à gauche* Page-titre de l'*Advis pour dresser une bibliothèque*, collection de l'auteur ; *à droite* Un stûpa, © The Trustees of the Chester Beatty Library, Dublin ; p. 95 Une page de l'*Encyclopédie*, The Thomas Fisher Rare Book Library/University of Toronto ; p. 102 Bibliothèque de Wolfenbüttel, Ölgemälde der Rotunde, Innenansicht ; p. 105 Assurbanipal, © The Trustees of the British Museum ; p. 110 Caricature de Carnegie, avec l'aimable autorisation de HarpWeek ; p. 112 Ex-libris, ph. G. Blaikie ; p. 118 Destruction de livres par le feu à Warsaw, Indiana, Times-Union (Warsaw, IN) ; p. 121 Caricature, collection de l'auteur ; p. 122 Avertissement, collection de l'auteur ; p. 129 L'archevêque Juan de Zumárraga, avec l'aimable autorisation de http://www.latinamericanstudies.orgjuan-zumarraga.htm ; p. 140 Bibliothèque de référence de Toronto, Toronto Public Library

L'ex-libris d'Hitler, Third Reich Collection, Rare Books and Special Collections Division, Library of Congress ; p. 303 Sir Anthony Panizzi, Picture History, Elliott & Fry, 1870 ; p. 310 Livres de la Bibliothèque nationale du Liban, collection de l'auteur ; p. 317 Dracula, collection de l'auteur ; p. 320 Frankenstein, collection de l'auteur.

BABEL

Extrait du catalogue